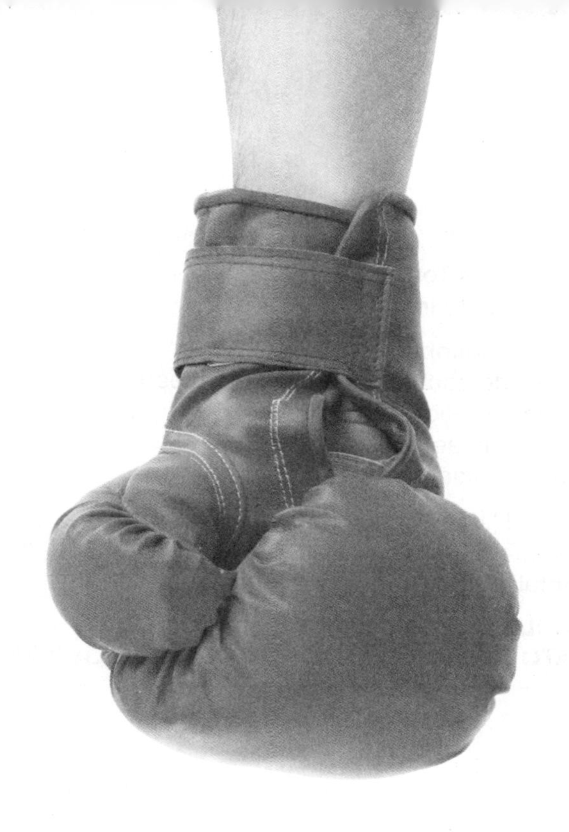

*Dedico este livro para uma pessoa que não está mais neste mundo, o amigo e mentor **Adhemar Ramos**.*

Coordenadora editorial: Tânia Lins
Coordenador de comunicação: Marcio Lipari
Capa e projeto gráfico: Jaqueline Kir
Diagramação: Rafael Rojas
Preparação e revisão: Vera Rossi

1ª edição — 1ª impressão
6.000 exemplares — janeiro 2016
Tiragem total: 6.000 exemplares

CIP-BRASIL — CATALOGAÇÃO NA FONTE
(SINDICATO NACIONAL DOS EDITORES DE LIVROS, RJ)

T645m

Torres, Carlos
A mão amiga / Carlos Torres. - 1. ed. - São Paulo : Vida e Consciência, 2016.

ISBN 978-85-7722-446-3

1. Romance espírita I. Título.

15-24949 CDD: 133.9
CDU: 133.9

Este livro adota as regras do novo acordo ortográfico (2009).

Vida & Consciência Editora, Gráfica e Distribuidora Ltda.
Rua Agostinho Gomes, 2.312 — São Paulo — SP — Brasil
CEP 04206-001
editora@vidaeconsciencia.com.br
grafica@vidaeconsciencia.com.br
www.vidaeconsciencia.com.br

A mão amiga

Um emocionante romance de

CARLOS TORRES

Sumário

"Se existe vida após a morte, existe também vida antes do nascimento, na verdade, existe vida o tempo todo."

Capítulo 1
Canton – Mississippi

Fevereiro de 2014

Um barulho irritante de torneira enferrujada e um refrescante cheiro de grama molhada surgem do lado de fora da casa, chamando a atenção do doutor Willian Klein, mais conhecido como doutor Klein, um jovem e promissor cirurgião de apenas trinta e dois anos de idade, casado com Suzanne Klein, obstetra e um pouco mais velha que ele, com trinta e cinco anos de idade.

Um casal simpático, porém muito ocupado e extremamente focado na carreira.

O sonho de Willian Klein sempre foi construir um hospital na cidade de Canton, onde decidiu morar com sua amada esposa quando se casaram, em setembro do ano de 2009. Como praticamente a família inteira de Suzanne reside nas redondezas de Canton e sempre esteve ligada à medicina, o casal decidiu comprar uma velha mansão na periferia da cidade e, com muito esforço, reformou a velha propriedade, construída no ano de 1845 por um homem muito rico e proprietário das maiores fazendas de milho da região.

O esforço do casal Klein não foi em vão, pois conseguiram transformar aquele lugar horrível e abandonado num lugar de extrema beleza. A casa se transformou numa mansão e o jardim parece um pequeno paraíso. É tão bem cuidado que todos que passam em frente admiram-se com sua beleza, principalmente as crianças, que imploram para seus pais as levarem nos fins de semana para verem o jardim cheio de pássaros e flores coloridas, um pequeno lago de água cristalina e um gramado repleto de arbustos esculpidos em forma de animais, que o jardineiro da casa adorava fazer com sua velha tesoura de aço.

No entanto, o maior orgulho do doutor Klein são seus cavalos negros puros-sangues, adquiridos em um leilão na Carolina do Norte quando viajou na companhia do seu sogro, também médico, para conhecer os hospitais daquele estado.

A propriedade é, sem dúvida, a mais bela da região. Todos da cidade dizem ser um milagre os Kleins terem conseguido transformar aquele lugar abandonado num espaço aconchegante e admirável.

O terreno é imenso, com mais de dez mil metros quadrados, um lugar realmente maravilhoso. Há, porém, um ar meio místico naquele lugar, principalmente no jardim, de onde, de vez em quando, é possível sentir um estranho e delicioso aroma de jasmim.

Willian e Suzanne não sabem de onde vem o aroma contagiante de jasmim, mas toda a vizinhança, num raio de quase quinhentos metros, sente aquele aroma peculiar e adocicado.

Mas como é possível aquilo, se não há nenhuma árvore de jasmim plantada no jardim? Será talvez obra daquele velho senhor que mora no celeiro, nos fundos da propriedade, a setenta metros de distância da mansão?

Certamente, sim, pois é exatamente ele quem cuida daquele jardim maravilhoso, desde quando a reforma da casa foi finalizada, em meados do ano de 2010.

É manhã de uma quarta-feira ensolarada e o barulho de torneira enferrujada continua incomodando o café da manhã da doutora Suzanne e do doutor Klein.

Klein toma o último gole de leite da sua xícara, coloca-a sobre a mesa e diz:

— Querida, que barulho é esse, afinal?

Willian se levanta e vai até a janela para ver o que está acontecendo do lado de fora da casa.

— O que está acontecendo, querido? De onde está vindo esse barulho?

— Não sei, querida, não consigo ver nada daqui. Acho que terei de sair e verificar. Continue tomando seu café da manhã, pois temos que partir para o hospital dentro de poucos minutos. Graças a Deus, nossos plantões estão agendados para o mesmo horário hoje. Isso quer dizer que podemos voltar juntos nessa noite e jantar aqui em casa. O que acha de comermos um *blanquette* de vitela com molho branco, acompanhado de vinho tinto e queijo *emmental*? Nós merecemos, não acha, querida?

Suzanne sorri, demonstrando imensa felicidade por estar casada com o homem da sua vida.

— Sim, querido. Eu adoraria um jantar romântico.

— Então, está combinado, jantaremos juntos nessa noite.

— Ótimo, vou pedir para a nossa empregada Madeleine ir até o mercado, comprar carne e queijos e entregar ao nosso cozinheiro St. Charles, para que ele prepare o delicioso *blanquette* que você sugeriu.

— Será maravilhoso, querida!

— Já estou com água na boca só de imaginar. Willian, você sabe como eu adoro comida parisiense, ainda mais se for acompanhada de um bom queijo e um bom vinho tinto.

— Claro que sei, querida.

— Vou pedir para Madeleine comprar também pão italiano e um frasco de sardella para relembrarmos nossa lua de mel em Roma. Lembra-se?

— Como poderia esquecer?

— O que você acha, querido?

— Será uma noite inesquecível, exatamente como aconteceu em nossa lua de mel. Se não for melhor, não é?

Suzanne se sente seduzida, mas disfarça ao ver St. Charles, o cozinheiro, se aproximando da mesa. Ela limpa os lábios com delicadeza e fecha os olhos, como se estivesse sonhando acordada.

Do lado de fora, o barulho de ferro rangendo parece aumentar cada vez mais. Willian dá um beijo apaixonado em sua amada, veste o jaleco branco de médico e vai até o celeiro, nos fundos da propriedade.

Perto do velho celeiro, ele não acredita no que vê: o velho jardineiro agachado e todo molhado, tentando consertar o girador de água que rega as mudas de girassol plantadas por ele.

Doutor Klein percebe o desespero do jardineiro tentando consertar o girador, mas não consegue compreender que diabos ele está tentando fazer. Indignado, vai até a torneira e desliga a água que não para de jorrar, fazendo o aparelho girar em toda velocidade.

Calmamente ele se aproxima e para atrás do velho jardineiro, que veste seu típico macacão jeans de sempre:

— O que está acontecendo aqui, afinal?

O jardineiro sorri sem graça:

— Doutor Klein? Eu só estava tentando consertar essa droga de girador. Não suporto mais esse barulho de ferro rangendo. Acho que está na hora de o senhor comprar um girador novo, porque este está velho demais. Tão velho que deve estar aqui desde que esta casa foi construída.

Klein não aguenta e sorri ao ver o velho jardineiro todo molhado e com seus poucos cabelos brancos arrepiados.

O velho senhor veste sempre a mesma roupa, um velho macacão jeans abarrotado, mas teima em ficar o tempo todo sem camisa, pois afirma que a melhor coisa do mundo é sentir o calor do Sol batendo sobre suas costas.

Intrigado, Willian pergunta:

— Andy, meu caro. Você é um cara muito estranho. Diga-me uma coisa, por que não desligou a torneira para consertar o girador?

O velho Andy, com seus setenta e quatro anos de idade, balança a cabeça e não responde. Às vezes, ele tem devaneios e parece se desligar do mundo real por alguns instantes.

Na verdade, Andy sofre de uma síndrome conhecida como demência dos pugilistas, e, às vezes, perde o discernimento e começa a agir sem nexo, exatamente como o faz agora, ao tentar arrumar um girador de água enquanto esse está ligado.

Doutor Klein já vem desconfiando que os problemas psíquicos causados pelos duros golpes que Andy recebeu quando era jovem estão se transformando em algo mais grave. Talvez uma demência mais avançada, uma esquizofrenia ou até mesmo a temida doença de Alzheimer.

Pelos sintomas que Andy vem apresentando, Klein tem quase certeza que está presenciando o início de uma grave doença. Chegou a sugerir inúmeras vezes para Andy fazer alguns exames no hospital central da cidade de Canton, mas, orgulhoso e durão como sempre foi, Andy sempre responde que não precisava fazer porcaria nenhuma de exame e muito menos tomar medicamentos, pois sua saúde é de ferro e sua consciência é perfeita, pura e límpida, como a água cristalina do rio Tennessee, onde costumava nadar quando era criança, nas proximidades da cidade de Florence, embaixo da famosa ponte de aço O`Neal, construída em 1939.

Andy responde, mas seu orgulho demonstra autoridade:

— Olha aqui, doutor Klein, eu gosto muito do senhor e da senhora Suzanne e sou muito grato pelo que vocês fizeram por mim. Se não tivessem me tirado das ruas, me dado esse emprego de jardineiro e esse velho celeiro para morar quando me encontraram jogado na calçada, ao lado da igreja do centro da cidade, certamente eu já estaria morto. Mas, me desculpe, isso não lhe dá o direito de vir aqui e dizer como devo fazer meu trabalho.

Klein sorri ao ver a postura orgulhosa e, ao mesmo tempo, imatura de Andy e percebe que não é momento para começar uma discussão, pois, apesar de parecer meio atrapalhado, às vezes, Andy é um homem de bom coração.

Além disso, Klein sabe que, mesmo com idade para ser seu pai, Andy é muito forte e exibe uma forma física invejável. Se ficar realmente bravo, certamente ganhará na luta homem a homem contra seu patrão.

Suzanne surge na janela da mansão, demonstrando pressa:

— Querido, vamos logo, já está tarde, não posso chegar atrasada no hospital. Acabei de receber uma mensagem em meu celular do pessoal do pronto-socorro, dizendo que uma moça acabou de dar entrada com contrações e está prestes a dar à luz.

— Tudo bem, já estou indo, querida! Já estou indo! Andy, eu não vim até o celeiro para incomodar você, volte a fazer o que estava fazendo. Mas arrume essa droga de regador giratório, pois acordar com esse barulho de ferro rangendo não é nada agradável. Você sabe como Suzanne é perfeccionista e chata com essas coisas, não é?

— Sim, senhor, eu consertarei, deixe comigo. Diga para a senhora Suzanne não se preocupar. Até logo e tenha um bom-dia de trabalho, doutor.

— Até logo, Andy. Você está precisando de mais alguma coisa?

— Na verdade, estou.

— Então, diga, pois estou com pressa.

— Doutor, eu venho me sentindo muito mal ultimamente. Sinto-me cansado e, às vezes, com um pouco de febre e falta de ar. O que pode ser?

— Eu não sei, precisaria examinar você com mais calma. Amanhã eu prometo voltar aqui e examiná-lo para ter um diagnóstico mais preciso.

— Tudo bem, doutor, eu espero.

— Andy, eu já falei que você precisa fazer alguns exames, mas é teimoso e não aceita. Você nunca fez nenhum exame. Precisa vir comigo até o hospital para um *check-up* completo.

— Nem pensar, doutor, não entrarei naquele hospital de jeito nenhum, o senhor sabe muito bem que tenho pavor de hospitais. Já tive vivências horríveis em Las Vegas e prefiro que o senhor me examine aqui mesmo, se não se importar.

— Combinado. Já que você insiste, faremos isso amanhã mesmo.

— Obrigado, doutor, tenha um bom-dia de trabalho. Até logo.

— Até logo, Andy. Cuide-se.

Klein caminha na direção de Suzanne, que o espera impaciente ao lado do carro, e Andy permanece parado, olhando para os dois com um semblante triste, como se fosse uma criança abandonada.

Suzanne olha para o marido e pergunta:

— O que ele tem, querido?

— Não sei, parece meio perdido, não acha?

— Eu acho, ele está muito estranho ultimamente.

— Tem razão. Você acredita que ele levantou a voz para mim agora há pouco, querida? Ele sempre foi uma pessoa calma e respeitosa. Estou achando que o processo do Alzheimer está se agravando.

— Alzheimer?

— Sim. Lembra-se que comentei sobre isso com você, outro dia, no café da manhã?

— Lembro-me. Meu Deus! Que triste!

Ainda sentado na grama molhada e segurando uma chave inglesa na mão direita, Andy grita, interrompendo a conversa dos dois:

— Hei! Casal bonito. Querem saber uma coisa?

Os dois se viram ao mesmo tempo, e Suzanne olha para Willian curiosa.

— O que foi, Andy? — Suzanne responde.

— Eu amo vocês, eu devo a minha vida a vocês dois, vocês merecem tudo o que a vida pode proporcionar, pois foram as únicas pessoas nos últimos quarenta anos que ajudaram um velho solitário e abandonado como eu.

— Obrigada, Andy! — Suzanne responde, com ar de indiferença.

Ele continua:

— Vocês são pessoas iluminadas. Por isso eu digo sem medo: eu amo vocês.

Suzanne nunca esperaria ouvir aquelas palavras saindo da boca daquele homem rude e insensível, logo pela manhã. Mas suas palavras são verdadeiras e tocantes, tão verdadeiras que emocionam Suzanne, a ponto de ela não suportar e abraçar seu marido, tentando disfarçar as lágrimas que começam a escorrer pelo seu rosto.

No fundo, Suzanne se emociona não pela gratidão de Andy, mas por suas palavras, que a fazem pensar, mesmo que por apenas um breve instante, sobre a sua própria vida. O que aquele simples jardineiro disse sobre merecerem tudo o que a vida pudesse proporcionar atinge como uma flecha seu coração, pois seu maior sonho é ter dois filhos com seu amado marido Willian Klein.

No entanto, ela sabe que seu sonho é algo quase impossível de se realizar, pois tem plena consciência da sua esterilidade e de que nunca poderá dar um filho ao seu marido. Um segredo que ela guarda a sete chaves, pois nunca teve coragem de revelar a Willian que é estéril. Contudo, é apenas uma questão de tempo, pois, um dia, Suzanne terá de revelar a verdade. No entanto este certamente não é o momento ideal para fazê-lo.

Suzanne entra no carro intrigada com a naturalidade com que Andy havia proferido tais palavras e diz:

— Querido, o velho Andy está realmente estranho, o que será que está acontecendo com ele? Eu nunca o ouvi falando daquela maneira. Será que está depressivo? Angustiado? Triste?

— É certo que sim, querida. Pois, pelo que eu sei, ele sempre foi um homem muito sozinho.

— Sozinho?

— Sim. Outro dia, ele contou que não tinha família alguma, que todos morreram e ele acabou ficando abandonado no mundo. Disse que não tem irmãos, primos, tios e amigos, simplesmente ninguém. Disse que só tem a nós.

— Isso é muito triste! O que mais você sabe sobre ele?

— Pouca coisa. Sei também que ele foi um grande pugilista durante a década de 1960.

— Ele disse isso a você?

— Sim.

— Não acredito que seja verdade. Você acredita?

— Acredito que sim, querida.

— Querido, é melhor acelerar, pois estamos atrasados demais hoje — Suzanne responde, demonstrando autoridade e irritação.

— Calma, chegaremos a tempo, não se preocupe, Suzanne.

— Droga, Willian! Vamos chegar atrasados outra vez. É tudo culpa sua, você sempre faz isso.

— Isso o quê?

— Toda dia você vai até o celeiro falar com aquele velho maluco e sempre saímos atrasados para o trabalho.

— Por que tanta irritação, Suzanne? Calma, eu vou cortar caminho pela rodovia, não se preocupe.

— Faça isso.

Willian entra à esquerda:

— Por que você implica tanto com Andy, querida?

— Não é implicância. É que temos tantas coisas importantes para nos preocupar e você fica perdendo tempo com aquele velho. Isso me irrita muito. Temos que pensar em nossas vidas, em realizar os nossos sonhos, em construir uma família. Essas coisas que todos os casais costumam fazer. Entende?

Klein não responde. Fica calado e tenta disfarçar, mantendo o foco na estrada.

Suzanne não se contenta e faz outra pergunta:

— O que mais ele disse a você?

— Quem? Andy?

— Claro! Não é sobre ele que estamos falando?

— Na verdade, ele não falou muito. Disse que não gosta de relembrar as coisas do passado, pois fez muita coisa errada e, quando se lembra dos erros cometidos, sente-se mal.

— O que será que ele fez de tão errado no passado?

— Não imagino. Ele disse que as pessoas não devem ficar remoendo e relembrando o passado, pois é algo que já passou e nunca mais vai existir. Algo que deve ser esquecido e apagado completamente da mente.

— Quando ele disse essas coisas a você?

— Quando o resgatei das ruas e o trouxe para morar no celeiro e trabalhar como nosso jardineiro. Quando eu o encontrei, ele carregava uma velha mochila de couro e um cobertor de lã enrolado embaixo do braço. Quando chegamos ao celeiro e mostrei o local onde ele moraria a partir daquele dia, ele sorriu, agradeceu e perguntou se poderia pregar uma coisa no teto e outra na parede.

— Que coisas?

— Duas coisas que eu nunca imaginaria que um velho como ele carregasse durante tanto tempo junto de si.

— O que era?

— Um cinturão dourado de campeão de boxe com uma fita larga, listrada, com as cores da bandeira americana: vermelho, branco e azul. No meio do medalhão dourado havia uma escritura em alto relevo que dizia: "Campeão Mundial de Peso Médio".

— Mas tinha o nome dele escrito no cinturão?

— Não, só estava escrito o ano do campeonato, 1962. Havia também cinco estrelas douradas em alto relevo e o nome da cidade onde a luta aconteceu: Las Vegas.

— Muito estranho isso! Certamente ele roubou esse cinturão de alguma loja, pois nenhum campeão de boxe viveria nas ruas como um mendigo maltrapilho.

— Desculpe, mas eu acredito nele, Suzanne. Andy nunca roubaria alguém, tenho certeza disso.

— Sabe qual é o seu problema Willian?

— Qual?

— Você é bom demais com as pessoas. Um dia, essa bondade vai lhe trazer muitos problemas, sabia? Você acredita muito nas pessoas e, às vezes, é muito inocente. Precisa tomar cuidado com isso, pois, quando menos esperar, esse velho de que você tanto gosta também vai roubá-lo.

— Como você tem a mente negativa, Suzanne!

— Desculpe, mas eu não confio nele. Na verdade, não confio em ninguém.

— Você devia ter um pouco mais de compaixão nesse seu coração!

— Pode ser, Willian, mas sou assim e não pretendo mudar.

— Acho melhor a gente parar por aqui, Suzanne, pois não quero discutir com você enquanto dirijo.

— Não estamos discutindo, querido.

— Me parece que sim.

— Afinal, por que você está preocupado com ele?

— Eu me importo com as pessoas, só isso.

— Diga-me: o que mais ele guardava dentro da mochila, além do cinturão de boxe?

— Um batedor de couro vermelho, daqueles que os lutadores penduram no teto para treinar. Sabe qual é?

— Sei, sim, aquele negócio que parece uma pera?

— Exatamente.

— Que estranho! Ele deve ser fanático por boxe. Deve ser por isso que carrega essas coisas na mochila.

— Estou dizendo, Suzanne, ele foi um famoso lutador de boxe na década de 1960.

— Besteira, querido! Se ele não roubou, alguém deve ter dado de presente para ele.

— Você é muito ruim, querida. O que está acontecendo com você? Está com o coração amargurado por alguma coisa? Parece que está com raiva do mundo.

Suzanne baixa a cabeça, arrependida do que acabou de dizer, e tenta consertar:

— Querido, eu nunca mais entrei no celeiro depois que você trouxe Andy para morar conosco. Na verdade, eu sinto muita pena daquele pobre homem, mas sabe como é. Eu...

Willian se irrita com as palavras julgadoras de Suzanne e levanta o tom de voz:

— Quer saber o que eu acho, Suzanne? Acho que você não sente pena do Andy. Acho que você tem medo dele, uma coisa é bem diferente da outra.

— Não é bem isso, não é medo que eu sinto — Suzanne coça a cabeça, sentindo-se culpada e confusa.

— Não precisa ficar sem graça, querida. Eu sei o que você sente por ele.

— O quê?

— Desprezo, você tem preconceito porque Andy é um velho pobre e miserável. É isso o que você sente. Andy é um velho solitário que morou nas ruas quase a vida inteira. Esse é o motivo do seu preconceito.

— Isso não é verdade!

— É verdade, sim. Você nunca vai se rebaixar e ir até o celeiro para falar com ele. Você nunca se interessou em saber a história de vida daquele pobre homem. Sabe, querida, às vezes, as pessoas só precisam desabafar e conversar um pouco, só isso. Só porque ele é um homem miserável e sozinho no mundo, não significa que seja uma pessoa perigosa e mal-intencionada, como se carregasse consigo algum tipo de doença contagiosa. Andy é apenas um velho sofrido, que precisa de um pouco de atenção, apenas isso.

— Desculpe, querido, eu não quis criar uma discussão.

— Eu também não, mas agora você precisa ouvir, Suzanne.

Suzanne se redime e escuta:

— Como médicos, nós temos a obrigação de reconhecer o lado humano das pessoas e, não, ficar pensando somente no dinheiro que elas possuem ou ficar reparando no que elas vestem. Querida, uma coisa eu aprendi com meu pai quando era adolescente e ele ainda era vivo. Meu pai era um homem pobre, que nunca teve oportunidade de estudar e ser alguém na vida, pois teve que trabalhar a vida inteira como lavrador nas plantações de milho, e minha mãe sempre foi costureira. Mas uma coisa ele me disse um dia e nunca mais esqueci.

— O que ele disse?

— Que as pessoas pensam ser o que elas possuem. É um pensamento equivocado. O que dá real valor a uma pessoa é o caráter que ela carrega dentro de si e não o que ela tem.

Suzanne não responde e tenta mudar de assunto, pois ela sempre foi uma mulher extremamente ambiciosa e materialista.

Willian percebe seu silêncio e, com o canto dos olhos, tenta arrancar alguma resposta de Suzanne.

Ela percebe a provocação e diz:

— Tem razão, Willian, eu não queria pensar dessa forma sobre Andy. Desculpe, eu juro que gostaria de tratá-lo com mais naturalidade, como trato os outros empregados de casa, mas...

— Eu sei, querida, não precisa se explicar, já entendi. Eu sei que você foi tratada como uma princesa por seus pais e sempre teve tudo o que desejou. Eu sei que vocês sempre tiveram muito dinheiro e nunca passaram dificuldades financeiras na vida. Por esse motivo, eu acho que você nunca conseguiria compreender o sofrimento de um homem como Andy. Talvez nunca compreenda o sofrimento e a solidão que corrói a alma de um velho como ele, um homem que foi desamparado pelo mundo e não tem ninguém para compartilhar sua pobre e medíocre vida, nem mesmo um único filho ele teve para estar ao seu lado nos anos que ainda lhe restam.

Emocionada, Suzanne sente um nó na garganta ao ouvir Willian falando sobre o tema filhos. Mas prefere se manter quieta e não dizer nada, apenas vira o rosto para o lado e segue a viagem olhando as imensas plantações de milho através da janela do carro.

Capítulo 2
Dois dias depois

Em vez de perguntar por que sofres, tente descobrir o que está sendo curado dentro de ti.

Dois dias depois...

Conforme o combinado, Andy espera doutor Klein durante o dia todo, deitado na cama, pois não vem se sentindo nada bem.

Klein, porém, não aparece para examiná-lo, pois aconteceu um grave acidente na rodovia, e muitos feridos são levados às pressas para o pronto-socorro logo pela manhã. Por causa do tumulto causado, Klein precisa esticar o plantão até a madrugada, fazendo diversas cirurgias e atendendo mais de dez acidentados.

Dois deles infelizmente não suportam os traumas e sucumbem à morte, os outros são internados em estado grave no centro intensivo, porém sem risco de perderem a vida.

Desde criança, Klein desejava ser um cirurgião cardíaco, mas a vida também o levou a aprender sobre câncer e as causas que levavam as pessoas a desenvolverem células degenerativas — talvez para tentar compreender a morte precoce da sua mãe, aos quarenta e dois anos de idade, devido a um câncer maligno de pele.

Andy fica esperando o dia todo pelo retorno de Willian Klein, pois sente muitas dores no peito, febre e certa confusão mental, algo que ele nunca sentiu antes, nem mesmo quando esteve em coma durante dois meses no hospital central de Las Vegas, após uma luta com um dos mais experientes lutadores da sua época, Carlos Sanchez, um mexicano peso médio conhecido também como El Matador.

No entanto, na manhã do outro dia, sua angústia chega ao fim. Deitado em sua cama, Andy escuta a porta do velho celeiro se mexer:

— Bom dia, com licença, Andy. Você está aí?

É o doutor Willian Klein.

— Sim, doutor Willian, pode entrar.

Klein se assusta ao ver o semblante abatido de Andy.

— O que está acontecendo com você, Andy? Está tão abatido!

— Não sei, doutor, só sei que nessa madrugada eu tive um pesadelo muito estranho e passei a noite com muita dificuldade para respirar e com fortes dores no peito.

— O que você sonhou? Consegue se lembrar?

— Havia pessoas andando ao redor do celeiro. Elas batiam à porta querendo entrar e dizendo que queriam falar comigo, mas não tive coragem de me levantar e ver quem era. Estou com muito medo, doutor, não sei se era sonho ou realidade, pois nunca ninguém entrou aqui e ficou rondando a casa. Eu cuido muito bem da casa quando o senhor não está presente, sabe bem disso, não é, doutor Klein?

— Eu sei, sim, Andy, não se preocupe com isso, foi só um pesadelo. Deixe-me medir sua temperatura e sua pressão arterial.

— Por favor, doutor. Fiquei muito assustado com o tal pesadelo.

— Você tem que se preocupar com a sua saúde e não com seus pesadelos. Pesadelos são apenas sonhos densos que a mente cria quando estamos muito cansados e confusos.

Klein quer aproveitar a oportunidade e dizer para Andy sobre o possível diagnóstico do mal de Alzheimer, mas o médico sente que este não é o momento ideal para fazê-lo.

— Bem, Andy, a sua temperatura está um pouco acima do normal.

— Acima do normal?

— Sim, mas não precisa ficar preocupado, está com 37,5 graus de febre. Sua pressão está um pouco elevada, mas certamente é por causa do nervosismo, também não é preocupante. No entanto, eu gostaria de levá-lo até o hospital amanhã para fazer um *check-up* completo.

O que o doutor Willian quer mesmo é fazer uma tomografia computadorizada e uma ressonância magnética em seu crânio para eliminar qualquer hipótese da doença de Alzheimer ou, quem sabe, algum tumor cerebral que se instalasse em algum lugar do seu cérebro.

Imediatamente, Andy responde com altivez:

— Nem pensar, doutor, eu não entro em hospital de maneira alguma. Eu aceito qualquer medicamento que o senhor receitar, mas entrar no hospital eu não entro.

— Oh! Meu Deus! Você é um velho teimoso mesmo, Andy! Neste caso, não tenho muito a fazer, vou buscar um medicamento para baixar a sua febre e alguma coisa para você comer, pois, pelo que estou vendo, você não comeu nada desde ontem, não é?

— Tem razão, eu não fiz nada para comer hoje, veja quanta louça deixei para lavar. Desculpe, doutor Willian, mas não consegui me levantar da cama, não é preguiça, eu sou um cara forte demais para ter preguiça, o senhor me conhece muito bem, não é? O problema é que realmente passei muito mal esta noite. Desculpe-me, Allie.

William se assusta ao ouvir Andy o chamando de Allie.

— Allie? Você disse Allie? Quem é Allie? E por que está pedindo desculpas e dando tantas explicações, Andy? Não precisa fazer isso.

Andy parece estar passando por mais uma crise de esquecimento e sendo açoitado por devaneios e lembranças da infância.

— Desculpe-me, doutor, venho me sentindo confuso ultimamente.

— Tudo bem, eu compreendo. Deixe-me analisar seus olhos, com licença.

Klein se aproxima e, com sua lanterna miniatura, ilumina a pupila de Andy, tentando descobrir algum tipo de tumor cerebral por intermédio do exame de fundo de olho que os médicos mais antigos costumavam fazer. Ele examina, mas visualmente não percebe nada de estranho.

— Andy, olhe para mim agora.

— Estou olhando, doutor.

— Quem sou eu?

— Você é doutor Willian.

— Então, por que você me chamou de Allie?

— Eu não sei, doutor, de repente, o senhor parecia ser meu irmão Allie.

— Seu irmão? Você nunca disse que tinha um irmão.

— Pois é, mas eu tive um irmão, era meu melhor amigo e também o meu treinador. Mas ele era três anos mais velho que eu.

— Onde ele está agora?

— Allie está morto, morreu em 1964 quando eu tinha vinte e quatro anos de idade. Depois que ele se foi, minha carreira como lutador sofreu uma derrocada e fiquei sem ninguém para me apoiar.

— Você tinha medo dele? Por isso ficou pedindo desculpas e dando explicações?

— Sim, ele era um cara muito disciplinado e não admitia desobediências, suas ordens deviam ser cumpridas à risca e era muito rígido. Mas não fazia isso por maldade, fazia por disciplina, principalmente quando o assunto eram os treinos, a limpeza e a alimentação.

— Onde vocês viveram quando jovens?

— Moramos numa academia em Memphis e depois moramos em um quarto alugado nos fundos de uma casa. Eu tinha que manter tudo limpo, pois ele dizia que uma simples bactéria ou uma intoxicação alimentar poderia acabar de uma vez por todas com a minha carreira de boxeador. Ele tinha toda razão, mas infelizmente Allie se foi, e tudo ficou muito ruim a partir daí, ruim mesmo.

De repente, Andy começa a ficar nervoso sem qualquer motivo aparente. Willian percebe e tenta acalmá-lo:

— Calma, Andy! Não precisa ficar nervoso, é só uma breve lembrança do passado, eu entendo que está passando por um momento difícil em sua vida e sentindo muitas saudades do seu irmão Allie, não é?

— É verdade, eu só tinha Allie na vida, a minha força motriz, a pessoa que me fazia levantar todos os dias para lutar. Sempre que eu estava desanimado e perdia um combate, ele sentava do meu lado na beira do ringue e sussurrava somente para eu ouvir: "Andy, quando tudo estiver perdido, é momento de erguer a cabeça e olhar para frente, pois sempre existe uma saída. Sempre".

— Seu irmão devia ser um homem e tanto.

— Era mesmo. Na verdade, Allie era meu pai, meu irmão, meu amigo e meu treinador. Tudo isso ao mesmo tempo.

Klein vai até a porta do celeiro e acende a única lâmpada que ilumina aquele lugar. Não há divisões separando o quarto, a cozinha e a copa, como numa casa normal. Tudo está disposto em um mesmo ambiente:

uma cama simples com uma lâmpada amarela iluminando o lugar, uma velha poltrona de couro, um fogão de duas bocas para preparar a comida e um pequeno armário onde guarda algumas roupas e sapatos, apenas isso. O resto do celeiro fica abarrotado de arreios de cavalos, ferraduras e um pequeno esmeril no qual Andy costuma amolar os facões e as tesouras para cuidar do jardim.

— Andy, daqui a pouco, trarei alguns medicamentos e, depois, preciso voltar ao hospital, tudo bem?

— Tudo bem, doutor.

— Você vai ficar bem, não se preocupe.

— Obrigado, doutor, já estou me sentindo melhor só de você ter vindo aqui conversar um pouco comigo.

Certamente, Andy está sofrendo de depressão e solidão por ter vivido tantos anos sozinho nas ruas dos estados do sul dos Estados Unidos, como Mississippi, Tennessee, Nevada e Alabama.

Associado a tudo isso, ele deve ter algum problema orgânico, mas qualquer diagnóstico mais preciso só será possível se ele aceitar ir até o hospital e fazer alguns exames. E isso logicamente não está em seus planos.

Willian diz:

— Eu fico feliz que esteja se sentindo melhor, Andy.

— Quando o senhor voltará aqui outra vez, doutor?

— Hoje à noite, assim que voltar do hospital, eu passo aqui para vê-lo outra vez.

— Muito obrigado! Eu não sei o que seria de mim sem o senhor e a senhora Suzanne.

Willian segura a mão de Andy com firmeza:

— Andy, eu sei que você detesta ficar sozinho, mas eu preciso lhe dizer uma coisa.

— O quê? — Andy pergunta, arregalando os olhos.

— Eu e Suzanne temos um seminário muito importante em Londres e ficaremos dez dias fora.

— Londres? Por que tão longe?

— É o Encontro Anual Interamericano dos Cirurgiões. Suzanne vai junto porque ela gosta do assunto e porque queremos passear um pouco pelo interior da Grã-Bretanha. Ela sempre teve o sonho de conhecer as ruínas de Stonehenge no interior da Inglaterra.

Andy levanta, senta na beirada da cama e, em seguida, olha-o no fundo dos olhos e responde sorrindo:

— É isso mesmo que vocês precisam fazer, doutor Willian, vocês são jovens e precisam apreciar a vida o quanto podem. Não se preocupem com este velho ranzinza aqui, eu ficarei bem.

— Que bom que compreende, Andy.

— Claro que compreendo, vocês são jovens e devem aproveitar. Aliás, eu não vou ficar tão sozinho assim. Tenho os pássaros, as flores, as árvores e o sítio inteiro para cuidar. Por isso, eu desejo uma boa viagem a vocês dois.

— Obrigado, Andy!

— Se possível, eu gostaria que me fizesse um favor, doutor Willian.

— O quê? Pode dizer.

— Peça para a senhora Suzanne vir aqui se despedir de mim antes de viajar. Eu amo muito a sua esposa, não sei dizer que sentimento é esse, mas sinto um amor diferente por ela.

— Como assim, Andy?

— Não se preocupe, doutor, não é amor de homem para mulher.

— Eu sei disso — Klein sorri. — Deve ser o amor incondicional, o amor sem condições que muitos dizem nas igrejas.

— Exatamente, deve ser isso, minha esposa costumava dizer muito sobre esse amor quando éramos jovens. Ela era muito religiosa.

— Você disse esposa? Já foi casado, Andy?

De repente, Andy começa a ficar alterado e sua testa começa a suar. Ele se levanta da cama nitidamente nervoso e vai na direção do esmeril, procurando algo para afiar.

De costas para Klein, ele pega uma tesoura de cortar grama e começa a esbravejar:

— Eu não quero falar sobre isso, doutor. Acho melhor o senhor ir embora daqui agora mesmo.

— O que foi, Andy? Eu disse alguma coisa errada?

— Deixe-me sozinho, doutor Willian, deixe-me aqui nesta droga de celeiro, por favor.

— Mas, Andy? O que está acontecendo?

Andy repentinamente muda o semblante, levanta a tesoura de jardineiro e diz sem hesitar:

— Vá embora agora mesmo! Vá, antes que eu faça uma besteira, doutor.

De repente, aquele homem aparentemente amoroso e gentil se mostra uma pessoa violenta e incompreendida.

— Calma, Andy! Eu não queria tocar no assunto sobre a sua esposa.

Inesperadamente, Andy começa a jogar tudo o que vê pela frente, como se estivesse enlouquecendo.

Assustado, Klein se afasta e fica em pé ao lado da porta do celeiro, mas não vai embora, pois percebe que aquela demonstração de violência é somente uma forma que Andy tem para extravasar suas culpas e angústias do passado.

Minutos depois, após jogar tudo pelo alto, Andy se acalma, senta ao lado da cama e começa a chorar como se fosse uma criança.

Klein se aproxima, mas mantém certa distância, com medo de desencadear outro surto psicótico.

Andy se acalma, respira e, em seguida, diz, sentindo muita falta de ar:

— Sabe, doutor, eu sofro muito, muito mesmo. Sou uma pessoa muito sozinha e não tenho ninguém para conversar. Sou um velho andarilho, que anda pelo mundo procurando algo para preencher a droga da minha vida, mas não encontro nada, só encontro sofrimento. Eu daria tudo para descobrir por que sofro tanto. Por quê? Por quê? O que eu fiz para sofrer tanto assim?

Com a tesoura ainda nas mãos, Andy olha para Klein e diz:

— Eu estou me sentindo muito estranho, doutor. É melhor o senhor ir embora daqui agora mesmo.

— Tudo bem! Tudo bem! Já estou indo, Andy. Mas antes de ir, eu quero que saiba uma coisa.

— O quê?

— Em vez de perguntar por que sofres, procure descobrir o que está sendo curado dentro de ti. Meu amigo, todo processo de sofrimento, no fundo, é um processo de cura.

Andy baixa a cabeça pensativo e, com seu típico e costumeiro tom arredio e orgulhoso, responde:

— É fácil para você dizer isso, doutor. Você é um jovem bonito, rico, reconhecido e querido por todos, tem muitos amigos e tem uma linda esposa lhe esperando todos os dias para jantar e amar. Queria ver o senhor dizer isso se estivesse no meu lugar, dentro deste celeiro imundo, fedorento, sozinho e abandonado por Deus. Eu pedi a sua ajuda como médico e não como um conselheiro. Por isso eu repito, doutor: acho melhor o senhor ir embora agora mesmo.

— Desculpe, Andy, eu não quis ofendê-lo.

— Mas ofendeu, doutor William.

— Desculpe, Andy.

— Acho melhor você ir embora, pois não sabe nada da minha droga de vida.

Willian percebe que é melhor sair dali nesse exato momento.

— Até logo, doutor, obrigado por se preocupar comigo, mas eu sou forte e aguento todas as provações da vida, não se preocupe.

— Se você quer assim, tudo bem, Andy — Klein abre a porta do celeiro e volta para sua casa.

— Doutor! — Andy grita, antes de fechar a porta do celeiro.

— O que foi, Andy?

— Nos vemos à noite? Antes de embarcarem para Londres?

— Acredito que sim, se não surgir nenhum contratempo no hospital, certamente, sim. Até logo, Andy.

— Até logo, doutor.

Os distúrbios mentais e a demência de pugilista, às vezes, deixam Andy sem controle, principalmente quando alguns *insights* do passado invadem a sua mente, como aconteceu quando se lembrou da sua linda esposa Eleonora Victorine.

Andy parece ser um homem durão, pelo menos é isso que ele quer demonstrar às pessoas. No entanto, minutos depois do acontecido, ele se arrepende de ter falado daquela maneira rude e inconsequente com o doutor Klein e senta na velha poltrona de couro para chorar.

Em seguida, segura a tesoura com raiva e a joga com força contra a parede do celeiro, fincando-a entre as frestas da madeira.

Respira fundo e sussurra para si mesmo:

—Tomara que o doutor não conte para a senhora Suzanne o que aconteceu aqui. Se contar, ela vai ter mais medo de mim do que já tem. Eu sei que Suzanne não gosta de mim. Que droga! Como eu pude estragar tudo outra vez? É sempre a mesma coisa. Parece que algo dentro de mim toma conta da minha mente sempre que começo a relembrar das coisas do passado. O que é isso, afinal? Que droga! Eu não suporto mais viver assim! Droga de vida! Droga de vida!

Capítulo 3
Andy & Budd

O dia segue como todos os outros e, assim que o Sol se põe, a noite logo toma conta da cidade de Canton. Andy espera o doutor retornar no final da noite, mas nenhum sinal dele.

Andy não está bem e não sabe para quem pedir ajuda, pois é noite e todos os funcionários da casa já foram embora. A única coisa a fazer é deitar-se na cama, se acalmar e esperar o doutor voltar para lhe dar algum medicamento que fizesse parar aquela maldita dor no peito.

Por volta das nove horas da noite, ele decide se levantar e preparar um pão torrado com manteiga na frigideira e um café forte para aliviar a fadiga e o cansaço que vem sentindo. Em seguida, deita-se na cama, liga a pequena TV portátil preto e branco da década de 1970 que Klein havia lhe dado de presente e decide assistir à final do jogo da NBA, para torcer pelo seu time favorito, o Los Angeles Lakers.

Mas a cafeína faz efeito contrário, pois, em vez de manter-se- acordado, Andy deita-se na cama e adormece logo nos primeiros minutos do jogo. Tudo bem, pelo menos assim, ele pode descansar um pouco após duas longas noites mal dormidas.

A quinta-feira não é fácil para o doutor Klein. Além dos acidentados que precisam de cuidado constante no centro de terapia intensiva, surgem mais dois casos complexos no pronto-socorro. Um senhor de cinquenta e dois anos de idade chega bêbado, após ter sido esfaqueado em uma lanchonete por tentar agarrar uma mulher casada, e a outra pessoa é uma moça de vinte e dois anos de idade que chega ao pronto-socorro com uma grave hemorragia por ter sofrido um aborto espontâneo. Infelizmente, a moça não suporta a hemorragia e acaba falecendo no centro cirúrgico.

Por causa dos vários contratempos, Suzanne e Willian acabam chegando em casa por volta das duas horas da manhã. Suzanne está esgotada física e mentalmente, pois, naquela tarde, ela enfrentou uma das situações mais difíceis da sua vida como obstetra. Foi ela quem retirou o feto do útero da paciente, que acabou falecendo no centro cirúrgico.

Mas o que fazer? São as provações do ofício para quem escolhe a medicina como profissão. Mas não é a primeira vez que aquilo se sucede, sendo assim, certamente o casal superará aquelas tristes lembranças em pouco tempo, pois, todos os dias, acontecem coisas semelhantes dentro do pronto-socorro.

Klein costuma dizer para os membros da sua equipe que médicos de verdade, principalmente os médicos-cirurgiões, trabalham o tempo todo no limiar da vida e da morte, por isso eles têm de se acostumar com aquele tipo de situação.

Mas será tão simples assim? Willian Klein afirma que não coloca emoção no seu trabalho e sempre se mantém austero quando o quesito é a morte. Será tão fácil assim ver uma pessoa partindo para o mundo pós-morte?

Klein suspira profundamente ao estacionar o carro na garagem da sua casa, por volta das duas horas da madrugada, e, com a voz nitidamente cansada, diz para sua esposa:

— Querida, eu sei que o dia foi muito difícil e você está muito cansada, mas temos que acordar às cinco horas da manhã para irmos ao aeroporto. Nosso voo para Londres está marcado para as nove horas da manhã. Não se esqueceu da nossa viagem, não é?

— Claro que não, querido. Estamos indo para a Inglaterra a trabalho, mas vamos passar bons momentos juntos.

— Claro que sim, querida!

— Meu Deus! Já são quase duas horas da manhã e temos que dormir um pouco, querido. Estou exausta. O dia não foi nada fácil para mim.

— Vou tomar uma ducha para relaxar, querida. Mas, antes, vou até o celeiro para ver como o Andy está. Eu prometi que me despediria dele antes de viajar.

— Vá, sim, querido. Eu vou esquentando o chuveiro para você.

— Mas tem outra coisa, querida.

— O quê?

— Andy pediu que...

— O que ele pediu? — Suzanne responde esbravejando como sempre fazia quando o nome de Andy era mencionado no meio de uma conversa.

— Querida, na verdade, ele implorou para você ir até o celeiro se despedir dele.

— Eu? Por que ele quer que eu faça isso? Tem certeza que ele disso isso, Willian?

Quando Suzanne chama seu marido de Willian, é sinal de que está realmente irritada.

— Sim, ele disse isso hoje pela manhã. Ele não estava se sentindo muito bem e deixei uns analgésicos para ele tomar.

Suzanne respira profundamente e se acalma um pouco:

— Por que eu tenho que fazer isso? Já é tarde, estou exausta e quero muito tomar uma ducha quente. Você sabe muito bem como o dia foi difícil, não é?

— Eu sei, mas faça um esforço, por favor.

Suzanne se irrita com a insistência do marido e responde com rispidez:

— Por que eu tenho que fazer algo por ele? Você trata esse velho mendigo como se fosse uma criança, Willian! Por que você o trata desse jeito? Ele não é nosso parente, não é nosso avô, não é nosso tio, ele não é nada nosso. Então, por que você teima em deixá-lo morando aqui conosco. Bem que você poderia levá-lo para a assistência social no centro da cidade e deixar que o governo cuide dele, pois isso é responsabilidade do Estado e, não, nossa. Nós já temos tantas responsabilidades e tantos problemas para cuidar!

— Você não muda, não é, querida?

— Quer saber mais, Willian?

— O quê? — ele responde, angustiado ao ouvir sua esposa falando daquela maneira arredia.

— Na verdade, esse tal de Andy só está trazendo problemas para a nossa vida. E problemas, nós já temos demais para resolver, sabia?

— Que tipo de problemas ele está trazendo para a nossa vida, Suzanne? Eu não entendo você.

— Eu não sei, Willian! Eu não sei! Só sei que a presença dele aqui em casa me irrita. Essa é a verdade.

— Tudo bem, Suzanne, se você não quer ir até o celeiro para se despedir dele, não precisa. Eu faço isso sozinho.

— Melhor assim, logo estaremos de volta de Londres e aí você pode pajear esse velho fedorento quanto tempo quiser, mas agora preciso descansar, senão perderemos o avião. Para de se preocupar com ele, querido — Suzanne se aproxima, tentando seduzir seu marido. Mas Willian se afasta e diz:

— Eu gosto muito do Andy e não queria deixá-lo sozinho, por isso estou preocupado.

— Pois é, Willian! Infelizmente, cada pessoa colhe o que planta, não é assim que dizem por aí? — Suzanne responde ironicamente e bate a porta do banheiro para tomar sua ducha quente.

Klein acende as luzes do jardim, caminha pelo gramado até o celeiro e percebe que a TV está ligada. Empurra a porta do celeiro devagar e sussurra baixinho:

— Andy, você está aí, amigão?

A luz está apagada e o ambiente, iluminado somente pela luz da pequena TV que fica sobre uma velha caixa de madeira onde Andy costuma guardar as maçãs que colhe no pomar durante o dia.

Andy não responde, dorme profundamente.

Klein sussurra para si mesmo:

— É melhor eu deixar o pobre Andy descansar e não incomodá-lo. Acho que vou deixar um bilhete em cima da TV com o número do meu celular e o número do telefone do hotel onde ficaremos hospedados no centro de Londres. Ah! Vou deixar também o telefone do hospital, caso ele precise. Com os números em mãos, poderá telefonar a hora que quiser.

Klein pega a caneta do bolso do jaleco, escreve o bilhete e o coloca sobre a TV. Em seguida, desliga a televisão sem fazer barulho e vira de costas, deixando Andy dormir tranquilamente.

Querido Andy, não quis acordá-lo. Dentro de dez dias estaremos de volta.

Cuide bem do jardim e fique com Deus. Cuide-se, amigão!

Willian Klein.

Manhã do dia seguinte...

Seis horas da manhã, Willian e Suzanne acabam saindo atrasados outra vez, pois têm de conversar com todos os empregados da casa para deixar as diretrizes para os próximos dez dias que ficarão fora.

A casa conta com duas empregadas, uma faxineira, uma arrumadeira e um cozinheiro especializado em comida francesa, que Suzanne fez questão de contratar, pois sempre adorou a gastronomia parisiense.

A casa é linda, toda pintada de branco, com quatro colunas na entrada, dois andares, seis suítes e uma ampla sala de estar bem arejada e iluminada pelos raios de sol que surgem nas primeiras horas da manhã. Uma linda lareira decorada com pedras e uma cozinha de dar inveja a qualquer *chef* de cozinha, com móveis e utensílios de primeira linha, modernos e fabricados exclusivamente para Suzanne, como ela sempre desejou, uma mistura de madeiras de lei com estilo rústico e detalhes em aço inox e espelhos.

Mesmo atrasados, os Kleins conseguem chegar a tempo ao aeroporto e tudo corre conforme o esperado.

Por volta das nove horas da manhã, Andy acorda bem disposto, após dormir uma das melhores noites da sua vida. Mas, assim que ele abre os olhos, percebe que alguém passou por ali, pois a TV está desligada, e ele nunca desliga a televisão antes de dormir.

Senta na beirada da cama e vê o bilhete que o doutor Willian havia deixado na madrugada. Respira fundo e decide lê-lo.

Andy sorri e exclama para si mesmo:

— Esse cara é demais! Eu adoro ele, não sei por que gosto tanto dele. Para mim, Willian Klein é um exemplo de homem e lembra muito o meu querido irmão Allie. Se eu tivesse um filho, gostaria que fosse como ele. O doutor Willian tem tantas coisas para se preocupar, tantos pacientes para cuidar, tantos problemas para resolver, tantos projetos para desenvolver no hospital, mas, mesmo assim, ele voltou no meio da madrugada para ver se eu estava bem. Graças a Deus, eu acordei melhor esta manhã e estou me sentindo bem. Sabe o que vou fazer? Acho que vou sair do celeiro, pegar minhas ferramentas e arrumar o jardim. É isso que vou fazer! Já faz uma semana que não arrumo os arbustos. As crianças da escola do final da rua devem estar reclamando que o jardim da casa dos Kleins está abandonado. Vou tomar vergonha na cara e deixar o jardim lindo como sempre foi. Só preciso encontrar minha tesoura afiada, vestir meu velho macacão e uma bota de borracha e passar o dia arrumando o jardim do senhor e da senhora Klein. Vou deixar este lugar exuberante para, quando eles chegarem de Londres, perceberem que eu fiz o melhor para agradá-los. Eu posso não ter dinheiro algum, mas o doutor William sabe que eu os amo muito e farei tudo o que puder para retribuir tudo o que fizeram por mim até hoje.

Andy veste seu inseparável macacão jeans e sussurra para si mesmo:

— Meu Deus, o que está acontecendo comigo? Estou pensando e dizendo coisas que nunca disse antes, como falar sobre amor e gratidão. Que estranho! Acho que estou me transformando num velho sentimental demais. Não sei direito o que é isso, eu sempre fui um cara durão e lutei bravamente para conseguir as coisas. Agora estou aqui, depois de tudo o que passei em minha vida, sentado numa cama de palha, dentro de um velho celeiro e falando um monte de coisa estranha. Que droga! Como pode um velho lutador como eu falar coisinhas bonitas e passar o dia cuidando de delicadas e perfumadas flores num jardim? Será que meu coração está amolecendo após tantos anos de sofrimento e penúria? Bem, isso não importa agora. Vou me levantar e fazer o que precisa ser feito. Deixarei o jardim lindo e maravilhoso para, quando a senhora Suzanne chegar, se orgulhar de mim e abrir um sorriso de satisfação pelo trabalho que fiz.

Andy se levanta da cama e caminha até os arbustos que ficam próximo à rua. Coloca as ferramentas sobre o gramado, solta as alças do seu macacão, tira a camisa, coloca seu velho boné azul marinho, que guarda desde a época de lutador, com as iniciais "AA" bordadas na lateral, representando seu antigo apelido "*Double* A". Ajeita o macacão e começa a trabalhar.

"Double A" era seu apelido de boxeador, tinha dois sentidos, "Duplo A", por causa do seu nome, Andy Aaron Ray, e também "Duplo A" derivado de "Double Arms", por causa da força que tinha nos dois braços, tanto o esquerdo quanto o direito.

Mas essa manhã de sexta-feira parece diferente das outras manhãs em que ele costuma se preparar para fazer sua chamada "obra de arte natural", que consiste em aparar os arbustos em formatos de animais com extrema perfeição.

Andy se apronta para cortar um dos maiores arbustos em formato de urso, que fica ao lado da cerca com mais de dois metros de altura. Mas o arbusto é muito alto, sendo assim, ele tem de voltar ao celeiro para pegar uma escada.

Ele diz a si mesmo:

— Antes de pegar a escada, vou varrer essas folhas secas que estão embaixo dos arbustos. Quero que as crianças, ao sair da escola no horário do almoço, voltem a admirar as esculturas que faço no jardim da senhora Suzanne — após falar sozinho, Andy começa a varrer.

De repente, ele ouve uma música vinda de algum lugar que não consegue distinguir.

Serão as empregadas da casa, que se aproveitam da ausência dos Kleins para ligar o aparelho de som da sala e escutar música tão alta? Certamente, não, pois elas não gostam daquele tipo de melodia e não sabem ligar os aparelhos da sala. Será, então, o cozinheiro? Certamente, não, pois ele costuma escutar música pop no celular.

Andy não consegue entender que música é aquela que toca harmoniosamente e avança o jardim. No entanto, é uma velha composição de Tchaikovsky, reproduzida suavemente ao fundo.

O tipo de música de Andy é outro: um bom *bluegrass* do sul do Alabama, bem tocado, com apenas violão, um banjo e uma boa letra sobre um amor perdido, como seus conterrâneos costumavam cantar nos sábados à noite, nos bares da cidade de Florence, a cidade onde, um dia, ele conheceu a sua amada esposa.

Mas, tudo bem, mesmo não gostando daquele estilo de música, Andy aprecia as melodias de Tchaikovsky, pois traz um pouco de paz e harmonia para essa manhã tão diferente.

Andy trabalha por mais de duas horas no jardim, embalado pelas lindas composições de Tchaikovsky. Talvez aquele som viesse da casa do senhor Smith, um veterinário muito bem conceituado e amante das artes plásticas e das pinturas de Leonardo da Vinci.

De qualquer forma, é estranho, pois o senhor Smith não costuma ouvir música clássica tão alta, a ponto de ser escutada a mais de cem metros de distância.

Andy percebe que a hora passa rapidamente e, em pouco tempo, o sinal da escola tocará, liberando a criançada.

Ele diz:

— Meu Deus! Já está quase na hora do almoço e eu estou aqui, trabalhando como um maluco, sem sentir fome e sede. É melhor eu buscar a escada e aparar as pontas desse urso maravilhoso, antes que as crianças comecem a sair da escola. Quero fazer uma surpresa para elas!

Andy vai até o celeiro e, minutos depois, retorna sem a bendita escada.

De repente, a música ao fundo para de tocar e mais de cinquenta crianças começam a passar correndo na rua, em frente ao jardim da casa dos Kleins.

Andy sorri ao ver a disposição daqueles meninos e meninas que correm em direção aos carros dos seus pais, loucos para retornarem aos seus lares, em plena sexta-feira.

Desde que Andy chegou à casa dos Kleins, sempre teve o costume de ficar próximo à cerca, no horário de saída da escola, pois adora ver as crianças eufóricas, paradas em frente ao jardim para admirar as suas belas esculturas em forma de animais.

Muitas crianças já estão acostumadas com a presença de Andy por ali e, sempre que o veem, o cumprimentam.

Andy, orgulhoso e durão como sempre o foi, adora o reconhecimento das crianças, porém não gosta de um garoto esnobe de aproximadamente dez anos de idade que passa de mãos dadas com sua mãe e sempre o cumprimenta ironicamente, dizendo: “Bom dia, vovozinho”.

Andy detesta aquele garoto, pois, no fundo, ele ainda se acha um jovem e forte lutador e, não, um vovozinho. Na verdade, Andy luta o tempo todo contra a verdade, como se quisesse vencer o tempo e seu próprio envelhecimento.

Ele pode não ser mais um lutador de boxe, mas certamente continua lutando contra si mesmo, contra seu orgulho, suas angústias e o terrível medo de morrer sem realizar seu grande sonho: reencontrar o amor da sua vida, Eleonora Victorine, uma moça com quem se casou no início da década de 1960, quando era um rico e famoso boxeador. Um tempo de *glamour*, fama e riqueza.

No entanto, a sua vida íntima sempre foi um segredo, algo que mantém trancado a sete chaves dentro da sua mente e não revela a ninguém, ninguém mesmo.

Mas o que terá acontecido com Eleonora Victorine, a sua esposa, a linda mulher por quem se apaixonou perdidamente? O que teria separado os dois, afinal? Nunca ninguém soube nada sobre a história de vida dos dois, muito menos sobre o paradeiro da tal Eleonora.

Andy está irritado, pois quer saber quem foi até o celeiro e pegou a sua escada.

Furioso, ele pega o rastelo e começa a juntar as folhas secas do chão para, no final da tarde, juntar tudo e queimar numa grande fogueira.

Enquanto trabalha, a criançada passa correndo, mas não o vê. De repente, Andy ouve uma voz serena, do outro lado da cerca.

— Senhor, com licença.

Andy vira, olha do outro lado da cerca, na rua, e vê um menino parado com a mão direita levantada, como se estivesse fazendo uma espécie de juramento.

Andy acha aquilo estranho, pois nunca tinha visto aquele menino antes, portanto não lhe dá atenção e volta aos seus afazeres.

O menino insiste:

— Senhor! Senhor! Com licença.

Andy olha novamente e vê o garoto parado no mesmo lugar. Nervoso, ele sussurra:

— Garoto idiota, me deixa em paz!

O garoto escuta os sussurros, mas continua insistindo:

— Com licença, senhor, gostaria de falar um pouco com você.

Ele se zanga e resolve responder:

— Droga! O que você quer garoto?

— Por que o senhor está nervoso? — o menino pergunta.

— Quem é você, garoto?

— Meu nome é Budd.

— Nunca o vi por aqui, por acaso é novo na escola?

— Sim, senhor. Estou estudando há algumas semanas e vou a pé para casa, nas sextas-feiras. Às vezes, meu irmão mais velho vem me buscar.

— Entendi — Andy responde e baixa a cabeça, demonstrando que não está muito a fim de conversar.

Ele insiste:

— O senhor costuma fazer isso sempre?

— O quê? Juntar as folhas secas? Sim, eu faço isso sempre.

— Não estou dizendo sobre as folhas, estou perguntando se o senhor costuma ser sempre mal-educado com as pessoas.

Andy encosta o rastelo no arbusto, levanta a cabeça nervoso e responde a pergunta do garoto com outra pergunta:

— Por que você acha que eu estou bravo, garoto?

— Porque o senhor está respirando com dificuldade enquanto usa essa ferramenta.

— Isso é um rastelo, garoto. Nunca viu um desses?

— Desculpe, eu não eu sei o nome desse negócio.

De repente, Andy sorri e decide dar um pouco mais de atenção para o menino.

— Sabe o que está acontecendo comigo, garoto?

— O quê?

— Tem alguém mexendo em minhas coisas no celeiro. Eu sempre deixo tudo organizado e sei exatamente onde encontrar minhas ferramentas, por isso estou nervoso, porque sumiram com a droga da escada que costumo usar para cortar o alto dos arbustos.

— Onde guarda a escada?

— No celeiro.

— Quem o senhor acha que fez isso?

— Acho que foi aquele idiota do St. Charles, o cozinheiro da senhora Suzanne. Eu tenho certeza que ele está querendo me deixar nervoso. Ele está aproveitando que os patrões ficarão fora de casa nos próximos dez dias e está querendo me provocar.

— Não liga para isso, senhor. Para que ficar nervoso à toa?

— Porque aquele cara é um chato, só por isso. Eu não gosto dele.

— O senhor tem que agradecer pela vida que tem, pois tem um dos melhores trabalhos do mundo. Cuida de flores e plantas e está o tempo todo mexendo na terra. Além disso, vive ao lado dos pássaros, das árvores e lindas frutas. Acho que o senhor deveria agradecer pela vida em vez de reclamar dela.

O orgulhoso Andy parece não aprovar as palavras do menino Budd:

— Por que você está dizendo isso, garoto? Fique sabendo que eu não sou um jardineiro, eu sou um boxeador que...

Ele não consegue terminar a frase, pois começa a gritar de dor e pular como um louco.

— Ai! Ai!

— O que foi, senhor?

Andy olha para as botas e percebe que está sendo atacado por várias saúvas gigantes. A picada da saúva é extremamente dolorida e ele sabe disso. Olha em volta e vê vários formigueiros borbulhando com centenas de saúvas famintas ao redor dos arbustos. Algo que ele nunca tinha visto antes em seu jardim.

— Hei, garoto! Eu preciso sair logo daqui, estou sendo atacado por formigas.

Andy olha para cima, na copa de uma macieira que fica na divisa da rua, bem em cima da cabeça do garoto, e vê um enorme enxame de abelhas borbulhando em fúria. Certamente elas ficaram irritadas com o barulho e as batidas na árvore que Andy deu com o rastelo tentando se livrar das saúvas. Mas, segundos depois, as abelhas estão sobrevoando a cabeça do pequeno Budd e envolvendo-o completamente.

Andy percebe o perigo e grita desesperadamente:

— Hei, garoto! Corra! Corra!

— Por que, senhor?

— Venha! Corra por aqui, eu vou abrir o portão e você entra correndo, antes que as abelhas comecem a atacar você. Vai, garoto! Corre! Se você foi atacado por essas abelhas, dificilmente voltará para casa vivo.

Budd faz o que Andy manda, atravessa o portão e corre pelo gramado da casa dos Kleins até chegar próximo ao celeiro.

Andy continua gritando:

— Vai, garoto! Não para de correr! Corra até aquele banco perto do celeiro e me espere lá. Eu vou colocar fogo nessas folhas secas para ver se a fumaça acalma um pouco essas abelhas enfurecidas. Vá! Corra!

Enquanto prepara as folhas secas, ele diz a si mesmo:

— Que droga! De onde vieram tantas formigas e tantas abelhas?

Apressado, Andy tenta evitar que as abelhas avancem na direção do jardim. Enquanto faz isso, olha para a entrada da casa dos Kleins e vê o cozinheiro St. Charles parado, observando tudo acontecer sem nada fazer. St. Charles veste sua típica roupa de cozinheiro parisiense, parado em frente à porta de entrada da casa, com os braços abertos e sorrindo. Certamente está se sentindo o dono daquela mansão maravilhosa.

Algo estranho está acontecendo, pois Andy vê uma ambulância parada no fundo da casa e alguns paramédicos saindo pela porta dos fundos, carregando a senhora Madeleine , a arrumadeira, numa maca.

O que terá acontecido com a pobre empregada dos Kleins?

St. Charles parece não dar mínima para o que está acontecendo. Muito pelo contrário, ele parece feliz, pois se senta na cadeira de balanço da varanda, abre uma garrafa de vinho branco californiano que o doutor William costuma guardar na adega e começa a cantar como se nada estivesse acontecendo.

Será que o safado do St. Charles envenenou a pobre coitada e está se sentindo feliz por isso? Pelo seu semblante de satisfação, certamente ele tem algum envolvimento com o que está acontecendo no fundo da mansão dos Kleins. Será que o cozinheiro discutiu com ela e a pobre Madeleine acabou passando mal de nervoso?

Os paramédicos colocam Madeleine dentro da ambulância, fecham a porta e saem apressados pelo portão do fundo. Logo em seguida, avançam pela rua, ligam a sirene e saem a toda velocidade rumo ao hospital central de Canton.

Andy definitivamente não gosta do cozinheiro St. Charles, muito menos das músicas parisienses que ele costuma cantarolar depois que termina de fazer o almoço e vai à varanda da casa para fumar seu cigarro.

O que irrita Andy não é apenas o fato de o cozinheiro cantar as lindas músicas do famoso artista francês Charles Aznavour, o problema é que ele canta completamente desafinado e tem o péssimo costume de jogar as bitucas de cigarros no meio do gramado, quando acaba de fumar. Aquilo deixa Andy completamente fora de si, sua vontade é de avançar sobre o tal cozinheiro e socá-lo como costumava fazer com todas as pessoas que o tiravam do sério, no entanto ele sabe que, se fizer aquilo, comprará uma enorme briga com a senhora Suzanne e o senhor Willian.

Andy acende a fogueira e, logo, a fumaça começa a espantar as abelhas. Mais calmo, ele retorna resmungando pelo jardim em direção ao celeiro.

Ao passar em frente à varanda, Andy para por alguns segundos e fica olhando fixamente para St. Charles, que continua bebendo seu vinho branco californiano. Tem vontade de avançar sobre ele, mas, assim que olha na direção do celeiro, ele vê o pequeno Budd sentado no banco de ferro, aos pés do grande ipê roxo, e decide ir até lá.

Ele se contém e desiste de arrumar uma bela briga com o tal cozinheiro.

St. Charles não dá a mínima para Andy e continua bebendo seu vinho enquanto relaxa na cadeira de balanço, que, por sinal, era do falecido senhor Christian, o pai de Suzanne.

Mas, para deixar Andy ainda mais nervoso, ele dá a última tragada no cigarro e joga a bituca sobre a grama, como costuma fazer. Andy fica enlouquecido com o desrespeito do cozinheiro, mas prefere ir ao encontro de Budd.

Sem camisa e suado, Andy abotoa o macacão jeans, coloca o rastelo sobre o ombro e sai xingando mentalmente o cozinheiro: "Cozinheiro idiota e mal-educado! Esse cara me irrita! Não é possível que a senhora Suzanne goste tanto desse imbecil metidinho a francês!".

Enquanto caminha de volta ao celeiro, olha para trás para confirmar se a fogueira está cumprindo seu papel de escudo protetor contra as abelhas e segue ao encontro de Budd, um garoto sério e introspectivo.

Capítulo 4
O início de uma amizade

— Está tudo bem com o senhor? — Budd pergunta.

Andy puxa um tronco de madeira e senta em frente ao garoto para respirar um pouco.

— Sim, está tudo bem, garoto, e você? Levou alguma picada daquelas abelhas?

— Acredito que não, pelo menos não estou sentindo nada.

— Deixe-me ver — Andy levanta a camiseta do menino, tentando achar alguma picada. Olha suas pernas, sua nuca e seus braços, mas não vê nada, nenhuma picada.

— Como isso é possível, garoto? Você foi envolvido por centenas de abelhas e não tomou nenhuma picada?

— Não, senhor, as abelhas são minhas amigas, elas nunca me picariam.

— Como assim, garoto? Está ficando maluco? São abelhas africanas!

De repente, Andy olha para o chão e vê algumas saúvas subindo pela perna do pequeno Budd.

— Garoto, você vai ser picado pelas formigas. Olha! Estão subindo nas suas pernas!

Budd não se incomoda e não entra em desespero ao ver duas grandes saúvas subindo pela sua panturrilha.

— Calma, Andy! As formigas também são minhas amigas, elas nunca me fariam mal.

Andy olha assustado para o garoto:

— Hei, garoto! Como você sabe meu nome?

Budd olha para o lado e fica sem graça:

— Eu ouvi um menino da escola, outro dia, cumprimentando o senhor pelo nome, por isso sei o nome do senhor.

— Entendi.

Andy não aceita aquela resposta e decide continuar a conversa:

— Você é muito estranho, garoto! Como se chama?

— Meu nome é Budd, senhor.

— Muito prazer, meu nome é Andy. Andy Aaron Ray.

— Que nome interessante! Parece nome de guitarrista de *blues*.

Aquele simples comentário ganha imediatamente a confiança do velho Andy, pois, sem querer, o pequeno Budd evoca um dos maiores sonhos da sua vida: ter sido um famoso cantor de *bluegrass*. Mas, logicamente, não foi assim que aconteceu, e a vida acabou levando-o para outros caminhos.

— Você tem hora para ir embora, garoto? — Andy indaga.

— Não, senhor. Não estou com pressa, posso ficar aqui um pouco mais se o senhor não se incomodar.

— Não me incomodo, pode ficar.

— Obrigado. Sabe, Andy, eu adoro a natureza — Budd pega com cuidado as duas saúvas gigantes que já estavam sobre seu joelho e as coloca sobre a palma da mão. Em seguida, levanta-se do banco e segue na direção de um dos formigueiros no meio do gramado.

Com cuidado e sem medo, ele se ajoelha na grama perto do formigueiro, encosta a mão no chão e dezenas de saúvas começam a andar sobre ela. Calmamente, as outras formigas se misturam e Budd as deixa voltarem em paz ao formigueiro.

Budd senta no banco outra vez e, com olhar tranquilo, coloca as mãos sobre os joelhos e volta a conversar com Andy, como se nada tivesse acontecido.

Andy não entende aquilo. Como seria possível um menino colocar a mão praticamente dentro de um enorme formigueiro de saúvas e não levar uma picada sequer?

Com uma voz calma e envolvente, Budd pergunta:

— Quantos anos o senhor tem, senhor Andy?

— Eu tenho setenta e quatro. E você?

— Eu tenho oito.

Naquele momento, Andy pensa em se levantar e pedir para o garoto ir embora, pois seu orgulho lhe diz que não é uma boa ideia perder seu precioso tempo jogando conversa fora com uma criança.

Budd não dá tempo para Andy raciocinar e faz outra pergunta:

— Eu posso ficar um pouco mais aqui, senhor? Desculpe, mas é que não tenho muito com quem conversar.

Andy arregala os olhos e, de repente, se vê refletido no garoto, pois quando era criança ele também não tinha com quem conversar. De repente, o orgulho dá lugar ao bom senso e Andy percebe que não há problema algum em passar alguns minutos conversando com aquele menino, afinal, que mal um pobre e indefeso garoto de apenas oito anos de idade pode fazer?

Intrigado, Andy pergunta:

— Por acaso você tem algum dom especial, garoto?

— Por quê?

— Porque você não foi picado pelas abelhas nem pelas formigas, só por isso. Eu sempre vivi no meio da natureza quando era criança e nunca vi nada parecido.

— Todas as pessoas têm dons, Andy.

— Como assim?

— Sabe o que acontece?

— O que, garoto?

— As pessoas esqueceram que fazem parte da natureza. Eu moro numa fazenda há alguns quilômetros daqui e lá vivemos entre a natureza e os animais. Para mim é tudo muito natural.

— Você mora numa fazenda?

— Sim, senhor.

— Por isso você não tem medo das formigas?

— Sim. Na verdade, é tudo uma coisa só. Disseram para as pessoas que elas são coisas separadas da natureza porque vivem o tempo todo dentro das suas casas, dentro dos seus carros, nos shoppings centers e estão sempre trancafiadas, com medo de tudo. Eu não consigo entender por que as pessoas fazem isso. Acho que elas fazem isso porque no fundo têm medo.

— Tem razão. As pessoas morrem de medo. Mas medo do quê?

Andy, sem perceber, já estava envolvido pela conversa daquele garoto simpático e nitidamente inteligente.

— Acho que as pessoas têm medo delas mesmas, por isso vivem se escondendo. Elas pensam que os animais são perigosos, mas os animais não são perigosos. O maior perigo do homem é o próprio homem. Esse é o grande medo que elas têm: medo do próprio homem. As pessoas não constroem cercas, grades, portões de ferro, alarmes e muito menos colocam filmadoras por todos os lugares com medo das formigas, das abelhas e dos insetos, elas fazem isso porque têm medo do próprio ser humano.

— Você tem toda razão, garoto, não tinha pensado nisso.

— Não consigo compreender por que as pessoas têm tanto medo delas mesmas.

— Você é muito inteligente para a sua idade, sabia, garoto?

Budd sorri, mas fica calado por alguns segundos, olhando para o formigueiro. Em seguida, ele faz uma pergunta que pega o velho Andy desprevenido:

— Andy, você está com medo de mim?

Sem graça, ele olha para os lados tentando encontrar uma resposta plausível, mas não consegue.

— Eu sei que o senhor está com medo de mim. Mas não se preocupe, esse medo vai desaparecer quando eu retornar aqui, na semana que vem, para conversarmos um pouco mais.

— Semana que vem? Mas eu...

— Tudo bem. Se o senhor não quiser, eu não volto.

— Não foi isso que eu quis dizer. Na verdade...

— Não se preocupe. Acho que já está na hora de eu ir embora, pois minha família deve estar preocupada comigo.

— Você mora perto daqui, garoto?

— Minha casa não é muito perto, mas eu costumo chegar rápido lá.

— Então, espero você aqui, na sexta-feira que vem. Tudo bem?

— Tudo bem. Mas eu só voltarei com uma condição.

— Que condição? — Andy fica intrigado.

— Por favor, eu gostaria que o senhor não me chamasse mais assim como vem me chamando.

— Como?

— Não quero que me chame mais de garoto. Pode me chamar de Budd, porque esse é meu nome.

Andy fica sem graça com o menino.

— Desculpe, garoto. Ou melhor. Desculpe, Budd. Por que não gosta que eu o chame assim?

— O senhor gostaria que de ser chamado de vovozinho?

— Não, eu odeio quando me chamam de vovozinho.

— Então, é a mesma coisa. Por isso não me chame mais de garoto, porque eu não gosto. Daqui em diante eu vou chamá-lo de Andy e você vai me chamar de Budd. Combinado?

— Combinado, Budd.

— Obrigado por conversar um pouco comigo. Até semana que vem, Andy.

— Até logo, Budd.

Budd se levanta do banco e sai caminhando lentamente pelo gramado. Passa em frente ao cozinheiro St. Charles; cumprimenta-o baixando a cabeça, ultrapassa o portão e segue de volta para sua casa.

Andy fica no mesmo lugar, sentado sobre o tronco de madeira, tentando entender o que aconteceu.

Enquanto Budd caminha lentamente pelo jardim, ele sente algo estranho, que repentinamente o faz chorar em silêncio.

Andy fica intrigado, pois não entende por que chora daquela forma tão natural e repentina. É um sentimento familiar, como se aquele menino com semblante calmo e sereno fosse alguém muito próximo a ele. Talvez um filho ou até mesmo um neto que ele nunca teve.

Além da breve emoção que lhe invade o coração, algo o deixa incomodado: afora o envolvimento do garoto com as formigas e as abelhas, seu semblante é sério demais para um menino de apenas oito anos de idade. Tão sério que dificilmente sorri ou demonstra qualquer sinal de simpatia. Uma personalidade aparentemente sofrida e amargurada.

Deve ser um daqueles meninos superdotados que dominam tudo sobre tecnologia, computadores, celulares e sabem tudo o que acontece ao redor do mundo pela internet. Mas será que um menino que vive numa fazenda pode ser assim tão conectado e inteligente?

De qualquer forma, aquele inesperado encontro parece ter despertado Andy para algo bom, algo novo, talvez uma nova forma de ver a vida e o mundo ao seu redor.

Reclamar da vida, da solidão e passar noites em claro, remoendo os erros do passado, já lhe parece despropositado, algo começa a fazê-lo se sentir melhor. Sua depressão aos poucos se transforma em gratidão e a solidão, numa vontade imensa de rever o tal menino o mais breve possível.

Ele sabe que será apenas uma semana de espera até o garoto retornar, na próxima sexta-feira, mas a ansiedade em rever Budd é tanta que os dias lhe parecem mais longos.

Para aliviar um pouco a ansiedade e a rara movimentação na casa dos Kleins durante o período em que eles estão viajando, Andy resolve trabalhar incansavelmente o dia inteiro, limpando e deixando o jardim impecável, como nunca o fez antes. Tudo para agradar Suzanne e agora também Budd, seu mais novo amigo, que, por sinal, parece adorar a Natureza.

Capítulo 5
O segundo encontro

Se não encontrar um sentido para sua vida,
ela nunca fará sentido.

Uma semana depois...

Decorrem sete dias de espera. Durante a semana, Andy não sente mais dores no peito e muito menos qualquer falta de ar ou fadiga. Talvez o encontro com o pequeno Budd tenha lhe trazido um novo ânimo para continuar vivendo.

Ao longo dos sete dias, Andy não dá espaço para as doenças e os sofrimentos. O que ele quer é apenas trabalhar e deixar o jardim o mais bonito possível para quando Budd voltar.

São dias de muito trabalho, tanto trabalho que Andy praticamente não dorme. Pela manhã, em vez de despertar cansado e indisposto, como vinha acontecendo nas últimas semanas, um entusiasmo além do normal parece invadir seu corpo e sua mente.

Ele sempre faz tudo com muito amor e carinho, principalmente quando cuida dos girassóis, mas, agora, além de fazer tudo com mais disposição, há algo a mais, algo que ele não consegue entender exatamente o que é.

Uma espécie de liberdade, uma leveza que toma conta do seu ser.

No sétimo dia, quando acorda na manhã da tão esperada sexta-feira, o dia em que Budd retornará para lhe fazer uma nova visita, um silêncio inexplicável invade a mansão dos Kleins, um silêncio tão grande que chega a incomodar.

Com certeza, alguma coisa muito grave aconteceu com Madeleine, a arrumadeira. Certamente a senhora Suzanne, antes de viajar, decidiu dispensar os funcionários, inclusive o cozinheiro St. Charles. Andy está acostumado com o silêncio, mas tudo lhe parece muito silencioso. Silencioso até demais.

Andy viveu durante mais de quarenta anos da sua vida perambulando pelas ruas e pelas praças dos estados de Nevada, Mississippi e Alabama, no entanto, mesmo vivendo tanto tempo sozinho, ele nunca se acostumou com a solidão, um sentimento que o deprimia demais, principalmente quando se deitava nas calçadas durante as frias noites de inverno e tentava fechar os olhos para esquecer as terríveis lembranças do passado.

Mas era tudo em vão, pois a solidão era um sentimento praticamente invencível para ele. Mesmo estando nos grandes centros urbanos dos Estados Unidos e caminhando entre milhares de pessoas o dia inteiro, a dor da solidão estrangulava suas entranhas, principalmente quando via casais passeando de mãos dadas pelas ruas e sorrindo como se fossem eternos enamorados. Era a saudade da sua esposa Eleonora Victorine se apresentando com toda sua força.

Para ele, ver aquilo era como sentir uma faca afiada entrando pelas suas vísceras e arrancando sua alma. Era uma mistura de saudade com arrependimento. Mas arrependimento de quê? O que ele teria feito de tão ruim para o deixar arrependido e deprimido? Isso ninguém sabe, na verdade, esse é um dos seus maiores segredos.

Não importava se era um casal jovem ou idoso, a dor era sempre a mesma, a dor da lembrança, a dor de ter deixado o amor de sua vida partir sem ao menos saber para onde. Uma dor incurável, que maltratava seu corpo, suas emoções e seus sentimentos, transformando aquele homem solitário numa pessoa cada vez mais raivosa e rancorosa.

Andy nunca foi um homem de muita conversa. Se porventura alguém lhe perguntasse algo sobre o seu passado, sobre a sua família ou que o fizesse se lembrar dos erros cometidos, ele logo se transformava numa pessoa violenta e arredia. Era a maneira que ele encontrava de bloquear as memórias ruins da juventude.

No entanto, essa semana estranha e silenciosa, de alguma maneira, o faz sentir algo que não sente há muito tempo, saudades, saudades de rever e conversar com o pequeno Budd, aquele menino calmo e sereno que surge repentinamente em sua vida. Mesmo sem o conhecer, uma empatia parece envolver o velho e o menino. Ou será somente uma carência enrustida por parte de Andy? Certamente não é apenas isso.

Com o mesmo macacão de sempre e com as ferramentas em mãos, por volta das 11h45 da manhã de sexta-feira, Andy vai até a cerca, para esperar as crianças saírem da escola.

O jardim, além de impecável e extraordinariamente colorido, exala um aroma peculiar de jasmim, atraindo, assim, dezenas de borboletas azuis e amarelas ao redor dos arbustos.

Andy escuta o sinal da escola tocar ao longe, a pelo menos trezentos metros de distância da casa dos Kleins, e se anima, pois sabe que se encontrará em poucos minutos com Budd outra vez.

Ele se aproxima um pouco mais da cerca, debruça-se sobre ela e espera as crianças passarem.

Assim que elas saem pelo portão da escola, começam a gritar e correr pela rua. Andy sorri, demonstrando imensa satisfação ao ver a alegria daquelas pequenas criaturas correndo cheias de esperança.

Estranhamente, elas sequer percebem o que Andy havia feito no jardim. Nem um elogio, nada, simplesmente nada, ninguém para para ver o belo jardim, aquilo o entristece demais.

Ele não compreende a reação das crianças e imediatamente se sente rejeitado e desvalorizado. No entanto a sua breve tristeza é substituída por uma visão que o deixa novamente entusiasmado. É Budd indo em sua direção, lentamente e com a cabeça baixa, ao lado de outro garoto um pouco mais velho que ele, talvez com onze ou doze anos de idade, um rapaz louro, de olhos claros, magro e pernas compridas.

Andy aguarda os dois se aproximarem e prefere não demonstrar ansiedade.

Budd se aproxima, passa em frente ao Andy e nem ao menos o cumprimenta. Continua andando como se não percebesse o velho debruçado sobre a cerca.

Abismado com o descaso do garoto, Andy se irrita, vira de costas para a rua e resmunga:

— Garoto folgado! Achei que era diferente dos garotos engomadinhos que estudam nessa droga de escola. Eu sabia que ele era igual a todos os outros. Pura ilusão minha achar que um garoto iria dar atenção para um velho chato e ranzinza como eu.

Nitidamente entristecido e rejeitado, por achar que tudo o que tinha feito durante os últimos sete dias tinha sido em vão, Andy se abaixa para pegar a caixa de ferramentas que está sobre o gramado.

Imediatamente, a tristeza começa a se transformar em raiva e o sangue começa a pulsar em suas veias, como sempre ocorria quando era contrariado ou rejeitado por alguém. Uma voz dentro da sua cabeça começa a dizer: "Não liga para ele, Andy, levanta a cabeça e dá uma lição nesse garoto. Quem ele está pensando que é? E você? Quem você é, afinal? Um lutador valente ou um velho idiota que tem medo de uma criancinha?".

É a mesma voz de sempre. A mesma voz que o acompanhou durante toda a vida e o fez cometer tantos erros.

Com raiva, Andy se levanta, avista os dois garotos, que continuam andando, e assovia com força duas vezes, sem dizer nada. Apenas assovia alto e espera a reação.

Budd escuta os assovios e vira assustado. A mais de dez metros de distância, ele o olha fixamente no fundo dos olhos, como se quisesse hipnotizá-lo.

Andy demonstra raiva no olhar e Budd fica parado com o semblante austero de sempre. Inesperadamente, Andy é envolvido por um sentimento de calma e serenidade. De uma maneira quase involuntária, ele diz:

— Olá, Budd! Como está?

Ele não queria dizer "Olá, Budd", o que ele queria dizer era: "Hei, seu garoto idiota, suma daqui com esse seu amiguinho e nunca mais apareça na minha frente, está ouvindo?".

Mas talvez o olhar contagiante do garoto tenha dominado seu orgulho doentio durante aqueles breves segundos, fazendo-o se redimir.

Budd responde calmamente, sem demonstrar receio:

— Oi, senhor Andy. Estou indo muito bem, obrigado. E o senhor?

Andy responde com calma:

— Estou bem, estou indo muito bem. Você não me viu parado aqui na cerca? Eu estava esperando você. Esqueceu que combinamos de nos encontrar nesta sexta-feira, depois da escola?

— Não esqueci, senhor. Na verdade, eu também estava esperando o senhor.

— Me esperando? Como assim, me esperando?

— Eu estava esperando o senhor me chamar.

Budd e seu amigo retornam para perto da cerca.

— Você estava esperando eu te chamar? Por quê?

— Porque eu queria saber se o senhor me chamaria de garoto outra vez. Se me chamasse de garoto eu não responderia e seguiria adiante, se me chamasse de Budd eu voltaria para conversar com o senhor. Era isso que eu estava esperando. Eu queria saber se nosso trato ainda estava em pé.

Andy sorri, tentando descontrair, mas Budd mantém seu semblante sério e aparentemente triste.

— Você é uma criança muito estranha, Budd. Mas tudo bem, se nós combinamos que seria assim, então, está combinado. Trato é trato.

— Eu sou assim, senhor Andy. Diferente das outras crianças que estudam nessa escola. Um dia o senhor vai entender o que se passa comigo.

— O que você tem de diferente dos outros meninos?

— O tempo vai mostrar. Eu sou perfeccionista e gosto das coisas bem explicadas. Eu odeio que as pessoas me enganem e não cumpram o que prometem. Se a pessoa diz que vai fazer, então, ela deve fazer. Compreende?

— Eu compreendo. E quem é este rapaz que está ao seu lado?

— Este é meu irmão, Anderson.

— Muito prazer, Anderson, como está?

— Muito prazer, senhor Andy. Budd falou do senhor. Aliás, gostaria de dizer que o senhor está de parabéns, pois é muito caprichoso e cuidadoso com o jardim. É um jardim digno de admiração. Parabéns!

Anderson também parece ser um menino muito inteligente, mas, diferentemente de Budd, é bem mais extrovertido e comunicativo.

— Se quiser entrar para conhecer a propriedade e o jardim, está convidado — Andy diz, com o sorriso no rosto e com a mesma roupa de sempre: um macacão jeans velho e rasgado e preso apenas pela presilha, sem camisa, para mostrar os músculos do braço. Um típico caipira do interior.

— Muito obrigado pelo convite, senhor. Mas eu preciso ir embora para casa — Anderson responde.

Andy aceita as desculpas e acena com a cabeça demonstrando que, a qualquer momento, Anderson será bem-vindo.

Anderson bate nas costas de Budd e diz:

— Até logo, irmão, espero você mais tarde lá em casa para brincarmos. Vê se não se atrasa.

— Diga para a senhora Azizah que logo estarei em casa.

— Fique tranquilo. Eu aviso ela. Tchau!

— Tchau, irmão Anderson.

— Quem é Azizah, Budd? — Andy indaga.

— É a pessoa que cuida da gente.

— Azizah é a empregada dos seus pais?

— Não, senhor, ela não é uma empregada, é muito mais que isso.

— O que ela faz?

— Eu não vim aqui para falar sobre mim. Vim para conversar sobre outras coisas. Posso entrar ou vai me deixar na rua?

— Lógico que você pode entrar, Budd.

— Obrigado, senhor.

Ambos caminham pelo jardim até chegarem perto do celeiro, aos pés do ipê roxo.

Budd senta no banco e diz:

— Parabéns, Andy, você fez um trabalho e tanto no jardim. Deve ter trabalhado muito nos últimos dias.

— E como trabalhei! Acho que nunca trabalhei tanto na minha vida.

— Você está bem melhor do que na semana passada. Tomara que na próxima semana que vier aqui o senhor esteja melhor ainda.

— Você acha mesmo que estou melhor?

— Sim. Está com um semblante bem melhor hoje.

— Obrigado. Você não quer guardar a mochila dentro do celeiro e tomar um copo de água e comer alguma coisa? Deve estar com fome, não está?

— Estou, sim. Se possível, gostaria de comer alguma coisa, sim, por favor.

Dentro do celeiro...

— Coloque a mochila no chão e sente-se na cama para descansar um pouco. Ela é meio dura, mas é confortável.

Budd senta na beirada da velha cama de palha, mas segura sua mochila no colo.

Andy vai até o fogão de duas bocas que costuma utilizar para preparar suas refeições e começa a mexer nas xícaras e nos copos.

Budd olha do lado esquerdo da cama e percebe uma rodela de sangue seco bem ao lado do travesseiro. Ele se assusta ao ver aquilo. Como tem muito medo de sangue, ele coloca a mochila sobre a mancha vermelha, para não ter que ficar olhando para ela.

Preocupado, ele pergunta:

— Está tudo bem com o senhor, Andy?

— Sim, estou ótimo. Agora que você está aqui comigo, estou melhor ainda. Eu gosto da sua companhia, sabia, Budd?

— Eu também gosto do senhor — responde e olha novamente para o lençol manchado. Insiste:

— Tem certeza que o senhor não está doente?

— Por que está perguntando?

— Por nada. Foi só uma pergunta.

— Quer uma xícara de café com leite bem quente? Eu preparo para você, se quiser.

— Sim, eu aceito. Estou morrendo de fome, não comi nada desde que acordei.

— Quer também um pão quente na chapa com manteiga fresca?

— Nossa! Eu adoraria! Você tem pão fresco aí?

— Acredito que sim, mas não estou encontrando — o velho se abaixa, tentando encontrar o que certamente não existia, pão fresco, pois ele não sai para comprar alimentos há mais de uma semana.

— Eu sei que tenho pão fresco em algum lugar, tenho certeza que comprei pão ontem à tarde, no supermercado, tem que estar em algum lugar! — e continua procurando, enquanto a jarra de leite ferve sobre o fogão.

Budd vê o desespero de Andy ao tentar encontrar os pães, e logo percebe que está sofrendo de algum tipo de amnésia, ou algo parecido.

Inesperadamente, o menino fecha os olhos e os punhos com força e começa a fazer uma oração num idioma parecido com o árabe, mas ele faz aquilo apenas sussurrando para si mesmo.

Andy olha para trás, tentando entender o que o garoto está fazendo, e não se importa, continua procurando os pães.

Assim que termina a sua breve oração, Budd o interrompe:

— Andy, por que você não abre aquele saco azul índigo que está sobre as batatas e as espigas de milho?

— Onde? Onde?

— Ali, aquela sacola azul.

— Essa aqui?

— Sim, exatamente essa.

Andy abre a sacola e começa a gargalhar ao ver que dentro havia dois pães estralando de frescos.

— Meu Deus! Devo estar ficando maluco. Bem que o doutor Klein disse que estou muito esquecido ultimamente. Eu tinha certeza que os pães estavam aqui em algum lugar. Estavam na minha frente e não conseguia ver. Que droga!

Logicamente Andy não percebe, mas Budd fez alguma coisa além do normal para aqueles pães aparecerem bem ali na sua frente. Seria algum tipo de magia? Alguma mágica? Algum truque?

Budd não diz nada, apenas olha a falta de coordenação do velho. Seu truque ou magia ficará novamente nos planos da incógnita, como aconteceu quando colocou as mãos dentro do formigueiro ou quando se livrou das picadas das abelhas.

Nervoso, Andy tenta se encontrar entre os talheres:

— Vou preparar um pão com manteiga e uma xícara de café com leite para você, Budd. Se quiser conhecer o meu humilde lar, fique à vontade. Quando estiver pronto, eu chamo você.

— Obrigado, senhor Andy. Vou dar uma volta pelo celeiro.

Budd se levanta da cama e vai até o fundo do celeiro. Ele está realmente curioso para conhecer aquele lugar enigmático onde Andy vive.

Cerca de dez minutos depois, sem que Andy o chame, Budd retorna e senta novamente na beirada da cama:

— O que é aquela bola vermelha alaranjada, parecida com uma pera, pendurada no teto?

Andy começa a rir e puxa uma caixa de madeira, em que coloca o prato com os dois pães com manteiga. Em seguida, ele enche duas xícaras de café com leite.

— Aquele negócio se chama *speedbag*. É para treinar — Andy responde.

— Para que serve aquilo?

— Para treinar boxe. É um equipamento muito antigo, mas foi graças a ele que conquistei muitas coisas em minha vida. Foi com ele que fortaleci meus braços e aprimorei meus golpes. Além disso, me deu uma resistência incomparável aos outros lutadores, pois eu treinava mais de duas horas por dia nesse negócio. Ele serve para fortalecer os ombros e fazer com que o lutador consiga manter a guarda alta durante os quinze *rounds* de uma luta.

— Guarda alta? O que é isso?

— Manter os braços e punhos erguidos por muito tempo.

— Isso não deve ser difícil.

— Parece muito fácil ficar com os braços erguidos, mas não é.

— Quer dizer que o senhor era um lutador de boxe quando jovem?

Andy sorri com orgulho.

— Sim. Eu fui um grande lutador!

— Que interessante! Nunca imaginei que conheceria um lutador de boxe de verdade.

— Interessante? Muito mais do que interessante, Budd! Este velho que está aqui na sua frente não é qualquer um. Espere um pouco, vou pegar uma coisa pra você ver, não saia daí. Fique sentado onde está.

Andy corre até o fundo do celeiro para procurar algo que nunca tinha mostrado a ninguém. Pelo menos nos últimos quarenta anos em que viveu perambulando pelas ruas.

Budd toma a xícara de café com leite e dá algumas mordidas no pedaço de pão quente. Ele não estava mentindo, está realmente com muita fome.

Andy volta entusiasmado com alguma coisa embrulhada num pedaço de flanela bordô e senta ao lado de Budd. Ofegante, ele diz:

— Quero lhe mostrar uma coisa, Budd. Gostaria de ver?

Budd fica calado, olhando para o rosto dele durante alguns segundos. Em seguida, fita o chão de terra batida do celeiro.

— O que foi? — Andy pergunta. — Por que ficou calado de repente, Budd? Está olhando para o chão como se estivesse pedindo autorização para alguém. O que foi?

Budd olha novamente para o velho, dá a última mordida no pão e responde:

— Eu estava rezando e pedindo para que Deus protegesse este momento, Andy, pois vai me mostrar algo que fez parte da sua existência, não é?

— Sim. Como sabe disso?

— Posso não ver, mas eu sinto.

— Você é muito estranho, Budd. E, então, quer ver ou não quer?

— Sim, claro.

Andy sorri orgulhoso e começa a desembrulhar o pano. Eram aproximadamente quinze fotos antigas em preto e branco.

— São algumas lembranças que consegui guardar. Foi o que sobrou da minha vida. Se não fossem essas fotos, certamente ninguém acreditaria num velho como eu.

— Você já mostrou essas fotos para alguém, Andy?

— Depois que fui roubado por meu empresário e saí do hospital central de Las Vegas, após dois meses em coma, no ano de 1964, eu só mostrei para uma pessoa.

— Quem?

— Um cara que conheci num posto de gasolina de beira de estrada na divisa dos estados de Nevada e Mississippi. Eu estava bêbado e ele também. Estávamos bebendo e reclamando da vida e, aí, eu resolvi contar para ele que tinha sido um campeão mundial de boxe na década de 1960. Ele, logicamente, não acreditou em mim e começamos a discutir.

— Ele duvidou de você?

— Sim, todos duvidam quando eu digo que fui campeão mundial de boxe.

— E o que você fez?

— Eu decidi mostrar as fotos para provar que não estava mentindo. Num primeiro instante, ele não acreditou, mas, assim que viu a tatuagem de uma águia no braço direito do lutador na foto, ele não hesitou e pediu que eu mostrasse meu braço direito para ver se era a mesma tatuagem.

— E você mostrou?

— Sim, eu mostrei e ele ficou de queixo caído ao saber que estava bebendo uma garrafa de uísque com ninguém mais, ninguém menos que Double A, o campeão Punho de Aço do Alabama.

— E o que aconteceu depois disso?

— Nós caímos em gargalhada e bebemos a garrafa inteira de uísque. Mas eu acabei me arrependendo de mostrar as fotos para aquele cara.

— Por quê?

— Porque ele se entusiasmou e disse que queria ver as outras fotos.

— Você mostrou?

— Sim, infelizmente eu me empolguei e mostrei.

— O que aconteceu? — Budd parecia bem interessado.

— Ele pegou uma foto que não era para pegar. O problema não foi ter segurado a foto. O problema foi seu comentário ao ver a foto. Ele nunca deveria ter dito aquilo.

— O que ele disse? O que ele viu?

Andy começa a ficar nervoso e ansioso.

— Não importa o que ele disse e muito menos o que aconteceu. Toma o resto do seu café e para de fazer tantas perguntas. Você nunca entenderia certas coisas que os homens fazem.

— Por que está nervoso, Andy?

— Tenho meus motivos. Droga! Mas vai passar, não se preocupe.

— Você está me assustando, Andy.

— Desculpa.

Andy tenta mudar de assunto:

— Olha essa foto! Sou eu ao lado do meu irmão e meu empresário, Lord Cochrane, logo depois que ganhei o cinturão de campeão em Las Vegas, no ano de 1962.

— Nossa! Você era muito forte e bem mais magro!

— Tem razão, eu era forte mesmo. Eu posso estar velho, mas meus bíceps continuam fortes como antigamente — Andy se levanta e faz a típica pose de lutador, mostrando os músculos dos braços.

Ele se aproxima orgulhoso e diz:

— Pode apertar os músculos, Budd. Veja você mesmo a dureza destes músculos de aço que um dia nocautearam os maiores lutadores dos Estados Unidos.

Budd fica sem graça.

— Vamos! Aperte! Não tenha medo.

Com as mãos minúsculas, Budd aperta seu bíceps direito e arregala os olhos:

— Meu Deus! É tão duro que parece que tem um pedaço de madeira dentro do seu braço!

Andy sorri orgulhoso:

— Foram estes braços que conquistaram aquele cinturão de ouro ali, que está pendurado na parede. Muitos almejaram aquele cinturão, mas eu nunca deixei ninguém tirá-lo de mim. Meu treinador era muito disciplinado. Foi ele quem me transformou num lutador praticamente invencível. Devo tudo a ele.

— Ele se parece muito com você nessa foto. Mas tem um olhar distante. Qual o nome dele?

— O nome dele é Allie Carson Ray, meu irmão mais velho. Infelizmente ele morreu já faz muito tempo, num acidente de carro, na primavera de 1964, quando já estava muito rico.

— Que pena! E quem é esse negro de terno cinza?

— Meu melhor amigo e também meu empresário. Era conhecido como Lord Cochrane.

— Foi ele quem roubou você?

— Não. Quem me roubou foi esse outro que está atrás de mim, com cabelos grisalhos.

Budd olha para a parede do celeiro e depois olha novamente para a foto.

— Esse cinturão dourado com listras que está vestindo aqui na foto é aquele que está pendurado na parede?

— Exatamente. Essa é a prova que não me deixa mentir. Esse cinturão e essa foto comprovam quem eu fui. Quer segurar o cinturão de campeão um pouco?

— Eu posso?

— É claro que pode. Muitos lutaram para ter esse cinturão, mas ele nunca ficará longe de mim, nem quando eu morrer. Quando eu partir deste mundo, quero que ele seja enterrado junto comigo. Porque é a única coisa que sobrou na minha vida.

— O senhor não tem parentes?

— Não tenho ninguém, não tenho pai, mãe, irmãos, filhos e nem esposa, sou um viajante solitário. A única coisa que tenho são as lembranças do meu passado glorioso como lutador. Na verdade, é somente isso que velhos da minha idade possuem, lembranças e nada mais.

— Que triste!

— Triste mesmo. Não é nada fácil ficar velho, meu amigo.

Budd baixa a cabeça e sente uma enorme tristeza no tom de voz de Andy.

De repente, um silêncio invade o celeiro e Andy percebe que Budd não quer absorver suas tristes lembranças.

Andy tenta rapidamente quebrar o clima:

— Posso considerá-lo um amigo, Budd? Porque eu já me sinto seu amigo.

—Sim, claro que pode. O senhor não tem amigos?

—Na verdade, não. Eu tive tudo na vida: dinheiro, mulheres e centenas de pessoas ao meu redor. Mas todos ficavam ao meu lado apenas por interesse. Era tudo interesse, quando eu perdi tudo, inclusive a minha saúde física e mental, todos desapareceram da minha vida. Simplesmente todos. Não sobrou ninguém.

De repente, Budd vê algumas lágrimas escorrendo pelo rosto do velho Andy.

Bem que ele tentou esconder a tristeza, mas o rancor, a raiva e o orgulho não o deixavam se desligar dos erros do passado. Era um esforço em vão.

O pequeno e bem-intencionado Budd tenta remediar a situação:

— Você não pode ter somente coisas ruins para lembrar. Deve existir algo que o faça feliz, Andy. Tem que encontrar alguma coisa boa que faça sentido para a sua vida. Se não encontrar o sentido da sua vida, ela nunca fará sentido.

Andy se emociona e limpa as lágrimas com os pulsos.

— Infelizmente, a minha vida não tem mais sentindo algum já faz muito tempo. Não estou dizendo da boca para fora, esse cinturão é a única coisa que traz algum sentido para a minha vida. Todo o resto se foi, desapareceu. Não existe mais nada, simplesmente nada.

— Seus parentes já morreram?

— Acredito que sim, não sei exatamente o que aconteceu com eles. Alguns se perderam, outros desapareceram. Não sei onde estão. Droga!

— O que foi, Andy?

— Não quero mais falar sobre isso.

— Tudo bem. Eu não quis deixá-lo triste.

— Você não tem culpa de nada, Budd. Não se preocupe.

Andy pega as fotos das mãos do garoto e decide mostrar uma a uma, mas somente aquelas que traziam boas recordações.

As horas passam e a tarde se aproxima. Incrivelmente nenhum dos dois parece estar incomodado com o horário.

Capítulo 6
1950 – A ponte O`Neal

— Veja essa foto, Budd.

— Quem são os dois meninos e esse senhor carrancudo em pé, segurando o cavalo?

— Esse menor em cima da caçamba cheia de espigas de milho sou eu, com seis anos de idade. Esse outro mais alto em pé apoiado na charrete é Allie, meu irmão mais velho. Ele tinha dez anos quando tiraram essa foto.

— Você era louro e tinha bastante cabelo. Era magrinho e parecia bem desnutrido.

— Era, sim, eu sofria muito nessa época. Mal conseguia comer. Eu e meu irmão trabalhávamos praticamente como adultos na lavoura para meu pai e meu tio. Eles tinham um sítio arrendado e plantavam milho e algodão.

— Estou vendo como a sua feição está triste nesta foto. Não mudou muito, a diferença é que agora você está velho e enrugado, só isso.

— Você acha mesmo, Budd?

— Sim, parece que não mudou muito desde aquela época. Em que ano foi isso?

— Acredito que foi logo que a Segunda Guerra Mundial terminou. Veja no verso da foto. Talvez tenha alguma anotação.

Budd vira a foto e vê a anotação feita a lápis:

Família Ray - Littleville 16 de março de 1946.

— Está marcado que foi no ano de 1946 — Budd responde.

— É isso mesmo.

— Por que você tinha esse semblante triste e amargurado, Andy?

— Quer que eu diga mesmo?

— Sim, afinal nós somos amigos ou não?

Andy sorri discretamente, puxa uma caixa de madeira e senta em frente ao garoto.

— Essa foto é apenas uma breve instante da minha infância, é a única imagem que tenho dessa época. Quem tirou essa foto foi meu tio, irmão do meu pai. Meu pai é esse velho carrancudo de barba branca que está segurando o cavalo. Nesse momento, meu tio estava rindo da minha cara enquanto tirava a foto.

— Por que ele estava rindo?

— Porque meu pai tinha acabado de bater em mim e no meu irmão com o mesmo chicote que batia no lombo do cavalo.

— Ele batia em vocês? Mas por quê? Vocês eram apenas crianças.

— Sim, ele batia na gente. E batia forte, sem dó. Nesse exato momento, ele tinha acabado de bater com o chicote nas minhas pernas. Minha perna esquerda estava cheia de cortes e doía muito. O que eu queria mesmo, nesse momento, era chorar, mas, se chorasse, meu pai bateria mais ainda em mim. Eu estava morrendo de dor quando meu tio tirou essa foto. Meu irmão também tinha apanhado, mas não tanto quanto eu. Quem apanhava mais era eu.

— Por que seu pai fazia isso?

— Não sei, ele era sádico e gostava de bater na gente. Para ele, bater nos filhos era uma espécie de prazer. Algo que o fazia se sentir mais poderoso.

— Vocês apanhavam sempre?

— Sempre que íamos trabalhar na colheita do milho e algodão. Quando minha tia não estava por perto.

— Vocês trabalhavam muito na colheita?

— Todos os dias.

— Quer dizer que apanhavam todos os dias?

— Sim.

— Meu Deus! Como uma pessoa é capaz de fazer isso com os próprios filhos?

— Tem muita gente louca por aí, acho que ele ficava enlouquecido, às vezes. Principalmente quando bebia. Os homens daquela época eram estranhos, eles queriam provar que eram fortes e batiam nas crianças e nas mulheres. Na verdade, eram covardes. Meu tio era o mais covarde de todos. Ele fazia o mesmo com nossos primos e com a minha tia.

— E sua mãe, ela não fazia nada?

— Não tínhamos mãe. Infelizmente minha mãe morreu logo depois que eu nasci. Por isso fomos criados pelo nosso pai.

— Como seu pai se chamava?

— Jonathan Aaron Ray, um homem muito religioso. Ia à igreja todos os domingos.

— Igreja?

— Sim, mas não me pergunte qual igreja ele frequentava, pois não saberia responder. Ele era descendente de franceses. O nome Aaron vem do francês e é derivado do nome Aarão, o irmão de Moisés. Minha tia costumava dizer que Aaron é aquele que está sempre pronto a se aventurar, uma pessoa cheia de energia e que possui uma personalidade altiva e decidida. O irmão de Moisés era uma pessoa que não via graça alguma numa vida sem desafios, era um líder por natureza, porém uma pessoa extremamente teimosa e com uma personalidade forte e marcante. Acho que por isso ele colocou meu segundo nome de Aaron. Exatamente como Elvis Aaron Presley, o cantor. Já ouviu falar de Elvis?

— Claro que sim!

— Você é um menino inteligente, poucos garotos da sua idade sabem quem foi o rei do rock.

— E o que aconteceu com seu pai? — Budd ficou curioso ao ver aquela foto antiga.

— Eu não sei, certamente está morto, pois nessa foto ele já tinha mais de sessenta anos. Ele tinha outros filhos com outras mulheres, ou seja, ele tinha outras famílias. Deve ter ficado com eles.

— Você não sabe o que aconteceu com seu pai?

— Não.

— Como não?

— Eu e meu irmão Allie, de tanto apanhar, um dia decidimos fugir de casa, quando eu tinha dez anos de idade e ele, doze. Isso foi em 1950, se minha memória não falha. Sabe, eu não consigo lembrar muito das coisas que fiz ontem à tarde ou hoje pela manhã, minha memória recente está falhando, mas as memórias da infância eu lembro com riqueza de detalhes. Não é estranho isso? Não sei por que isso vem acontecendo comigo. Deve ser por que estou ficando velho.

Ele coça a cabeça e Budd faz outra pergunta, para não perder o foco:

— E depois que vocês fugiram? Para onde foram? Vocês não iam à escola quando eram crianças?

— Nunca fomos à escola, pois nosso pai não deixava a gente estudar. Ele dizia que tínhamos de trabalhar duro na lavoura. Escola para ele era coisa de menino rico da cidade e não para meninos pobres da fazenda.

— Quer dizer que você não sabe escrever?

— Eu não sei escrever, mas sei ler. Quem me ensinou a ler foi meu empresário Lord Cochrane. Ele deve estar vivo em algum lugar, pois não era muito mais velho do que eu, tinha apenas dez anos a mais. Seu eu estou com setenta e quatro, ele está com oitenta e quatro anos hoje.

"Onde será que Lord está?", Andy pensa, ao sentir saudades do velho amigo.

— Você gostava bastante desse tal de Lord Cochrane, não é?

— Claro que sim, ele nos ajudou muito, se não fosse ele certamente eu e meu irmão Allie teríamos morrido quando decidimos fugir e enfrentar sozinhos o mundo real.

— Como vocês fugiram?

— Numa quinta-feira de madrugada, enquanto nosso pai dormia. Arrumamos duas sacolas de algodão cru, pegamos algumas latas de sopa da despensa e algumas peças de roupa, roubamos um pouco de dinheiro que meu pai guardava embaixo da cama dentro de uma caixa de madeira e saímos correndo no meio da escuridão como dois malucos até chegarmos à rodovia George Wallace Highway, que ficava a aproximadamente quinhentos metros do vilarejo rural onde morávamos. Um vilarejo chamado Littleville.

— Onde fica isso?

— No estado do Alabama, a vinte quilômetros da cidade de Florence, uma pacata cidadezinha à beira do Rio Tennessee.

— E o que vocês fizeram depois disso? — Budd pergunta, encostando a cabeça sobre sua mochila.

Budd não imagina que, a partir daquele dia, passará a conhecer com mais detalhes a vida sofrida e repleta de superações do velho Andy. Mas o que importa afinal, o que ele mais quer naqueles breves momentos ao lado do velho é aprender algo mais sobre a vida.

Andy não sabe, mas o pequeno Budd não é um filhinho de papai como os outros garotos que estudam na escola do final da rua. Na verdade, Budd nunca teve uma presença paterna dentro de casa. Por isso, para ele, além de ser muito interessante aquele tipo de conversa, é muito importante para ele estar ao lado de um homem maduro e disposto a conversar.

Na escola, todas as crianças são aparentemente normais, têm família, mães, pais e irmãos. Por isso, Budd se sente diferente dos outros.

Ao ficar sabendo que Andy e seu irmão fugiram de casa por não suportarem as dores das chicotadas e das surras que levavam do pai, o interesse de Budd pela história praticamente redobra.

Deitado confortavelmente sobe a cama, Budd faz um pergunta inesperada:

— O senhor ainda sente as dores do chicote?

— O quê? Como assim?

— Estou perguntando se o senhor ainda sente as dores da infância? Deve ter doído demais, não é?

Andy respira fundo.

— Sim, eu ainda sinto as dores da infância. Não as dores físicas, porque essas eu já superei. Sinto outro tipo de dor, a dor da raiva, sinto muita raiva. Acho que foi por isso que me tornei um boxeador, um dos melhores do mundo.

— Raiva do seu pai?

— Sim, se por acaso aquele velho mesquinho entrasse por essa porta agora, eu levantaria e o espancaria até a morte. Porque ele me fez sofrer demais quando eu era criança.

Budd tenta remediar:

— Você precisa perdoar o seu pai. Certamente ele fazia aquilo porque era influenciado por alguém.

— Eu sei quem o influenciava, era meu tio que mandava ele bater na gente. Eles estavam sempre bebendo uísque juntos e meu pai era um idiota, um covarde que educava os filhos na base da força e da ignorância. Meu pai e meu tio eram dois covardes idiotas, isso é o que eles eram.

Budd percebe o nervosismo inflando as veias do velho Andy.

— Estou vendo que o senhor superou muitas coisas em sua vida, mas ainda não superou tudo.

— Pois é, tem coisas impossíveis de serem superadas. Não tem como perdoar alguém que fez tanto mal a você.

— Mas você precisa perdoar seu pai.

— Perdoar? Para mim, perdoar é coisa de frouxo, e eu não sou um frouxo. A vida me fez um homem forte e destemido, não tenho medo de nada e nem de ninguém. Eu sou o maior, o campeão, o invencível.

Andy se levanta e vai até a pia:

— Quer saber? Eu vou tomar mais uma xícara de café.

Budd não se vê por vencido. Ele quer saber mais.

— O que aconteceu quando vocês chegaram à rodovia no meio da escuridão da madrugada?

— Bom, quando a gente chegou à rodovia, sorrimos um para o outro e começamos a correr pelo acostamento. Corremos por mais de duas horas sem parar, até chegarmos à ponte O`Neal sobre o Rio Tennessee. Uma ponte de ferro enorme construída em 1939, em formato de ponte pênsil, que levava até a cidade de Florence.

Ali nós paramos de correr, pois já estávamos mortos de cansaço. Eu estava tão cansado que não conseguia dar mais nenhum passo. Meu irmão queria continuar e correu, querendo atravessar a ponte. O Sol começou a surgir no horizonte e eu gritei para ele: "Allie! Allie! Volte". De repente, ele parou, voltou e disse: "Por que você quer parar justamente agora que já estamos chegando à cidade de Florence. É só atravessar a ponte e estaremos sãos e salvos". Eu respondi, dizendo que não conseguia mais correr e que precisávamos parar, porque o Sol já estava nascendo e, assim que nosso pai acordasse e visse que tínhamos fugido de casa e roubado o dinheiro dele, ele enlouqueceria e pegaria a *pick-up* azul claro 1948 do tio Peter para nos procurar por todos os lugares possíveis e imagináveis.

— Seu irmão concordou em parar?

— Sim, ele concordou, pois sabia que, se o nosso pai nos encontrasse, a surra seria muito grande. Eu disse que era melhor descer pela lateral da ponte, se esconder embaixo dela até o anoitecer, assim, ninguém nos encontraria. Se alguém visse duas crianças andando sozinhas pela cidade com sacolas de pano nas costas, imediatamente chamaria a polícia.

— Tem razão. Continue, Andy.

— Nós ficamos o dia todo embaixo da ponte, escondidos. Abrimos duas latas de sopa e comemos como se fôssemos dois cachorros esfomeados. Ao anoitecer, atravessamos a ponte correndo e chegamos ao centro de Florence. Meu irmão já tinha ido até Florence com meu tio Peter uma vez, para comprar sementes de milho, mas eu não conhecia a cidade ainda. Quando lá chegamos, fiquei maravilhado com as luzes dos bares, dos postes e das ruas. Para mim, aquilo tudo era o que eu mais queria na vida: liberdade, cores, luzes e gente sorrindo pelas ruas. Eu sorria como um bobo, andando pelas estreitas ruas de Florence durante a noite, pois achava igual à famosa e iluminada cidade de Las Vegas. Eu era apenas um garoto inocente da fazenda que nunca tinha ido ao centro de uma cidade. Veja que loucura a minha! Como seria possível imaginar que uma cidade de apenas vinte mil habitantes do sul dos Estados Unidos seria igual à grande Las Vegas? Mas eu pensava que era igual e tinha certeza que conheceria Vegas um dia.

Andy sorri e Budd também.

— Eu era um garoto sonhador!

— E onde vocês dormiram aquela noite?

— Bom, foi aí que tudo começou a acontecer. Se Deus existe, acho que naquele dia ele estava do nosso lado, pois aconteceu tudo tão rápido que somente a mão divina poderia ter feito aquilo.

— O que aconteceu?

— Estávamos andando pela rua principal de Florence quando avistamos um bar todo iluminado, cheio de homens de chapéus e algumas mulheres bebendo e gritando como umas malucas. Estávamos morrendo de fome e queríamos comprar alguma coisa para comer. Entramos devagar no bar e fomos até o balcão pedir um sanduíche e uma garrafa de refrigerante. Meu sonho era beber uma Coca-Cola gelada, pois nosso pai nunca comprou uma pra gente.

— E aí?

— De repente, uma das moças que estavam por ali se aproximou do meu irmão e começou a acariciar os cabelos dele, dizendo que ele era muito bonitinho. Eu não entendi o que ela estava querendo naquele momento. Que droga! A garota era linda, mas não sabíamos que eram prostitutas. Éramos dois meninos bobos no meio de um monte de mulher bonita.

— Prostituta. O que é isso, Andy?

Andy balança a cabeça.

— Deixa para lá, um dia você vai descobrir. Eu puxei meu irmão de lado e disse para o dono do bar que estava do outro lado do balcão, que estávamos com fome e tínhamos dinheiro para pagar. Ele soltou uma gargalhada e começou a caçoar da gente. De repente, todos os homens começaram a rir e as mulheres também. Eu não estava entendendo o que estava acontecendo. De repente, um cara metido a *cowboy* levantou meu irmão, o colocou sentado no balcão do bar e disse: "E então? O que os bebês estão fazendo perdidos por aqui? De onde vocês são?".

— Meu Deus! Vocês eram malucos, Andy — Budd exclama, encolhendo-se sobre a cama. — E depois?

— Meu irmão respondeu com esperteza. Ele disse que estávamos hospedados na casa de um amigo do nosso pai e tínhamos ido até o bar para comprar cerveja para eles beberem. Os homens começaram a rir e fizeram a gente pagar várias cervejas para eles. Infelizmente acabamos gastando todo o dinheiro que roubamos do nosso pai pagando cerveja para aqueles *cowboys* idiotas. Acabamos não comendo nada e, ainda por cima, ficamos sem dinheiro algum.

— Que loucura! — Budd exclama.

— Aqueles *cowboys* começaram a ficar bêbados e não deixavam a gente ir embora. De repente, o dono do bar começou a ficar preocupado e foi até os fundos do estabelecimento discar num velho telefone pregado na parede. Meu irmão chamou minha atenção para aquilo e pensamos que ele estivesse telefonando para a polícia.

— Ele fez isso?

— Até hoje eu não sei para onde o dono do bar telefonou, só sei que entramos em pânico, pois polícia era a última coisa que queríamos por perto. Mesmo estando no meio daqueles caras mal-encarados e das prostitutas, ainda assim era melhor estar ali do que apanhar de chicote em casa.

— Estou com pena de vocês dois. Que história maluca, Andy!

— Bom, minutos depois, começamos a escutar várias garrafas de cerveja se quebrando no meio do salão e uma briga violenta começou a acontecer. Em menos de trinta segundos aquilo tudo virou uma loucura, eram murros e gritos para todos os lados. Um quebra-quebra sem controle.

— E vocês? O que vocês fizeram?

— Não conseguíamos sair dali, estávamos sendo jogados de um lado para outro como se fôssemos marionetes. Mas, de repente, do nada, eu senti uma mão me segurando pela nuca e me puxando para fora da multidão. Olhei para o lado e vi meu irmão também sendo puxado pelos braços para fora do bar. Eu estava apavorado, achei que ia morrer no meio daquela confusão toda, ainda mais sendo arrastado por um homem vestindo uma capa preta.

— Capa preta? — Budd pergunta, assustado.

— Sim. Uma longa capa preta. Mas não era nenhuma assombração.

— Quem era? O tio de vocês?

Andy sorri.

— Não. Era um homem alto, ele nos tirou dali e nos levou até a esquina onde as coisas estavam mais calmas, se agachou e começou a conversar conosco.

— Quem era?

— Um padre. O padre da igreja presbiteriana que ficava a menos três quilômetros do centro, na área rural. Eu acredito que o dono do bar não ligou para a polícia, pois percebeu que estávamos com muito medo. Eu acredito que ele tenha telefonado para o padre da paróquia e pedido para ele vir e nos salvar daquele tumulto antes que alguma coisa pior acontecesse conosco. Eu tenho certeza que foi exatamente isso que aconteceu.

— Vocês tiveram muita sorte!

— Sim, tivemos muita sorte. Quando nos afastamos e entramos no carro do padre, olhei para trás, para o bar, e vi a caminhonete do meu tio encostando bem na frente. Acho que ele estava à nossa procura, ou, então, estava à procura de algumas garotas de programa.

— Quero saber mais, Andy. E que aconteceu depois?

Nesse momento, Andy vai até a porta do celeiro e percebe que já está começando a entardecer.

— Budd, é o seguinte, já está muito tarde e estou achando melhor você ir embora para a sua casa, caso contrário, chegará tarde da noite e sua mãe não vai gostar.

— Não se preocupe, Andy, ela sabe que eu estou aqui, conversando com você. Ela não vai ficar brava.

— Não importa se ela vai ficar brava ou não, é melhor você ir embora. Na próxima sexta-feira você volta e eu conto o que aconteceu quando o padre nos salvou. Tudo bem?

— Tudo bem, então, é melhor eu ir embora.

— Assim que se fala, Budd.

O menino se levanta, pega sua mochila, olha novamente a mancha de sangue no lençol da cama e segue para o jardim.

— Andy, sexta-feira eu estarei aqui de novo. Agora fiquei curioso para saber mais sobre a sua vida e a vida do seu irmão.

— Tem muita história para contar ainda, rapaz, estarei lhe esperando aqui. Bom retorno.

— Tchau, Andy.

— Tchau, Budd. Não se esqueça de encostar o portão de ferro quando sair.

— Sim, pode deixar comigo. Bom descanso.

— Obrigado.

Andy volta para a cama, encosta-se no travesseiro e, sem perceber, cai em sono profundo como há muito tempo não acontece. Deve ser o alívio por ter alguém com quem conversar e suavizar um pouco a sua imensa solidão, afinal, há muitos anos, Andy não conversa abertamente com alguém.

Capítulo 7
O terceiro encontro

Semana seguinte...

Dessa vez, não é Andy quem fica ansioso pela chegada do próximo encontro, mas, sim, Budd.

O menino passou praticamente a semana inteira esperando a próxima sexta-feira chegar para o sinal de a escola tocar e ele correr até o celeiro para descobrir o que havia acontecido com Andy e seu irmão depois de terem sido retirados à força do bar no centro de Florence.

O sinal toca e Budd corre até a mansão dos Kleins, mas, quando lá chega, percebe que Andy não está lhe esperando debruçado na cerca como de costume, e também não está trabalhando no jardim.

Budd não quer ir embora para casa. Percebendo que o portão está entreaberto, ele não hesita, empurra o portão de ferro e entra, mas entra devagar para não chamar a atenção dos funcionários da casa, principalmente o tal cozinheiro St. Charles.

No entanto algo estranho está acontecendo por ali, pois há um movimento diferente pela casa. Madeleine, a arrumadeira, a mesma que foi levada de ambulância ao hospital, parece estar bem melhor, pois varre a sala, colocando as almofadas do lado de fora para esquentá-las ao sol.

De repente, Budd vê um carro preto luxuoso estacionado em frente à varanda da casa e fica com receio de invadir o jardim sem permissão. Mas seu ímpeto aventureiro o faz avançar. Ele corre pelo gramado como se fosse um gato e, em segundos, está na porta do celeiro, chamando pelo amigo. Mas Andy não atende.

Ele empurra a porta do celeiro com força e encontra Andy esparramado sobre a cama. Aproxima-se, coloca a mochila no chão e tenta acordá-lo, empurrando seu ombro com as mãos.

Como sempre, Andy está sem camisa e descalço, e veste o mesmo macacão jeans de sempre.

— Andy! Andy! — Budd empurra seu ombro duas vezes e nada. — Andy! Acorda! Sou eu, Budd.

O garoto começa a ficar preocupado ao ver que Andy não se mexe. Resolve sentar no chão ao seu lado e esperar alguma reação sua.

Preocupado ao ver o velho deitado sobre a cama, vários pensamentos começam a surgir na cabeça do garoto:

— Meu Deus! O que será que aconteceu com Andy? Será que ele está respirando? Será que está doente? Será que aconteceu alguma coisa com ele? Meu Deus! Estou com medo.

Budd olha ao lado do travesseiro e vê que a mancha de sangue continua no mesmo lugar. Talvez Andy não tivesse percebido aquela mancha enorme no lençol.

Deita-se no chão ao lado da cama e acaba adormecendo por alguns minutos até acordar assustado com um barulho irritante de ferro rangendo. Assustado, ele se levanta do chão frio, olha na cama e percebe que Andy não está mais deitado. Vai até o jardim para conferir o que está acontecendo e se espanta com o que vê:

— Andy? O que você está fazendo mexendo nesse girador de água?

— Bom dia, Budd. Estou tentando arrumar essa droga outra vez. Pelo jeito, o doutor Klein não vai comprar um girador novo para regar o jardim e terei que me virar com esse mesmo.

— Andy, já são quase duas horas da tarde. Não é de manhã!

— Que dia é hoje?

— Já é sexta-feira. Esqueceu que combinamos de nos encontrar?

— O que importa que dia é hoje? Para mim, todos os dias são iguais.

Budd percebe que Andy não está bem. Sua depressão parece ter retornado.

— O que foi, Andy? Por que está triste e cabisbaixo? Eu vim para passar a tarde conversando e fazendo companhia para você.

— Eu não estou me sentindo bem hoje, Budd.

— Por quê? Aconteceu alguma coisa?

— Sim, acredito que sim. Não sei direito o que aconteceu. Desde que o doutor Klein chegou de viagem no início da semana, ele não veio aqui me visitar. Muito menos a senhora Suzanne. Eu fiz o máximo que pude para deixar o jardim limpo e maravilhoso para quando eles chegassem de Londres, mas infelizmente acho que eu assustei o doutor Klein na última vez que ele esteve aqui.

— O que aconteceu?

— Eu me descontrolei e apontei a tesoura de cortar grama para ele.

— Por que você fez isso?

— Não sei. Essas coisas acontecem comigo quando fico nervoso, ao relembrar algumas coisas do passado.

— O senhor está se sentindo rejeitado? Por isso está deprimido?

— Ainda bem que você me entende, pequeno Budd. Veja você mesmo: eles estão saindo com o carro agora mesmo e nem sequer olham para cá. Quer saber a verdade?

— O quê?

— O que eu mais queria era ir embora deste lugar hoje mesmo. Agora que eles estão me ignorando, está claro que não me querem mais por aqui. O doutor Klein não tem coragem de vir aqui no celeiro para dizer que eu preciso ir embora, mas eu sei exatamente o que está se passando na cabeça da senhora Suzanne.

— O quê?

— Ela quer que eu vá embora e fique o mais longe possível. Ela é muito egoísta e orgulhosa.

— Você não gosta dela?

— O pior é que gosto muito deles. Existe algo maior entre nós, algo que eu não sei explicar.

Andy fica triste e emocionado e volta a mexer no girador.

— Hoje, antes de sair de casa para vir à escola, minha mãe me disse uma coisa.

— Desculpe, mas eu não estou me sentindo muito bem, Budd. Acho melhor você ir embora e voltar outro dia pra gente conversar.

— Eu não vou embora, Andy.

— Por que não?

— Porque minha mãe disse que jamais devemos desprezar uma pessoa que está deprimida, porque a depressão é o último estágio do ser humano, é quando ele sente a verdadeira dor em sua alma. Ela disse que precisamos ter paciência e compaixão com as pessoas, e que, às vezes, um simples "ouvir" é o suficiente para ajudar quem precisa.

— Sua mãe deve ser uma pessoa muito inteligente e interessante.

— Ela é sim. Ela disse também que o senhor a conhecerá em breve. Pelo menos foi o que ela falou hoje pela manhã. Acho que ela já sabia que o senhor estaria triste esta tarde.

— Por acaso a sua mãe é alguma vidente?

— Não exatamente. Mas ela costuma acertar alguns palpites sobre o futuro.

— Com ela se chama?

— O nome dela é Azizah.

— Que nome estranho!

— Ela tem ascendência turca.

— Turca? Desde quando existem turcos no sul dos Estados Unidos? E você? Como pode ser loirinho desse jeito sendo descendente de turcos?

— Azizah não é exatamente a minha mãe.

— Como assim ela não é sua mãe?

— É uma longa história, Andy, um dia eu conto com mais detalhes.

— Conte-me agora.

— Não, eu não vim aqui para falar sobre a minha família, vim para saber mais sobre a sua infância. Você acredita que eu não dormi direito esses dias todos pensando no que poderia ter acontecido com você e seu irmão quando foram arrancados à força do bar por um homem vestido com capa preta?

— Você ficou curioso, não é?

— Sim, senhor, bastante curioso.

Andy sorri, demonstrando que sua tristeza está indo embora graças à companhia agradável do garoto.

— Você gostaria de entrar um pouco, Budd?

— Claro que sim.

— Vou lhe mostrar outras fotos e contar como tudo aconteceu.

— Eu gostaria de um copo de água gelada, pois está muito quente hoje.

— Claro. Entre e sente-se na cama. Você já é de casa.

— Obrigado.

— Olha esta foto, Budd, sou eu e meu irmão, dois dias após fugirmos de Littleville. Foi um rapaz que tirou esta foto durante uma confraternização que fizeram na igreja. Após onze anos, esta foto veio parar na minha mão. Ganhei de presente da minha esposa.

— Você está com um semblante bem melhor nessa foto, Andy.

— É claro, eu estava feliz da vida por ter fugido de casa e, além disso, foi o dia em que conheci a pessoa que mais amei na minha vida.

— Quem?

— Calma, já vou lhe contar.

— Onde foi tirada essa foto?

— Bom. Lembra-se do homem de capa preta que arrastou a gente para fora do bar?

— Sim.

— O nome dele era David, pastor David Pine. O pastor da igreja presbiteriana que ficava na periferia de Florence. Ele nos levou até a igreja naquela mesma noite e lá acabamos dormindo. Ele nos acolheu com muito carinho e nos deu comida e um alojamento. Se não fosse o pastor David, dormiríamos na rua naquela noite.

— É ele nessa foto ao lado de vocês?

— Sim, essa foto foi tirada três dias depois que ele nos resgatou no bar, estávamos nos fundos da igreja quando tiraram essa foto. Além de nós, mais algumas crianças moravam nos alojamentos da igreja do pastor David.

— Crianças como vocês?

— Sim. Algumas mais velhas e outras mais novas. A maioria era negra, mas tinham algumas brancas também, mas eram todas órfãs.

Budd abaixa a cabeça, pois desta vez é ele quem demonstra tristeza.

— O que foi, garoto? O que aconteceu? Eu disse alguma coisa que não gostou?

— Não, senhor, está tudo bem. Continue.

— Está tudo bem mesmo?

— Sim, senhor.

— Então, veja essa outra foto. Agora estamos dentro da igreja ajudando a arrumar as cadeiras para a confraternização. O pastor David era um homem muito bom, mas não admitia preguiça e braço curto. Ele disse que nos ajudaria, mas, para isso, teríamos que ajudá-lo também. Se ajudássemos na igreja ele nos daria uma cama para dormir e comida durante uma semana, até decidirmos se realmente queríamos fugir ou voltar para a casa em Littleville.

— E vocês voltaram?

— Claro que não, você acha que eu voltaria para aquele lugar? Eu estava no céu ao lado do pastor David Pine. Eu nunca trocaria a cama confortável da igreja para voltar e apanhar do meu pai. A igreja não era muito grande, mas a fazenda onde foi construída era enorme.

— Quanto tempo ficaram morando na igreja?

— Ficamos exatamente uma semana.

— E depois? Para onde foram?

— Calma. Antes vou lhe contar o que aconteceu durante aquela semana que marcou a minha vida.

— Por quê?

— Está vendo essa foto em que estou limpando os bancos de madeira e meu irmão está agachado, enxugando o chão?

— Sim.

— Está vendo um coral com várias meninas e meninos vestidos com túnicas brancas e detalhes azuis bem atrás de nós?

— Estou vendo. Quem eram?

— Os filhos do pastor David.

— Os órfãos?

— Sim.

— Eram todos órfãos?

— Nem todos, alguns eram filhos de alguns fiéis da comunidade, mas a maioria era órfã e morava nos alojamentos da igreja. Está vendo essa mocinha de pele branca e cabelos encaracolados, cantando no coral, bem atrás de mim?

— Sim, ela parece muito simpática.

— Você a acha bonita?

— Ela é muito bonita. Quantos anos ela tinha nessa foto?

— Ela tinha onze anos, um ano a mais que eu. Eu a vi pela primeira vez nesse dia, quando o pastor David acordou pela manhã e chamou todos para ensaiar para a apresentação que aconteceria no final da semana, no sábado.

— Vocês chegaram a assistir a essa apresentação de sábado?

— Sim, foi o dia mais feliz da minha vida.

— Por quê?

— Porque foi o dia que conheci a menina mais bonita da face da Terra. Eu passei a semana inteira pensando nela. A minha vontade era encontrar aquela menina linda pelos corredores da igreja para conversar um pouco com ela, mas eu não tinha coragem, pois era um menino muito tímido, como sou até hoje.

— E aí? O que o senhor fez?

— Não fiz nada. Quando o sábado chegou, o dia da apresentação do coral, eu não aguentei. Assim que o coral terminou, nos reunimos na cozinha da igreja para ajudar a arrumar a mesa, quando me sentei num banco comprido para embrulhar os doces que estavam sobre a bandeja, olhei para o meu lado esquerdo e adivinha quem estava sentada do meu lado, encostando seus ombros magros e macios em mim?

— A menina do coral?

— Claro, ela mesma, linda e perfumada como sempre. Eu fiquei completamente sem graça quando percebi que ela estava do meu lado. Meu rosto parecia que ia pegar fogo de tanta vergonha que fiquei. De repente, fiquei sem saber o que fazer e ela também, mas logo percebi que se sentou ao meu lado, porque estava louca para saber quem eu era e o que estava fazendo por ali.

— Como ela se chamava?

— Tinha o nome mais lindo do mundo. Ela virou e sussurrou em meu ouvido: "Qual o seu nome?". Éramos quase dez crianças sentadas ao redor da mesa embrulhando os doces. Eu respondi baixinho, olhando para a mesa e não para ela: "Meu nome é Andy. E o seu?". "Meu nome é Eleonora Victorine, mas todos me chamam de Vick. E seu irmão, como se chama?", ela perguntou. "O nome dele é Allie". Nesse momento, o pastor David entrou e todos ficaram calados. Ele se aproximou, abraçou um por um do coral, e depois me abraçou e também meu irmão como se já fizéssemos parte da família. Pastor David Pine era um homem incrível. Um homem de bom coração. Em seguida, ele pegou uma bandeja cheia de doces e foi até o salão da igreja para servir os fiéis e amigos. Era tudo o que ele mais gostava de fazer na vida, estar junto dos irmãos da sua igreja, todos crentes e tementes a Deus.

— E vocês também se converteram à igreja?

— Não, eu e meu irmão nunca fomos ligados a nenhuma religião.

— Você é ateu? Não acredita em Deus?

— Eu não sei. Sinceramente, não sei.

— Continue contando sobre a menina, por favor. Estou curioso, Andy.

— Assim que o pastor saiu da cozinha com a bandeja de doces, aquela linda menina segurou a minha mão por baixo da mesa e disse: "Vamos até o jardim? Quero lhe mostrar uma coisa que eu adoro fazer". Ela me puxou pelo braço e fomos até o jardim. O jardim era simples, com um pequeno gramado, algumas árvores frutíferas e, no horizonte, uma enorme plantação de algodão. Ela insistiu e me puxou para ver algumas arvorezinhas que ela costumava cuidar, árvores miniaturas, como se fossem bonsais. Eram mais de dez árvores, todas enfileiradas em volta de uma árvore grande. Pediu para eu me sentar no chão, pegou uma tesoura pequena e começou a cortar delicadamente os galhinhos das árvores miniaturas. Ela podava uma a uma deixando todas perfeitas e bem-acabadas. Algumas eram arredondadas e outras tinham um formato mais quadrado. Ali nós ficamos sentados durante quase vinte minutos. Naquele breve momento, o tempo parecia ter parado, pois estava em êxtase ao lado da menina mais linda que já tinha visto em toda a minha vida. Meu irmão Allie dizia que ela era feia, mas, para mim, era linda.

— Por isso que o senhor gosta de fazer essas esculturas nos arbustos do jardim?

— Não tinha pensado nisso ainda, mas agora, relembrando o primeiro encontro que tive com Vick, acho que sim. Ela me ensinou como cortar os galhos naquele dia e nunca mais esqueci.

— Você gostava dela?

— Se eu gostava? Eu amei aquela menina desde o primeiro momento em que a vi. Parece que Deus a colocou na minha vida como um presente. Só que eu...

— O que o senhor fez?

Sem qualquer explicação, Andy começa a ficar nervoso.

— Melhor a gente parar por aqui, Budd — ele responde.

— Tudo bem, não precisa ficar nervoso, não quero que se lembre das coisas ruins, somente das coisas boas.

Andy respira fundo e espera um pouco.

— Está tudo bem, Budd, podemos continuar. Preciso superar isso.

— Conte-me mais, Andy.

Andy olha para o teto e continua:

— Oh, meu Deus! Como é bom relembrar aquele dia, eu sentado ao lado da menina que tanto amei, e sentir o cheiro de jasmim que brotava do pequeno jardim do pastor David. Aquele lugar parecia um paraíso. Depois que Vick me ensinou a cortar os galhos das árvores, ela segurou a minha mão e sentamos num banco de madeira que ficava embaixo da grande árvore. Acho que era um carvalho.

— Vocês ficaram conversando?

— Não. Ela segurou meu queixo e me deu um beijo suave na boca. Eu fiquei roxo de vergonha na hora, mas, ao mesmo tempo, me senti nas nuvens. Ela também ficou envergonhada e sem graça. Mas, logo em seguida, ela se levantou, ajeitou a túnica branca e azul que estava vestindo e disse: "Andy, eu te amo".

— Ela disse isso mesmo?

— Sim. Por que eu mentiria para você? Ela disse isso com tanta inocência e verdade no coração que não aguentei e comecei a chorar de emoção. Eu não sabia o que fazer, porque até aquele dia, com apenas dez anos de idade, eu só tinha apanhado em minha vida, nunca ninguém havia demonstrado qualquer tipo de carinho e amor por mim, muito menos dizer que me amava. Eu fiquei desnorteado, mas estava feliz da vida. Depois que ela disse que me amava, ela saiu correndo para o pastor David não perceber que estávamos juntos.

— E seu irmão Allie?

— Meu irmão a viu sair correndo e veio até mim para saber o que estava acontecendo. Eu tentei disfarçar para ele não perceber que meus olhos estavam lacrimejando.

— Por quê?

— Porque Allie nunca foi emotivo como eu. Se ele me visse chorando, certamente ficaria bravo comigo, achando que eu estivesse fraquejando e querendo voltar para casa. Mas não era nada disso. Eu estava chorando de alegria por ter sido tocado pelos lábios macios daquela menina linda e graciosa chamada Eleonora. Algo que meu irmão certamente nunca havia experimentado até então. Ele se aproximou e perguntou, com tom de voz sério: "O que aquela menina queria, Andy?". "Nada", eu respondi. "Ela só veio me mostrar o jardim. Só isso". Ele baixou a cabeça e disse: "Andy, infelizmente não tenho boas notícias para nós dois". "O que foi, Allie?". "O pastor David disse que a polícia está à nossa procura. Certamente nosso pai e nosso tio foram até a delegacia da região e denunciaram a nossa fuga".

"E agora?", eu perguntei, desesperado. "O pastor disse que, por causa disso, ele não pode manter a gente aqui no alojamento da igreja. Se a polícia descobrir que ele está sendo cúmplice da nossa fuga, pode ser preso ou condenado por sequestro". "Sequestro? Como assim?". "É a lei, meu irmão. A lei. Ele disse que temos de ir embora amanhã antes do amanhecer".

Budd ouve a história com os olhos arregalados, bem atentos. Ele diz:

— Andy, continua, por favor. Está muito interessante.

— Para falar a verdade, eu não estava preocupado com a polícia como meu irmão estava. Naquele momento, minha única preocupação era ter que partir e nunca mais ver aquela linda menina outra vez. Logo depois que Allie veio dar a notícia, o pastor David apareceu no jardim e nos viu preocupados. Ele se aproximou e disse: "Infelizmente, vocês terão que partir amanhã antes do amanhecer. Se pudesse, eu os deixaria ficar aqui conosco, mas, como a polícia foi envolvida, é praticamente impossível. Mesmo que vocês fiquem trancafiados aqui dentro da igreja, sem saírem na rua, alguém vai acabar reconhecendo vocês e denunciará à polícia que estou abrigando dois menores fugitivos". Meu irmão, sempre disciplinado e com atitude quase adulta, não hesitou e respondeu: "Não se preocupe, pastor David, eu e meu irmão iremos embora amanhã pela manhã", "Não quero que fiquem chateados comigo. Não é nada pessoal". "Nós sabemos disso e agradecemos o que o senhor fez por nós, pastor David. Seremos eternamente agradecidos". "Eu vou ajudar vocês a fugirem, pois não quero que voltem para a casa outra vez. Pelo que vocês me contaram e pelas marcas nas pernas do pequeno Andy, o pai de vocês é um louco inconsequente". "Mas o que podemos fazer?". "Vocês vão fazer o seguinte: acordem às quatro horas da manhã e sigam até a ponte O`Neal.

Lá, vocês encontrarão um barqueiro, o nome dele é Wayne. Ele estará esperando vocês. Ainda vai estar escuro quando vocês chegarem, por isso, ele vai acender uma lanterna três vezes. Esse é o código para vocês se reconhecerem. Não se preocupem. Wayne é meu amigo e já me fez muitos favores. Podem confiar nele". "Mas para onde ele vai nos levar? E quanto isso vai custar?", meu irmão perguntou. "Não vai custar nada. Vocês vão subir o rio Tennessee com o barco, e Wayne vai deixar vocês na Marina Eastport, na divisa entre o estado do Alabama e o Mississippi. Tudo bem para vocês?". Meu irmão olhou para mim e eu balancei a cabeça afirmativamente. Aquele era um momento decisivo para nós dois. E realmente foi, pois, a partir da manhã daquele domingo, teríamos que tomar conta um do outro, pois estaríamos sozinhos no mundo real e teríamos que enfrentar todos os perigos que surgissem pelo caminho.

— Não deve ter sido nada fácil para vocês, não é?

— Não foi mesmo. Mas Deus sempre esteve do nosso lado.

— E o que aconteceu com a menina Eleonora?

— A história é mais longa do que você imagina, Budd.

— Eu quero saber de tudo.

— Tudo bem. Eu contarei...

Capítulo 8
Wayne – O barqueiro

Se estiver perdido, viaje para algum
lugar onde nunca esteve.
Talvez lá você encontre a si mesmo.

— Depois de dar as coordenadas sobre a fuga do dia seguinte, o pastor David disse: "Quando eu der o toque de recolher às nove horas da noite, quero que vocês arrumem suas coisas e peguem dois lampiões no barracão, pois vão precisar bastante deles. Depois que entrarem no barco, deixem os lampiões com o Wayne. Se, por acaso, alguém vir vocês andando pela rua, não digam nada sobre mim e muito menos sobre Wayne, saiam correndo se for preciso e não falem com ninguém, ninguém mesmo. Estão entendendo?". Eu fiquei desesperado, pois já eram quase seis horas da tarde. O que significava que eu só tinha mais três horas para ficar perto daquela linda menina. Eu só pensava nela, naquele momento, a fuga era algo secundário para mim. Mas para meu irmão, não. Ele estava muito preocupado e só pensava nisso.

— E o que você fez, Andy?

— Não fiz nada, fiquei esperando a confraternização acabar e ela retornar. A noite chegou, mas nada de ela voltar. Continuei sentado naquele banco, achando que ela tinha se esquecido de mim.

— Por que você ficou lá parado?

— Oras! Porque eu já estava apaixonado por ela. Era apenas um menino de dez anos de idade, mas fui infectado pelo vírus da paixão. Paixão não tem idade, Budd, é igual para todos, para as crianças, para os adolescentes, para os adultos e também para os idosos. Quando o vírus da paixão entra na corrente sanguínea, o homem fica abobado, anestesiado, entorpecido. Um dia você vai compreender o que estou dizendo, pois todos passam por isso, não tem jeito. Tomara que você encontre uma menina tão linda quanto Eleonora Victorine e se apaixone por ela como eu me apaixonei.

Budd fica calado e Andy olha para cima, como se estivesse voltando no tempo. Ele sorri para si mesmo e continua:

— Budd, você quer saber o que aconteceu?

— Claro que sim!

— O pastor David deu o toque de recolher exatamente às nove horas da noite e todos entraram nos quartos, mas as meninas separadas dos meninos, é claro. Eu não tive alternativa, a não ser me levantar do banco gelado e ir até o quarto para arrumar minhas coisas e dormir, afinal, teríamos que acordar às quatro horas da madrugada para encontrar o tal Wayne embaixo da ponte. Quando entrei no quarto, meu irmão olhou desconfiado para mim e disse: "Você está parecendo um bobalhão, sabia?". "Por quê?", eu perguntei. Ele disse: "Pare de ser idiota, rapaz. Essas meninas bonitas são espertas e deixam qualquer um enlouquecido. Seja homem e reaja, pare de ficar com essa cara de bobo e vê se arruma suas coisas". Eu baixei a cabeça e obedeci meu irmão, pois, além de mais velho, ele era disciplinado e sabia exatamente o que precisava ser feito. Eu sempre fui bem mais romântico que ele.

— E aí? — Budd insiste.

— Aí eu comecei a arrumar as minhas coisas e, de repente, alguém bateu à porta.

— Quem era?

— Eu deixei tudo para trás e abri uma fresta da porta. Era ela, Eleonora, vestida com uma camisola branca, dizendo baixinho pela fresta da porta: "Andy, eu fiquei sabendo que vocês vão partir amanhã, é verdade?". Olhei para trás e meu irmão estava me encarando com cara de enfezado. Não me importei e saí para falar com ela. Fomos até o jardim outra vez, mas pisando em ovos para o pastor David não escutar. Sentamos embaixo da árvore, e ela disse com um olhar triste: "Por que vocês vão embora?". "Porque nós fugimos de casa e nunca mais voltaremos". "Nunca mais? Por quê? Aqui nós somos todos órfãos e sonhamos em ter um lar e uma família. Vocês têm um lar e uma família e vão fugir de casa? Eu não entendo como isso pode ser possível!". "Eu levantei a calça, depois levantei a camisa e mostrei para ela as marcas do chicote na minha pele. Ela não acreditou, colocou a mão na boca assustada e começou a chorar". "Quem fez isso com você, Andy?". "Meu pai", eu respondi. Ela me abraçou com carinho e disse que me amava. Eu também comecei a chorar e nós dois ficamos ali durante quase trinta minutos juntos, sem dizer nada um ao outro, ficamos apenas juntos e abraçados. Era um amor puro, lúdico, não tinha nada de sexual entre nós, afinal, éramos apenas crianças. Mas existia algo muito forte entre nós dois, algo que não sei explicar, mas sinto até hoje, mesmo que ela não esteja mais perto de mim, eu ainda sinto a sua presença.

— Onde ela está hoje? Você tem ideia?

— Não faço a mínima ideia onde ela esteja. A história é longa, Budd. Se você tiver paciência, eu posso lhe contar com detalhes, é uma história linda, mas infelizmente não teve um final muito feliz.

— Você tem esperança de reencontrá-la um dia?

— Infelizmente, não, pois estou à procura dela há mais de quarenta anos e já desisti de procurar.

Andy começa a ficar ansioso e seu coração acelera.

— Está tudo bem, Andy?

— Não muito, estou me sentindo um pouco estranho agora.

— Quer continuar?

— Sim, Budd, eu quero.

— O que aconteceu depois disso?

— Depois de ficarmos abraçados durante quase trinta minutos no jardim, escutamos o barulho da porta do quarto do pastor David se abrir e nos levantamos assustados. Ele saiu do quarto e passou na nossa frente para ir até a cozinha beber água e não nos viu sentados no chão. Fiquei desesperado e Eleonora também, pois, se ele nos visse ali, abraçados, seria o fim de tudo. Além de não nos ajudar a fugir, ele ficaria tão furioso que era capaz de ligar para polícia e mandar capturar meu irmão e eu. Praticamente não respirei quando ele passou na nossa frente. Enquanto estava na cozinha, nós aproveitamos e nos levantamos, Vick me deu outro beijo suave nos lábios e disse novamente que me amava. Ela queria voltar para seu quarto, pois estava desesperada, coitada. Mas, antes de retornar ao quarto, eu a segurei pelo braço e disse: "Vick, um dia vou ficar muito rico e voltarei para buscar você". Ela sorriu, apertou minha mão e voltou correndo para o quarto.

— O pastor não percebeu nada?

— Não. Ele saiu da cozinha e me viu em pé, parado embaixo da árvore. "O que você está fazendo aí, garoto?", ele perguntou. "Estou sem sono, pastor, mas já estou voltando para o quarto", eu respondi.

— Ele ficou bravo com você?

— Não, ele apenas desejou boa viagem para mim e para meu irmão, e, depois, eu voltei rapidamente ao quarto. Logicamente não consegui dormir naquela noite, pois passei a noite em claro só pensando nela, minha querida Eleonora.

— No dia seguinte, na madrugada de domingo, quando o relógio da igreja marcou quatro horas em ponto, eu escutei duas batidas na porta. Era o pastor David dizendo do outro lado: "Já está na hora, garotos. Vamos. Acordem. Vou esperar vocês na porta da igreja. Apressem-se". Levantamos correndo, como dois soldados, juntamos nossas coisas e fomos ao encontro do pastor. Estava bem escuro e ele estava nos esperando na porta da igreja, segurando dois lampiões de querosene. Ele disse: "Levem esses lampiões com vocês. Quando chegarem embaixo da ponte, acendam a lamparina e esperem o Wayne chegar. Não saiam de lá por nada neste mundo, enquanto ele não chegar. Vão pela estrada de terra e, quando chegarem ao centro da cidade, não deem atenção a ninguém. Se for preciso, corram. Não deixem que ninguém se aproxime de vocês. Combinado?". Naquele momento, eu fiquei com medo. Mas era um medo diferente. Algo que eu nunca tinha sentido antes. Uma mistura de medo com aventura. O pastor nos abraçou e desejou boa sorte. Eu perguntei: "Mas para onde nós vamos, senhor? Não vamos nos perder subindo o rio? Onde esse tal de Wayne vai nos deixar?". Ele respondeu: "Às vezes, é preciso se perder para se encontrar, meu filho. Como eu sempre digo. Se estiver perdido, viaje para um lugar onde nunca esteve antes, talvez lá você encontre a si mesmo. Aconteceu comigo, um dia, e Deus me trouxe até aqui. Não tenham medo, Deus está com vocês dois. Vão e não se preocupem com nada". Aquelas palavras foram confortantes e, ao mesmo tempo, determinantes, pois saímos segurando os lampiões pela escuridão da estrada de terra por longos dois quilômetros até chegarmos ao centro da cidade onde já havia alguns carros perambulando pelas estreitas ruas da Florence City. Não demos atenção a ninguém e seguimos a passos largos até a base da ponte O`Neal, onde ficamos por mais de uma hora, com os lampiões acesos, esperando o tal Wayne chegar com seu barco de madeira.

— Estava frio? — Budd pergunta.

— Sim. Estava muito frio. Mas aguentamos firmes. Quando estava quase amanhecendo, meu irmão avistou um pequeno barco de madeira, subindo do lado esquerdo do rio. Era ele, Wayne, acenando e piscando três vezes com sua lanterna. Naquele momento, o medo do desconhecido veio à tona e meu irmão ficou preocupado. Olhou para mim, querendo minha confirmação para saber se realmente estávamos fazendo a coisa certa. Sem hesitar, acenei com a cabeça, afirmando que sim, que estava disposto a subir o rio rumo ao norte. Wayne atracou o barco, subimos rapidamente e ele logo acelerou o pequeno motor de popa de cinco cavalos de potência, levando o barco rio acima.

— Como ele era?

— Calado e aparentemente bravo. Ele não disse nada durante um bom tempo. Eu e Allie nos encolhemos para nos protegermos do frio e eu acabei dormindo, encostado nos ombros dele. Ali, eu comecei a sentir o verdadeiro sentido da palavra liberdade. Acho que foi naquele momento que comecei a sentir o amor que meu irmão tinha por mim e a cumplicidade que tínhamos um com o outro. Eu chorei, mas de felicidade por saber que estávamos livres daquela vida medíocre e sofrida ao lado do nosso pai.

— Andy, eu nunca imaginaria que o senhor tivesse tanta coisa para contar.

— Nem eu. Eu agradeço a você por estar aqui comigo, me fazendo relembrar tudo isso, Budd. Acho que agora você também faz parte desta história. Se um dia eu escrever um livro da minha vida, certamente você estará nele.

Andy sorri ironicamente e Budd responde:

— Obrigado, Andy.

— Bom. Quer saber mais ou já está cansado?

— Não estou cansado. Pode continuar, Andy.

— Tudo bem. Então vou continuar. Assim que eu acordei no barco, morrendo de frio, olhei para as margens do rio e fiquei maravilhado com o que vi. Era um mundo sem fim, não acabava mais. Eu nunca imaginei que o mundo fosse grande daquele jeito. Para mim, o mundo era apenas a redondeza de Littleville. Nós não tínhamos TV naquela época, somente os fazendeiros endinheirados e os donos de grandes plantações de milho e fábricas de borracha tinham televisores. A vida não era essa mordomia que vocês, jovens, vivem hoje.

— Eu imagino como devia ser.

— Não. Você não conseguiria imaginar como era a vida naquela época. Era muito difícil. Talvez por isso a minha geração foi tão importante para o crescimento deste país, pois tínhamos que ser fortes e destemidos.

— Eu acredito no senhor.

— Bom. Eu acordei e olhei para o Wayne. Ele era um homem forte, ombros largos, louro, com cabelos encaracolados e barba. Usava um chapéu marrom-escuro, calça jeans, bota de borracha e uma jaqueta de couro cru. Ele olhou para mim e disse, com seu sotaque peculiar de caipira do norte do Alabama: "Garotos. Dentro de uma hora chegaremos ao nosso destino como me pediu o pastor David. Assim que chegarmos a Eastport, na divisa do estado, vocês desembarcarão e andarão por aproximadamente quinze quilômetros até chegarem à rodovia Snowdown. Chegando à encruzilhada da rodovia, vocês vão procurar o posto do velho Rickson, que fica do lado esquerdo. Ele dará um café da manhã reforçado para vocês, com ovos, bacon e geleia de amendoim". "E depois? O que faremos?", meu irmão perguntou. "Esperem lá até às onze horas da manhã. Um homem vai buscar vocês e levá-los para Memphis. O nome dele é Cochrane. Lord Cochrane. Não se assustem. Ele é um cara mal-encarado e costuma falar alto e ser meio brincalhão. Mas ele é inofensivo. Não tenham medo. Ele vai proteger vocês e levá-los para uma nova vida". "Nova vida?". "Sim. Não é isso que vocês estão à procura? De uma nova vida?". "Sim. Mas...". "Não tem mais nem menos, garotos. Assim o pastor disse para ser feito e é o que eu estou fazendo. Eu conheço muito bem o Lord. Ele vai mostrar a vida real para vocês, não se preocupem. Ele é estranho, às vezes. Dizem que costuma mexer com coisas espirituais, mas eu nunca vi e nem sei o que ele faz. Para falar a verdade, eu tenho um pouco de medo desse tipo de coisa, mas, como eu disse: Lord é um cara inofensivo. Pastor David sempre disse que ele é um homem bom e eu acredito no pastor. Se não acreditasse nele, não os deixaria desamparados no porto de Eastport sozinhos". Nós dois ficamos calados ao ouvir sobre o tal Lord Cochrane, mas preferimos confiar nas palavras e nas recomendações do Wayne e do pastor David.

Capítulo 9
Lord Cochrane

Quem está comprometido com a vida,
nunca deixa de seguir em frente.

— Não demorou, e, uma hora depois, chegamos ao porto de Eastport. Por causa da minha inocência, eu achava que íamos atracar num porto grande, cheio de barcos de pesca e navios mercantes, mas não foi o que aconteceu. Na verdade, o porto de Eastport era uma marina, um conglomerado de residências de alto padrão com píer e rampas particulares de alguns endinheirados que utilizam o rio para descer os seus barcos de passeio. Ou seja, não era um porto, era apenas um local de casas de veraneio. Wayne passou com o barco diante dos lindos casarões e seguiu um pouco mais a frente, para atracar numa pequena praia de aproximadamente trinta metros de extensão de areia amarelada. Um lugar tranquilo e escondido entre muitas árvores. Parecia uma espécie de parque estadual. Ele disse: "Pronto, já chegamos, meninos, daqui em diante vocês seguirão sozinhos. Desçam na praia e sigam por aquela trilha entre as árvores. Andem até encontrarem uma estrada asfaltada, quando encontrarem, andem aproximadamente quinze quilômetros até chegarem à rodovia Snowdown.

Quando chegarem à Snowdown Road, olhem para o lado direito e verão um posto de gasolina e uma lanchonete, essa lanchonete é do senhor Rickson, ele estará pronto para servir alguma coisa para vocês comerem, pois estarão famintos. Comam tudo o que ele oferecer e não saiam da lanchonete por nada, pois um homem encontrará vocês lá. O nome dele é Lord Cochrane. Entenderam?". Nós concordamos com tudo o que Wayne disse, descemos do barco, agradecemos e seguimos as diretrizes que ele havia passado. Andando pela rodovia Eastport até chegar à rodovia Snowdown, senti uma imensa sensação de liberdade, algo contagiante que nunca havia sentido antes. Mas confesso que nunca havia andado tanto na minha vida, foram os quinze quilômetros mais longos que eu já percorri até então.

Andy sorri para Budd e continua:

— Que engraçado! Eu nunca imaginaria, naquela época, que, quando ficasse mais velho, andaria tanto pelas estradas deste país. Nunca imaginaria que quinze quilômetros, para mim, seria como atravessar apenas um quarteirão, pois andei durante os últimos quarenta anos por essas estradas como um velho andarilho, sem destino.

— Enfim, nós caminhamos tanto naquela manhã que, ao chegar à Snowdown, nossos pés estavam cheios de bolhas. Paramos na tal encruzilhada entre a Eastport Road e a Snowdown, olhamos para o lado direito da pista e avistamos o tal posto. Ali, tivemos a certeza que havíamos chegado ao nosso destino: a lanchonete do Rickson, pois um aroma irresistível de bacon frito, trazido pelos suaves ventos que vinham do leste, começou a entrar em nossas narinas. Estávamos famintos e corremos até o posto que ficava a menos de duzentos metros da encruzilhada. Chegamos à lanchonete e fui logo abrindo a porta, com fome. Conforme Wayne havia dito, um senhor de aproximadamente sessenta anos de idade estava à nossa espera com dois pratos quentes em cima do balcão. Nós olhamos assustados para aquele homem e ele olhou pra gente com indiferença. Mas não importava a sua indiferença, ele abriu a boca e disse as únicas palavras que queríamos ouvir naquele instante. "Vocês devem ser os garotos enviados pelo pastor David, não é?". "Sim, somos nós", meu irmão respondeu. "Então, sentem-se e comam. Eu acabei de preparar o café da manhã, vocês devem estar famintos. Sentem-se". Jogamos as mochilas no chão e, como cachorros esfomeados, sentamos no balcão e começamos a comer. O prato era enorme, mas a fome era maior do que tudo. Acabamos de comer, mas ainda estávamos com fome. Meu irmão ficou com vergonha de pedir mais comida, mas eu não, não me importei e pedi outro prato de comida ao senhor Rickson. Ele não se recusou e logo preparou mais dois pratos iguais. Rickson era um cara mal-humorado, mas parecia ter um coração enorme.

— Meu Deus! Que aventura, Andy!

— Tem razão, Budd, foi uma aventura e tanto. Mas o mais estranho de tudo ainda estava por acontecer. Assim que terminamos de comer o segundo prato de comida, sentamos nas cadeiras acolchoadas ao lado das grandes janelas de vidro com vista para o estacionamento, e, ali, cochilamos um pouco até às onze horas da manhã, quando fomos despertos pelo ronco do motor de um carro que havia acabado de encostar do lado de fora, a menos de vinte metros da janela. Eu limpei os olhos e fiquei atento, para ver quem sairia daquele lindo Cadillac preto.

— Quem era?

— Um homem negro, vestindo um sobretudo preto, calça de linho bege, sapatos lustrados, óculos e um chapéu listrado estilo Al Capone. Ele desceu do carro, veio na direção da lanchonete, empurrou a porta da frente, foi até o balcão e bateu a mão com força na madeira. Só podia ser um policial à paisana, por isso eu e Allie nos encolhemos embaixo da mesa, morrendo de medo que ele pudesse nos reconhecer. Ele bateu mais uma vez no balcão e gritou: "Aqui que é a lanchonete do Rickson Grace?", e ficou esperando que alguém o atendesse. De repente, virou-se para trás e nos viu agachados embaixo da mesa. Pronto, era o nosso fim! Rickson surgiu da cozinha, limpando as mãos no avental, e soltou uma gargalhada ao ver aquele negro bem-apessoado com os cotovelos sobre o balcão. "Eu não acredito no que estou vendo! É você, Cochrane?", Rickson exclamou, com um largo sorriso no rosto. Eu não podia acreditar, aquele cara era o tal do Lord Cochrane. E ele era negro! Eu olhei para meu irmão e ele levantou os ombros, demonstrando que não era exatamente o que estava esperando encontrar, um negro. Infelizmente era o nosso preconceito contra os negros vindo à tona, pois nosso pai sempre foi muito racista e nos ensinou a não confiar em negros. Mas o que podíamos fazer? Ficamos parados ali, ouvindo a conversa empolgante dos dois amigos, Rickson e Cochrane. Lord disse: "Tem fogo aí, amigo? Quero acender meu cachimbo novo". "Mas você está muito chique, Lord, tá bem vestido, cheiroso e bem-apessoado. De quem é aquele Cadillac preto novinho em folha lá fora no estacionamento? Não é seu, é?". "É meu, sim, Rick, aquele é o carro que levará Lord Cochrane até Las Vegas e voltará com o porta-malas cheio de notas de cem dólares até Memphis". "É seu mesmo?". "É claro que é meu, eu comprei semana passada. Fruto de muito trabalho e muita perseverança com aquele rapaz que eu trouxe aqui para comer na sua lanchonete dois anos atrás, lembra-se dele?". "Aquele mexicano magrelo?". "Sim, ele mesmo. Ele podia ser magrelo, mas era forte como uma pedra. Sabia que ele foi campeão peso médio no mês passado, em Las Vegas?". "Eu juro que não apostava um centavo naquele mexicano metido a besta. Como ele se chamava mesmo?". "O nome dele é Carlos Sanchez, mais conhecido como El Matador". "Então, meu amigo, a única coisa que eu posso lhe oferecer é uma dose de uísque dezoito anos para comemorarmos a sua ascensão. Tome! Acenda o cachimbo e seja bem--vindo, meu caro Lord Cochrane". Para falar a verdade, eu não estava entendendo nada do que eles estavam dizendo. Beberam uma dose de uísque cada um, e Cochrane perguntou: "E, então? Aqueles dois são os garotos caipiras do Alabama que o pastor David disse que estariam me esperando aqui?". "São eles mesmos, e garanto que já estão com as barrigas estufadas de tanto comer". Lord olhou para mim e sorriu de forma simpática. Eu fiquei meio desconfiado num primeiro momento, mas meu irmão logo simpatizou com ele. Lord aproximou-se, colocou a mão sobre o ombro de Allie e disse, de maneira séria e verdadeira: "Sejam bem-vindos, garotos, eu sou Lord Cochrane e, daqui em diante, seremos uma família. Eu protegerei vocês e os transformarei em homens de verdade. Se vocês foram enviados pelo pastor David, significa que merecem todo o meu carinho e atenção". Allie sorriu, mas eu me mantive austero, para não demonstrar empatia logo de cara. Lord virou novamente para o balcão, pagou nossa conta e disse: "Vocês querem passear naquele Cadillac que está ali fora?". "Sim! Claro!", nós respondemos ao mesmo tempo. "Então, se despeçam do velho Rickson e vamos embora, rumo a Memphis". Eu não acreditei que estava prestes a andar naquele Cadillac novinho em folha e seguir rumo à famosa cidade de Memphis, onde os maiores cantores da época viviam. Levantei-me da cadeira e fui correndo para o estacionamento, para me sentar no banco da frente antes do meu irmão. Assim que entrei no carro, fiquei enlouquecido com o painel daquele Cadillac. Ele brilhava e cheirava a novo, pois tinha acabado de sair da fábrica. Lord deu partida no motor e o barulho do escapamento me deixou encantado. Mas, antes que ele engatasse a ré para partir, olhou para mim e disse, de forma enfática: "Qual o seu nome, garoto?". "Eu me chamo Andy", respondi. "Andy do quê?". "Andy Aaron Ray. Por que quer saber?". "Por nada, só queria saber se o seu nome era sugestivo para um lutador de boxe. Você tem dois "A's" no nome, isso quer dizer que pode ser chamado de "Double A", se não se importar. Se por acaso treinar bastante e tiver força nos dois braços, podemos usar "Double A" como seu nome de guerra, em referência à força dos braços. O que acha?". "Eu não sei do que o senhor está falando. Desculpe". "Não se preocupe, Andy. Seu futuro vai ser de glória e riqueza, meu amigo. Você gostaria de ter um carro igual a este quando se tornar adulto?". "Um carro como este? Um Cadillac?". "Sim, um Cadillac". "É claro que eu gostaria de ter um Cadillac. Quem não gostaria de ter um desses? É um verdadeiro sonho!". "Então, escute bem o que eu vou lhe dizer, pequeno Andy Aaron. Eu transformarei você numa pessoa muito rica um dia e poderá comprar não apenas um, mas quantos Cadillacs você quiser. Está entendendo?". Eu olhei no fundo dos olhos daquele negro estranho e duvidei das suas palavras, mas ele não hesitou e completou: "Tudo o que existe no mundo já foi sonho um dia, garoto. Se não cultivar sonhos dentro da sua mente, a sua vida nunca terá um sentido.

O sonho é a matéria-prima deste mundo, garoto, eu não vou ensinar você apenas a ganhar dinheiro, vou treiná-lo para aprender a lutar e ter metas. O dinheiro vai ser apenas uma consequência desse longo aprendizado. Garoto, desde o primeiro momento que te vi na lanchonete do Rickson, percebi que você tinha porte, postura e braços fortes para se tornar um boxeador. Isso quer dizer que você tem tudo para se tornar um grande lutador no futuro. Só precisamos descobrir se você tem o ímpeto para isso". "E eu também tenho porte para ser um lutador, senhor Cochrane?", meu irmão perguntou no banco de trás, demonstrando ciúmes. "Qual é o seu nome?". "Eu me chamo Allie Carson Ray". "Allie. Você também ganhará muito dinheiro, mas ganhará por seu irmão. Infelizmente você não tem estrutura para ser um lutador. Desculpe, mas eu costumo ser muito sincero, é melhor irem se acostumando comigo". "Lutador de quê?", eu perguntei. "Lutador de boxe, meu caro. Boxe. Sabe o que é isso?". Olhei para trás e meu irmão piscou para mim. Acho que ele já estava entendendo qual era a profissão do tal Lord Cochrane, mas eu não. Na verdade, naquele momento eu só queria pensar numa coisa: dirigir um Cadillac lindo igual àquele, ganhar muito dinheiro e ir até Florence buscar minha amada Eleonora Victorine para passear. Poderia ser um sonho impossível, mas, pelo menos, era um sonho, um desejo, pois, até aquele momento da minha vida, eu só sabia sofrer e sofrer, mais nada. Lord Cochrane tinha apenas vinte anos de idade, mas, com aquela roupa e estilo, aparentava ter pelo menos trinta e cinco. Era empresário de boxe e trabalhava no ramo desde os dezesseis anos de idade, quando foi recebido em Memphis e ajudado por um senhor de sessenta e cinco anos de idade, um dos primeiros treinadores e empresários artísticos do sul dos Estados Unidos.

Lord deu uma forte tragada no cachimbo, colocou um *blues* bem alto no *tape* do carro e acelerou o Cadillac estrada afora na direção oeste, rumo à famosa cidade de Memphis, a cento e cinquenta quilômetros dali.

Capítulo 10
Duas semanas depois

— Assim que atravessamos a fronteira do estado do Mississippi, chegamos à cidade de Memphis no estado do Tennessee, por volta das duas horas da tarde daquele domingo. Fiquei maravilhado, pois estávamos no lugar onde todos queriam estar naquela época, o lugar onde tudo acontecia, no sul dos Estados Unidos. Na avenida principal, vi dezenas de Cadillacs iguais ao que Lord tinha e também muitos outros. Eram carros de todas as cores, modelos e formatos. Tinha até um azul-claro em formato de rabo de peixe, eu estava achando aquilo incrível. Para mim, era como se eu tivesse acabado de chegar à Disneylândia, pois adorava carros, música, *blues* e aquele ar boêmio e vanguardista de Memphis. Eu só não conseguia entender por que o pastor David tinha nos enviado para nos encontrar com o tal Lord Cochrane. Não sabíamos o que aconteceria conosco, se ficaríamos alguns dias na casa dele, se era algo temporário ou ele nos entregaria a alguma entidade beneficente do município. De qualquer forma, era o que tínhamos, no momento, e não podíamos nem ao menos reclamar, pois Lord nos levou para sua casa e nos acolheu durante as duas semanas seguintes. E nos alimentou muito bem, por sinal.

O pequeno Budd está tão envolvido que parece pertencer à história. A essa altura, ele já está deitado sobre a cama, com as pernas para cima, apoiadas num armário velho, e com os olhos arregalados, tamanho interesse.

Andy continua contando a história da sua infância, pois, para ele, tudo aquilo está funcionando como uma espécie de exorcismo do passado. No entanto, tudo o que ele contou até então é apenas a parte boa da história. No fundo, ele não quer contar a parte ruim para o pequeno Budd, mas, ao mesmo tempo, sabe que será praticamente impossível não contar a verdade para ele.

Budd pergunta:

— Como era a casa do Lord Cochrane? Grande e luxuosa? Ele devia ser muito rico, não é?

— Ele não era rico, todo o dinheiro que ele tinha, gastou na compra daquele Cadillac. Lord era do tipo de cara que precisava ostentar riqueza para ser reconhecido, mas ele não fazia aquilo por orgulho e egocentrismo, ele fazia aquilo porque sabia que a ostentação fazia parte do negócio que ele exercia.

— Que negócio? O que ele fazia exatamente?

— Ele treinava e empresariava lutadores de boxe amadores e profissionais. A casa dele, na verdade, não era uma casa normal, era uma pequena academia de boxe adaptada, que ficava na periferia da cidade. Tinha alguns aparelhos de musculação que ele mesmo fabricou, algumas cordas de pular, um *speedbag* no teto, alguns pares de luva e um ringue tamanho real.

— Esse *speedbag* que o senhor tem pendurado no teto é igual ao que tinha na academia do Lord?

— Esse é exatamente o mesmo com o qual eu treinava na academia do Lord Cochrane. Depois que venci minha última luta como profissional em Las Vegas, quando tinha vinte e quatro anos de idade, no ano de 1964, esse *speedbag* passou a me acompanhar por durante toda a minha vida.

— Então, você chegou a treinar na academia do Lord?

— Não só treinei como morei na academia durante alguns anos, com meu irmão. Depois de quatro anos morando na academia, nós tivemos que partir. Fomos morar num quarto alugado que pertencia a uma velhinha. A academia cresceu muito e tivemos que sair. Mas continuei frequentando e trabalhando na academia. Lord Cochrane se mostrou não só um homem íntegro e honesto conosco, mas também acabou se tornando uma espécie de pai para nós. Ele nos deu tudo do que precisávamos e nunca encostou um dedo em nós. Era um homem disciplinado e exigente nos treinamentos, mas nunca nos desrespeitou. Aliás, ele nunca desrespeitou ninguém na academia. Ele gritava, mandava e desmandava, mas sempre foi uma pessoa de caráter. Ali, naquela academia, eu conheci grandes lutadores e aprendi muito sobre as dificuldades da vida. Muitos dos lutadores que treinavam ali eram como nós, meninos sem família ou órfãos que não tinham onde morar. Lord era corajoso e destemido, ele se responsabilizava e assumia a vida daqueles garotos como fez conosco também. A maioria se tornava lutador ou acabava trabalhando na academia, auxiliando-o nos negócios.

— Foi por isso que o pastor David os enviou para morar com ele?

— Sim. Ele costumava dizer que o pastor David gostava muito dele. Na verdade, Lord Cochrane era seu apelido, ninguém sabia seu nome verdadeiro, pois ele não dizia a ninguém.

— Ele conhecia o pastor David?

— Na verdade, ele também era órfão e foi criado pelo pastor David, mas, quando completou dezesseis anos de idade, decidiu deixar a igreja em Florence para viver sua própria vida. Acabou indo parar em Memphis e lá conheceu um senhor que o criou e lhe ensinou tudo sobre o mundo do boxe. Esse senhor era o dono da academia. Depois que ele morreu, Lord acabou herdando a academia e dando continuidade ao seu trabalho. Se eu não me engano, Lord o chamava de Grand Papa, por causa da sua barriga saliente e da ascendência italiana. Grand Papa era sozinho, não tinha família nem parentes. Lord começou a trabalhar na academia do mesmo modo que nós. Quando o velho Papa morreu, Lord Cochrane passou a fazer exatamente o que ele fazia: passou a ensinar boxe para jovens órfãos da região. Lord não gostava de lutar. Na verdade, ele nunca gostou. Seu negócio era encontrar meninos que tivessem potencial para se tornarem lutadores e transformá-los em campeões. Pelo que sei, ele também sofreu muito na infância. Diziam que, quando ele nasceu, foi jogado numa lata de lixo por sua mãe, porque ela era muito pobre e não tinha condições de criá-lo.

— Ele não tinha pai?

— Não. Era desconhecido.

— Como ele sobreviveu?

— Uma senhora o encontrou numa lata de lixo perto da cidade de Florence e o levou para o pastor David, que o recebeu e o criou com muito amor e carinho. Assim ele relatava, às vezes, quando estávamos sozinhos. Lord Cochrane gostava de mim. Criamos um tipo de empatia e amizade muito forte com o passar dos anos. Talvez essa afinidade tenha sido justamente por causa das semelhanças e as mesmas dificuldades que enfrentamos durante a infância.

— Por que o Wayne, o barqueiro, disse que ele era estranho e mexia com coisas espirituais? O que ele quis dizer com isso? O que Lord Cochrane fazia de tão estranho?

— Eu não sei. Nós até tentávamos descobrir o que acontecia nos sábados à noite, quando as portas do quarto dos fundos da academia eram fechadas e algumas pessoas chegavam vestidas de branco e se reuniam, mas nunca descobrimos o que eles faziam lá dentro. Na verdade, até hoje eu não sei o que eles faziam. Só sei que, todos os sábados, chegavam mulheres e homens, a maioria negra, e tocavam uns tambores de pele de burro até altas horas da madrugada. Também cantavam músicas esquisitas num idioma parecido com português e acendiam incensos. Só isso que eu me lembro. Era o início da década de 1950, meu caro, não havia livre informação e liberdade como existe hoje. Era tudo velado e feito às escondidas.

— Que estranho! O que será que eles faziam nos sábados à noite? Será que era algum tipo de pacto com espíritos?

— Põe estranho nisso. Eu não sei o que eles faziam. Mas eu e meu irmão não nos incomodávamos com aquilo. Acho que, de certa forma, era bom para os negócios, pois tudo costumava correr bem para o Lord e para os lutadores. Nunca nenhum lutador sofreu um acidente ou se machucou gravemente durante uma luta. Por outro lado, Lord crescia dia a dia, tanto financeira como profissionalmente. Os negócios iam de vento em popa. Acho que o sucesso do Lord tinha alguma relação com o que era feito no fundo da academia nas noites de sábado.

— Que medo! — Budd exclama.

— Nas primeiras semanas, logo que cheguei a Memphis, eu era apenas um ajudante. Ajudava a limpar o ringue, lavava os uniformes dos rapazes que já estavam mais avançados e, às vezes, preparava o ringue para os treinos. Mas, com o passar do tempo, o que eu queria mesmo era colocar uma luva de boxe daquelas que ficavam penduradas nas paredes e subir no ringue para lutar. Acho que o Lord Cochrane tinha adivinhado que eu amaria o boxe quando falou comigo pela primeira vez, no estacionamento da lanchonete do Rickson. Acho que ele tinha algum tipo de vidência, sei lá! Ou, então, alguém tinha o dom da clarividência e revelava para ele o que as pessoas comuns não conseguiam enxergar. Acho que era isso que eles faziam nas noites de sábado. Alguma coisa relacionada a previsões e ocultismo. Não sei se era algo desse tipo, só sei que ele adivinhou que eu seria um grande lutador. Eu passei a adorar o boxe. Mas meu sonho não era apenas me tornar um simples lutador, eu queria me transformar num vencedor, ficar muito rico, comprar uma bela casa, um carro novo e me casar com a Eleonora.

Budd sorri e Andy também.

Ele continua:

— Numa tarde, no ano de 1955, quando eu já tinha quinze anos de idade, durante um treino, Lord desceu do ringue furioso, ao saber que o seu melhor lutador, o mexicano Carlos Sanchez, El Matador, tinha-o deixado para trás e o trocado por outro empresário de Las Vegas. Um tal de Gordon Black. Lord veio até mim e disse: "E, então? Está pronto para começar?". Eu fiquei surpreso e perguntei: "Pronto para quê, Lord?". "Para começar a treinar e se tornar o melhor lutador de todos os tempos. Oras!". Eu fiquei surpreso. Mas, segundos depois, não hesitei e respondi que sim. "Mas quando?", indaguei, apreensivo.

"Agora", ele respondeu. "Vamos, vista o calção, as luvas e suba no ringue. Vou lhe ensinar tudo o que 'Papa' me ensinou. Você tem três anos para se transformar no maior lutador de todos os tempos. Vai treinar todos os dias, oito horas por dia. Vai fazer musculação e condicionamento físico e ficará com esses ombros gigantes. Vai pular corda mil vezes por dia e, todas as manhãs, vai treinar como louco no *speedbag*, para deixar a guarda sempre alta. Eu já decidi, garoto. Está na hora de transformar você em um super-homem, um monstro do boxe. E, então? Está preparado, Andy?". Ele foi incisivo e direto comigo. Lord não gostava de meio-termo. Se eu titubeasse naquele momento, certamente ele chamaria outro garoto para treinar e a oportunidade de me tornar um lutador de verdade desapareceria. No entanto eu sabia que não havia outro garoto tão preparado e decidido como eu. No fundo, Lord sabia que eu era o único, o escolhido.

— Você subiu para treinar no ringue?

— Sim. Claro.

— E seu irmão?

— Meu irmão nunca gostou de lutar, o que o atraía eram os negócios, ele adorava o *glamour* do boxe e os altos valores que envolviam o esporte. Eu adorava a ideia de vencer, ser reconhecido e ficar rico, mas ele, não. Ele só queria saber do dinheiro. As coisas pareciam fluir para o meu sucesso a partir daquele dia. Sem dúvida foi um tempo de muita perseverança, dor e sacrifício. Na verdade, Lord Cochrane tinha uma meta, um objetivo oculto que ele não costumava a dizer a ninguém, só para mim, quando terminávamos o treino, próximo das oito horas da noite.

— O que era?

— Um dia, ele chegou ao vestiário e disse: "Andy, você vai se tornar o maior lutador da categoria peso médio. Assim que você estiver pronto, vamos desafiar

El Matador, aquele mexicano que nos abandonou para trabalhar com outro empresário, o meu maior concorrente, o safado do Gordon Black. Eu sei que ele me odeia. Gordon é inteligente e sabe exatamente como me atingir. Ele roubou El Matador de mim. Comprou-o por migalhas. Eu sei disso. Ele fez isso só para não me deixar vencer. Ele tem muito dinheiro e é um cara muito vingativo. No fundo, ele quer me ver na sarjeta. Então, Andy, vamos treinar duro até você completar vinte e dois anos. Quando tiver vinte e dois, El Matador estará com trinta anos. No momento oportuno, marcaremos uma luta e eu apostarei alto em você na bolsa de apostas de Las Vegas. Apostarei tudo o que tenho". "Tudo?", eu perguntei. "Sim. Você vai ser a 'zebra' e todos vão pagar quarenta por um. O risco vai ser alto, mas vou apostar tudo em você. Simplesmente tudo. Você está pronto para encarar, garoto? Essa é sua grande chance. Mas, antes de lutar profissionalmente, vai fazer muitas lutas amadoras, até ficar pronto para o grande combate. E, então? O que me diz?". Eu tinha somente quinze anos, mas já tinha o ímpeto da vitória impregnado em meu ser. Lord Cochrane era simpático e atencioso, mas, ao mesmo tempo em que ele tinha o dom de transmitir confiança e determinação aos seus lutadores, era um típico treinador vencedor. Sabia exatamente como atingir o psicológico e nos ensinar a perseguir uma meta. Ele era mestre nisso. Éramos uma equipe e tínhamos tudo para dar certo.

— E deu tudo certo? — Budd pergunta, bocejando de sono.

— Para saber, terá que escutar mais um pouco, Budd. Você aguenta?

— Tudo bem, Andy. Eu aguento. Estou com sono, mas estou adorando a sua história de vida.

Capítulo 11
1962 – A ascensão

As grandes perdas começam quando a pessoa passa a ter medo de perder.
As grandes conquistas começam quando a pessoa passa a ter certeza que irá vencer.
A certeza vence o medo.

— Foi muito difícil para você essa fase de treinamentos, Andy?

— Muito difícil! Os treinamentos foram muito intensos e sacrificantes. Eu me alimentava muito bem, mas o ritmo dos treinos e do condicionamento físico era muito forte. Meu irmão, protetor como sempre, chegou a ficar com medo de que algo acontecesse comigo durante os treinos, pois o Lord ficou obcecado em vencer El Matador e queria me transformar, a qualquer custo, num superlutador. Em menos de dois anos, eu cresci vinte centímetros e fiquei trinta quilos mais pesado. Não tinha uma gordura sequer no corpo, era puro músculo. Quando completei dezoito anos, olhei no espelho e me assustei ao ver minha própria imagem refletida. De repente, eu não era mais aquele menino raquítico e magricelo, eu havia me tornado um homem muito forte, um verdadeiro guerreiro. Acho que eu tenho uma foto aqui dessa época, não sei se ainda tenho. Espere um pouco, Budd, vou procurar, tem que estar aqui em algum lugar.

Enquanto Andy procura as fotos, Budd olha discretamente para aquele velho senhor careca, com poucos cabelos brancos na nuca, sentindo-se extremamente orgulhoso por estar ali, sentado ao seu lado, compartilhando tantos momentos incríveis de um passado distante.

Andy sorri e segura uma das fotos que estavam sobre seu colo. Por algum motivo secreto, ele não deixa Budd segurar as fotos.

— Aqui está, veja você mesmo como eu era um rapaz forte e bonito.

— Nossa!

— Essa foto foi tirada um dia antes de eu vencer minha primeira luta como profissional. Foi contra um cara muito forte da Carolina do Norte, não me lembro do nome dele. Desculpe minha memória, não anda muito boa, Budd. Ele podia ser forte, mas não tinha resistência. No sétimo assalto, o fôlego dele acabou e venci com facilidade, por nocaute.

— Você devia ser um homem muito forte mesmo, Andy. Seus adversários deviam temer muito a força dos seus punhos.

— Sim, eles tremiam quando me viam subindo no ringue. Por isso eu era chamado de "Double A" ou "AA". Ninguém era capaz de segurar a força destes braços — Andy sorri orgulhoso e bate com força nos próprios bíceps.

Budd devolve a foto para Andy:

— E, então? A tal grande luta acabou acontecendo ou não?

— Claro que aconteceu!

— E como foi? Conte-me.

— Foi em abril de 1962, na cidade de Las Vegas, conforme Lord Cochrane havia planejado desde meus quinze anos de idade. Sua meta era vencer o combate, porém, Gordon Black investiu tudo o que tinha numa violenta publicidade a favor do seu lutador, o mexicano El Matador. Contrataram a TV, filmaram os treinos do mexicano, filmaram as pesagens e criaram um verdadeiro clima de guerra entre mim e ele. Ele era o mocinho e eu era o bandido, o desafiante desconhecido contra o mexicano campeão mundial da categoria peso médio. A publicidade foi tão intensa que, um mês antes da luta, El Matador era visto pelo país inteiro como um *popstar*. Eu era a zebra da luta, um caipira branquelo que veio do Alabama. Mas nem tudo parecia estar perdido, alguns jornalistas e críticos esportivos da época pareciam gostar do meu jeitão caipira. No fundo, era tudo um grande jogo de marketing, eles diziam nos programas de TV que eu tinha punhos de aço e era a grande promessa do boxe, mas, como era muito jovem perante o El Matador, certamente não teria chance alguma de vencê-lo. Pois sua experiência no ringue contaria muito naquele dia.

— Estava com medo dele?

— Medo? Claro que não! Eu nunca tive medo de nada, Budd. O que me machucava era o desprezo das pessoas por não acreditarem em mim. Mas meu treinador, Lord Cochrane, me ajudou muito na parte psicológica, principalmente na semana que antecedeu a grande luta. Ele percebeu que a mídia esportiva estava pegando pesado comigo e me jogando para baixo, tentando me desestabilizar emocionalmente. Numa tarde, durante um treino no hotel mais luxuoso de Las Vegas, onde estávamos hospedados, ele me chamou no *corner* do ringue e disse com seriedade: "Andy: preciso lhe fazer uma pergunta e quero que você responda com toda sinceridade, sem hesitar. Quero que diga a verdade, somente a verdade. Tem que responder sim ou não. Não aceitarei 'não sei', 'talvez' ou 'quem sabe' como resposta. A resposta 'talvez' para mim significa 'não'. Está entendendo?". "Sim, Lord, pode perguntar", eu respondi. Ele pediu para eu descer do ringue. Tirei os protetores da cabeça e da boca e Lord me fez a pergunta que o deixava inquieto e preocupado: "Andy, a grande luta será dentro de cinco dias. Como você sabe, o que está em jogo é o cinturão mundial dos pesos médios e você é o desafiante. No entanto, como você vem percebendo na televisão e nas rádios, tudo está a favor do El Matador e do safado do Gordon Black. Por isso, eu preciso lhe fazer uma pergunta de extrema importância neste momento". "Pode perguntar Lord", eu respondi enfaticamente. Lord me olhou no fundo dos olhos e, naquele momento, percebi que não poderia enganá-lo. Ele respirou fundo e disse: "Andy, tem certeza que pode vencer essa luta?". Com semblante sério, eu tirei as luvas, mostrei meus punhos calejados e respondi: "Eu não treinei esse tempo todo para vir até Las Vegas e perder essa droga de luta. A resposta que eu tenho para lhe dar é simples. A resposta é: sim, eu estou pronto para vencer a luta, tenho uma certeza em meu coração que diz que a vitória já é nossa, não se preocupe, farei o impossível para vencer o combate contra El Matador, eu vencerei". Ele olhou para o chão, sorrindo, e respondeu: "É assim que se fala, garoto, é por isso que eu sempre gostei de você, era exatamente isso que queria escutar ao te olhar no fundo dos olhos. Aprenda uma coisa, garoto: as grandes perdas sempre começam quando a pessoa passa a ter medo de perder, da mesma forma, as grandes conquistas começam quando a pessoa tem a certeza que irá vencer. A certeza vence o medo". "Eu tenho certeza que vencerei a luta, Lord". "Perfeito, agora eu sei que você está pronto, Andy. Vou até a bolsa de apostas no centro de Las Vegas e, chegando lá, vou apostar tudo o que tenho em você, tudo". "Tudo o que você tem? Até o Cadillac?". "Sim, vou passar numa loja de penhores para penhorar o Cadillac. Acho que, penhorando o carro e somando o dinheiro que economizei nos últimos anos, conseguirei juntar vinte mil dólares". "Vinte mil dólares?", eu arregalei os olhos. Era muito dinheiro naquela época. "Sim, vinte mil dólares. As cotações na bolsa de apostas estavam marcando setenta por um esta manhã. Ou seja, se eu apostar vinte mil dólares e você vencer a luta, podemos ganhar US$ 1,4 milhão". Eu não estava acreditando no que Lord me dizia, pois um milhão e quatrocentos mil dólares naquela época era muito dinheiro, muito mesmo. Se eu ganhasse a luta, ficaríamos milionários da noite para o dia.

— E seu irmão Allie, onde estava?

— Ele acompanhava tudo de perto. Lord prometeu a ele que, se ganhássemos a luta, ele seria meu treinador pessoal e passaria a se dedicar ao marketing e à promoção dos eventos, ou seja, Lord não seria mais meu treinador, seria meu empresário. Essa era a sua meta, seu objetivo. Mas, se por acaso eu perdesse a luta, todos os sonhos estariam acabados. Estava tudo em minhas mãos, ou melhor, em meus punhos.

— Que responsabilidade, hein, Andy? — Budd exclama, interessado na história.

— Põe responsabilidade nisso! Mas, como eu disse, não estava com medo, pois eu tinha certeza e sentia em meu coração que poderia vencer aquela luta. Eu não menti para o Lord.

— E como foi a luta?

— Vou lhe contar resumidamente, pois estou percebendo que está morrendo de sono. Já está escurecendo. Acho que seria bom você ir embora para a sua casa, pois sua mãe deve estar muito preocupada.

— Não quero ir embora, Andy, eu aguento, pode continuar a contar a história. Se por acaso eu dormir, não precisa me acordar, pois a Mãe Azizah disse que eu poderia dormir aqui com você, hoje.

— Tem certeza? Ela não tem medo que você durma na casa de um estranho?

— Não, senhor, ela confia em mim. E o senhor é um estranho para mim!

Andy olha desconfiado para o garoto e Budd tenta consertar:

— Afinal de contas, nós somos amigos ou não?

— Sim, nós somos amigos — Andy responde.

— Tem certeza, Andy?

— Sim, eu já o considero meu amigo, Budd.

— Então eu posso dormir na sua casa, pois amigos dormem na casa dos amigos, não é assim que acontece?

Andy fica sem graça.

— Sim, mas é que eu sou um velho e você uma criança.

— E daí?

— Não sei, as pessoas têm a mente tão suja e poluída que podem pensar coisas erradas sobre nós.

— Não se preocupe com o que as pessoas pensam, Andy. Deixa isso pra lá, eu não me importo.

— Bom, se está dizendo que sua mãe autoriza você dormir aqui no celeiro, para mim tudo bem.

— Então, está combinado. Esta noite dormirei aqui e você contará sobre a grande luta, amanhã, quando acordarmos, você termina de contar o resto da história, tudo bem?

— Para mim, tudo bem.

— À tarde, eu voltarei para casa. Amanhã é sábado e não tenho nada de especial para fazer.

— Você não costuma brincar com seus amigos?

— Sim, mas amanhã quero passar o dia com você, se não se importar, é claro.

— Claro que não me importo, afinal, não tenho ninguém para conversar há mais de quarenta anos. Você é uma companhia e tanto, Budd. Estou muito feliz que esteja aqui. Bom, já que vai ficar aqui hoje, vou preparar outro café e continuar contando sobre a grande luta.

— Oba! Agora estou gostando de ver, quero saber sobre a grande luta e o que aconteceu com a aposta do Lord Cochrane.

Budd deita-se na cama, cruza as pernas e, por alguns segundos, fica com o olhar perdido, em direção ao teto do celeiro.

Nesse momento, o tempo parece parar, Andy fica estático, olhando para aquele menino deitado na sua cama. Algo lhe tocou o coração, mas ele não consegue compreender o que é.

Inesperadamente, Andy acaba dizendo o que está pensando:

— Você é um garoto diferente de todos os outros que estudam naquela escola. Tem algo muito familiar no seu olhar.

— Quem? Eu?

— Sim, você tem o mesmo olhar meigo e singelo que ela tinha.

Budd olha para Andy, sobressaltado:

— Ela quem?

— Deixa pra lá, Budd, eu só estava pensando alto, acho que minha memória está querendo me enganar outra vez. Esqueça o que eu disse.

Andy não tem coragem de dizer, mas é lógico que está se referindo à sua esposa Eleonora. Por um pequeno espaço de tempo, ele vê nos olhos do pequeno Budd o semblante calmo e sereno daquela que foi a mulher da sua vida.

Capítulo 12
O cinturão de ouro

— Já que deseja tanto saber, vou lhe contar: o esperado dia do combate chegou, era um sábado frio de inverno, uma semana antes do natal de 1962. No dia da grande luta, a cidade estava cheia de jornalistas e equipes de rádio e televisão, havia milhares de pessoas na entrada do hotel querendo comprar ingressos e tentando conseguir um autógrafo ou uma fotografia com o astro El Matador. Estávamos confinados no quarto do hotel, quando Lord Cochrane chegou para Allie e disse que queria sair para comprar um presente para sua nova namorada, que ficou em Memphis. Decidimos ir todos juntos, eu, Lord e meu irmão. Descemos até o saguão do hotel e, por incrível que pareça, passamos despercebidos pela multidão que estava do lado de fora, na rua, tentado comprar os ingressos para a luta. Eu realmente era um mero desconhecido para a maioria do povo americano até então. Compramos o presente que Lord Cochrane tanto desejava e voltamos rapidamente para o hotel. Eu queria ficar concentrado para a luta, que começaria dentro de algumas horas, exatamente às nove e cinquenta da noite. Ele não quis mostrar o presente que comprou para sua namorada, mas acho que era um lindo anel de brilhantes. Na verdade, Lord fez uma loucura, pois não tinha dinheiro algum. Disse que comprou fiado numa relojoaria famosa na Avenida Las Vegas Bulevar, pois conhecia o proprietário da loja e lhe prometeu que, na manhã do dia seguinte, voltaria para pagá-lo, pois tinha certeza de que, até lá, teria mais de um milhão de dólares. Ele realmente acreditava em mim, mais até do que eu mesmo.

A essa altura, o pequeno Budd está tão cansado que não consegue perguntar mais nada, apenas ouve as palavras entusiasmadas de Andy, sentado na velha poltrona de couro, contando a história da sua vida.

Ele continua:

— Quando a noite chegou e os portões do hotel abriram para o grande público, eu comecei a escutar os gritos e os clamores das pessoas do quarto onde eu estava hospedado. Eu juro que não imaginava que teria tanta gente querendo assistir à luta, era um público recorde para um evento de boxe, mais de vinte mil pagantes. Próximo às sete horas da noite, um assistente bateu na porta do quarto e disse que já poderíamos descer para o camarim, pois lá eu poderia ficar mais concentrado, aquecer-me e fazer os últimos preparativos. Lord estava confiante, mas nitidamente preocupado com o que estava à nossa espera, pois também nunca tinha visto um público tão grande na sua vida. Era incrível sentir aquele imenso calor humano e os gritos de entusiasmo das pessoas. Descemos até o camarim e meu irmão se aproximou, dizendo: "Você tem tudo para vencer essa luta, irmão, mas tenha cautela, por favor. Se por acaso sentir que precisa parar a luta, me avisa que eu jogo a toalha e desistimos do combate". Eu fiquei furioso com Allie, naquele momento, pois a ideia de não vencer o combate não passava pela minha mente, eu estava pronto e obcecado pela vitória. Mas, logo em seguida, eu compreendi sua preocupação e, minutos depois, fui até ele, abracei-o e pedi desculpas, pois realmente eu estava muito ansioso. Ele aceitou as desculpas e respondeu que tinha medo que eu me machucasse gravemente, pois o cruzado de direita do El Matador era poderoso e poderia ser cruel, tão cruel que, anos antes, ele tinha deixado um lutador paraplégico. Foi por esse motivo que Carlos Sanchez recebeu o apelido de El Matador. Mas, como disse, eu estava confiante e a ideia de jogar a toalha não passava na minha cabeça. Era tudo ou nada. Lord Cochrane estava rodeado de jornalistas e queria apenas fazer seu trabalho. Além de nós três, ele decidiu contratar três negros grandalhões para entrarem conosco no meio do público vestidos com uniformes com as minhas iniciais "AA" em dourado. Esse era o jogo, tínhamos de mostrar que éramos uma equipe forte e capaz de vencer. Era o marketing da luta, Lord estava fazendo tudo certo, afinal, encontrava-se sem dinheiro e apenas com a fé sobre os ombros. Provavelmente não devia estar sendo fácil para ele. Exatamente às nove horas e cinquenta minutos, começo a escutar os gritos do público de dentro do camarim. Logo em seguida, o apresentador começa a falar no microfone os detalhes sobre a luta e sobre os lutadores da noite, com muita intensidade no tom da sua voz. Aquele apresentador era incrível, um show à parte. O primeiro a subir no ringue seria eu. Vesti meu roupão branco com minhas iniciais "AA" bordadas em dourado nas costas; cobriram minha cabeça com o capuz, meu irmão vestiu as luvas em mim e esperei ansioso pelo chamado do apresentador. Naquele momento, eu estava extremamente nervoso. De repente, o assistente do ringue entra no camarim, se aproxima e pergunta: "Você está pronto, AA?". "Sim, estou pronto", eu respondi. "Então, venham todos até a porta e fiquem atrás de mim. Assim que o apresentador disser o seu nome, todos vocês me seguirão até o ringue. Suba no ringue e faça o que tem de ser feito, garoto, está entendido?". "Sim", eu respondi. Meu irmão ficou atrás de mim, fazendo a retaguarda e colocou as duas mãos sobre meus ombros, para me trazer confiança. Segundos depois, escuto ninguém mais ninguém menos que o apresentador dizendo com seu típico tom de voz entusiasmado: "Senhoras e senhores, o primeiro lutador da noite já está pronto. Ele é um guerreiro do Alabama, mais conhecido como 'Double A' por causa da força dos seus punhos. Ele já está pronto para entrar no ringue. Apresento-lhes, senhoras e senhores, o desafiante ao título mundial desta noite: Andy Aaron Ray". A hora que ele disse meu nome completo, um frio me subiu pela espinha e fui dominado por uma força descomunal, algo que eu nunca havia sentido antes. Acho que era uma mistura de adrenalina, ansiedade e uma vontade imensa de vencer. Entramos pelo salão do evento e, quando vi aquela multidão de mais de vinte mil pessoas gritando e aplaudindo, não acreditei no que estava acontecendo. Parecia um sonho. Foi naquele instante que eu percebi o poder do boxe e o poder que aquele esporte tinha de atrair grandes públicos e mexer com as pessoas. Ali, eu me senti como um verdadeiro gladiador indo para o campo de combate. As pessoas queriam assistir à luta, mas o que as excitava mesmo era ver sangue, infelizmente essa era a pura verdade. Elas não queriam apenas ver um luta com socos e cruzados, queriam ver um belo nocaute, e, de preferência, um nocaute emocionante e chocante. No fundo, as pessoas pagam o preço que for para sentirem qualquer tipo de emoção. Esse é o segredo do boxe, ele tem o poder de provocar uma emoção completamente distinta nas pessoas.

Subi no ringue e ali fiquei me movimentando sem parar. Em seguida, o apresentador anunciou a entrada do El Matador. Aquele momento foi muito difícil pra mim, pois, assim que El Matador apareceu e foi em direção ao ringue, eu senti um frio na nuca, como se já tivesse visto aquela cena um dia.

— O que você viu, Andy? — Budd pergunta, bocejando.

— Em vez de vê-lo passando entre o público normalmente, como todo lutador, eu o vi de uma forma muito estranha.

— Como assim?

— Eu nunca disse isso a ninguém, Budd, você é a primeira pessoa para quem eu digo. Lembro perfeitamente daquela cena. Posso estar velho e esquecido, mas essa cena nunca se apagará da minha memória.

Budd, de repente, levanta-se e senta na beirada da cama.

— O que você viu, Andy?

— Eu o vi morto. El Matador estava todo machucado e sendo carregado por seus assistentes. Em vez de o público vibrar com sua entrada eu os ouvia chorando ao redor do seu corpo. Essa cena durou apenas alguns segundos, mas foi forte demais. Eu juro que fiquei com medo, mas logo a realidade veio à tona e, quando me dei conta, El Matador já estava em cima do ringue me encarando, como costumava fazer com seus adversários.

— Por que você o viu morto no meio do público?

Andy abaixa a cabeça e começa a chorar.

— O que foi, Andy? — Budd se aproxima e tenta remediar a situação.

— Acho melhor você se afastar de mim, garoto.

Budd fica assustado e se afasta, pois, quando Andy começa a se lembrar de certas coisas, fica estranho e seu semblante muda rapidamente.

— O que foi, Andy? Aconteceu alguma coisa ruim nesse dia?

— Não, nesse dia tudo correu bem, bem até demais. Mas aquela droga de visão era uma espécie de presságio, mas não sabia. Até hoje, não compreendo por que aquela imagem se apresentou daquela forma tão assustadora pra mim. É uma imagem que até hoje existe dentro da minha mente, como se fosse um martírio que tenho que carregar pelo resto da minha droga de vida.

Andy coloca as duas mãos na cabeça em sinal de desespero:

— Droga! Droga! Essa lembrança não sai da minha cabeça. Eu faria tudo para me livrar dessa imagem e das coisas que acabaram acontecendo. Eu fico muito nervoso quando me lembro de tudo o que aconteceu. Desculpe, Budd, mas é algo que eu ainda não consigo superar até hoje, após quarenta anos.

Budd prefere ficar calado e espera Andy se recompor.

Minutos depois, Andy volta a falar:

— Desculpe-me, mas é algo mais forte do que eu, Budd. Como você pode reparar, eu ainda tenho muitos problemas com meu passado. Amanhã eu começarei a contar a parte ruim da história, o período negro da minha vida. Enquanto isso, vou lhe contar como aquela linda noite terminou.

— Tudo bem, faça como quiser, Andy, eu sempre respeitarei o senhor.

Andy sorri discretamente e continua:

— A luta começou e as vaias contra minha pessoa ressoavam por todos os cantos. A pressão era gigantesca. Allie e Lord gritavam como loucos no *corner* do ringue, pedindo para eu manter a guarda sempre alta para evitar que os cruzados de direita do El Matador me acertassem. Se porventura ele conseguisse me acertar um cruzado daqueles, certamente eu estaria perdido, seria nocaute na certa. Mas eu tinha treinado bastante e me mantive na defensiva durante os sete primeiros *rounds* da luta. A minha intenção era cansá-lo bastante e começar a atacá-lo a partir do oitavo *round*. Foi o que aconteceu; exatamente como Lord Cochrane havia previsto. Eram quinze *rounds* no total. Caso nenhum dos dois lutadores sofresse um nocaute até o último *round*, o vencedor da luta seria escolhido pela contagem dos pontos de todos os *rounds* anteriores. Assim era a regra naquela época, acredito que seja igual até hoje. Quando a campainha tocou e o oitavo *round* começou, senti que era o momento de começar a atacar. Meu rosto estava todo machucado e meus olhos estavam saltando para fora, de tão inchados. Allie, meu irmão, estava desesperado, pois minha aparência era horrível. Além de todo machucado, minha cabeça doía muito por causa das fortes pancadas que estava levando nas têmporas. Mas eu tinha que resistir. Naquele momento, era tudo ou nada. El Matador estava ficando muito cansado, mas não parava de me machucar. Eu tinha que encontrar uma maneira de acertar meu melhor golpe, o golpe que eu havia treinado durante todos aqueles anos. Pois, se a luta fosse para a contagem de pontos, certamente eu perderia, já que os juízes tinham dado nota máxima para El Matador em todos os outros *rounds*. Portanto minha única opção era vencer os *rounds* seguintes até o fim, e torcer para ganhar a luta por pontos, mas isso seria praticamente impossível, pois existia um "lobby" muito forte das televisões e dos apostadores a favor do El Matador. Ou seja, se a luta fosse para a contagem dos pontos, certamente eu seria derrotado, pois muitos dos juízes tinham fama de corruptos. Minha única saída era nocautear aquele cara de qualquer maneira.

Foi no final do oitavo *round* que tudo começou a virar a meu favor. Foi tão rápido e intenso que não acreditei que aquilo pudesse estar acontecendo. De repente, eu acertei um *upper* tão forte no El Matador, que ele não aguentou e caiu para trás, como se fosse um tronco de madeira. O juiz se assustou ao ver El Matador estirado no chão e correu para cima dele, iniciando a contagem. Olhei para o Lord Cochrane no *corner* e ele sorriu para mim. Lord pulava como se fosse uma criança, de tanta alegria. Depois olhei para Allie e ele também sorriu, porém de forma contida, pois estava com medo que o El Matador conseguisse se levantar.

— El Matador conseguiu se levantar? — Budd pergunta.

— Não, o juiz contou até dez e ele continuou no chão. Em seguida, o juiz veio em minha direção, levantou minha mão direita e decretou minha vitória por nocaute. Foi o momento mais incrível da minha vida, as pessoas invadiram o ringue, os jornalistas, os fotógrafos, era gente por todos os lados. Meus olhos estavam ensanguentados, naquele momento, não conseguia mais encontrar Allie e Lord no meio da multidão enlouquecida. De repente, Lord veio por trás, me abraçou e, com a ajuda dos assistentes, me ergueu como o grande vencedor.

— Sério? Que legal!

— Sim, aqui está a foto para provar, veja você mesmo, o momento exato quando Lord Cochrane e os assistentes me levantaram no ringue. Eu estou com os braços erguidos, e meu irmão Allie está ao meu lado, sorrindo, veja, Budd.

— Que incrível isso, Andy! Seu irmão Allie parecia gostar muito de você, não é?

— Sim, ele era tudo para mim, mas infelizmente não está mais entre nós. Aliás, as pessoas que estão nessa foto já devem estar todas mortas.

— Lord Cochrane também já morreu?

— Eu não sei, nunca mais ouvi falar dele. Gostaria muito de reencontrá-lo um dia e agradecer por tudo o que ele fez por mim. Na verdade, eu queria agradecer e pedir perdão pelo que fiz.

— O que você fez contra ele?

— Amanhã eu lhe conto. Tudo bem?

— Tudo bem, Andy.

— Melhor assim.

— Pegue, guarde a foto, Andy. Eu adorei ouvir a história real, como ela realmente aconteceu.

— É uma história e tanto, não acha?

— Incrível!

— Bom, você quer saber o que aconteceu depois daquilo?

— Sim, é claro!

— El Matador ficou furioso comigo e prometeu uma revanche dentro de dois anos.

— Então a história não acabou ali?

— Claro que não, no dia seguinte, Lord foi até o banco do cassino do hotel e pegou nada mais nada menos que um milhão e quinhentos mil dólares de prêmio pela aposta que tinha feito. Nós ficamos milionários do dia para a noite. Foi incrível! Ele foi até a loja de joias, pagou o anel de brilhantes da namorada, que custou a bagatela de dez mil dólares e depois resgatamos o Cadillac na loja de penhores. Os jornalistas ficaram enlouquecidos para saber quem eu era. No dia seguinte, meu rosto estava estampado em todos os jornais do país e nos principais telejornais dos estados de Nevada, Tennessee, Alabama e Mississippi. Eu me tornei um vencedor e recebi como prêmio maior esse cinturão de ouro que está pendurado na parede. Aquele ali, exatamente aquele.

— Esse dourado com uma fita com as cores da bandeira dos Estados Unidos?

— Sim, esse mesmo. Veja essa foto, eu estou vestindo o mesmo cinturão ao lado do Lord Cochrane, do Allie e dos três grandalhões que Lord contratou para subir conosco no ringue.

— E quem é esse negro mais velho, com cabelos brancos e terno preto na foto?

— Esse é Gordon Black, o empresário do El Matador.

— Por que ele está na foto?

— Porque Gordon Black era um estrategista desgraçado. Nesse momento, El Matador estava nocauteado no chão e ele não estava nem se importando com o seu lutador. Gordon estava preocupado em aparecer na foto que sairia nos jornais no dia seguinte. Na verdade, ele já estava querendo se aproximar de mim, pois Gordon sempre foi um cara inteligente, frio e calculista.

— Que história!

— Tem razão, Budd, amanhã eu conto o resto, pois agora é hora de descansar. Se quiser, pode abrir a geladeira e comer alguma coisa, eu não estou com fome e vou dormir um pouco. Estou muito cansado.

— Onde eu vou dormir?

— Puxa o colchão que está embaixo da minha cama e descansa o esqueleto aí, rapaz!

Budd acha aquilo engraçado e os dois caem na gargalhada. Em poucos minutos, Andy cai num sono profundo e Budd acaba perdendo o sono.

Em silêncio, ele se levanta do colchão, vai até a parede onde o cinturão de campeão está pendurado e passa a mão suavemente nas letras douradas, demonstrando admiração.

Budd está realmente envolvido com a história. Ele quer tirar o cinturão da parede, mas está alto demais e parece muito pesado para ele carregar. Resolve, então, não mexer no tesouro de Andy.

Inquieto, o garoto prefere deixar Andy dormindo tranquilamente e vai até os fundos do celeiro para ver o *speedbag* que Andy guarda de recordação da época da academia do Lord Cochrane.

Para não fazer barulho, ele apenas passa as mãos no couro velho do *speedbag*, tentando talvez sentir a energia daquela época maravilhosa que infelizmente já não existe mais, a era de ouro do boxe americano.

Capítulo 13
Os demônios ocultos

É preciso que nossos demônios sejam despertados e vencidos.

No dia seguinte, Andy acorda por volta das sete horas da manhã, como de costume.

Budd, pelo contrário, ficou se revirando no colchão e só conseguiu dormir depois das duas horas da madrugada.

Como sempre, Andy não come nada ao acordar, a primeira coisa que faz é ir ao banheiro e, em seguida, abrir a porta do celeiro para dar uma olhada no dia que se iniciará.

Mas, nessa manhã, algo estranho parece pairar no ar, pois algo desconcertante incomodou Andy a noite toda. Durante a madrugada, ele sentiu que estava sendo açoitado por algum tipo de entidade espiritual, mas era estranho, pois não eram espíritos de pessoas, como suas tias costumavam contar na fazenda de algodão do Alabama, quando Andy era criança. Era algo bem diferente, mas tão assustador quanto.

Ele sentiu algo sobre seu peito, como se um tipo de animal pisasse com as patas sobre seu corpo, impedindo--o de respirar, como se quisesse sufocá-lo e matá-lo.

Contudo, mesmo dormindo, ele sabia o que estava acontecendo, não era um sonho e ele estava completamente lúcido. O terror era indescritível, pois Andy sabia que aquilo não era um pesadelo. Por mais que tentasse, não conseguia abrir os olhos, era uma sensação horrível de letargia e impotência que o dominava enquanto o tal animal pisava seu peito, o que o deixou apavorado.

Parecia uma espécie de cachorro, no entanto Andy só sentia duas patas sobre seu peito e, não, quatro. Além disso, o suposto cachorro tinha um cheiro estranho e colocava o focinho em seu rosto, como se fosse um coiote faminto, querendo encontrar algo para comer.

Seriam os devaneios causados pela demência pugilística ou Andy estava realmente ficando louco?

Nada daquilo parecia fazer sentido, pois, se estivesse mesmo ficando louco, certamente não sentiria tanta lucidez e consciência ao conversar com Budd.

Mas as coisas parecem piorar. Assim que ele acorda e vai até o banheiro para lavar o rosto na água gelada, ao ver seu rosto refletido no espelho, Andy se assusta e fica parado durante quase cinco minutos, sem conseguir reconhecer a sua própria imagem, é como se ele estivesse desconectado de si mesmo, do seu próprio corpo, uma sensação horrível que o deixa completamente apavorado.

Sendo assim, em vez de sair do banheiro e ir até o jardim, como costuma fazer todas as manhãs, ele se senta na velha poltrona de couro e respira um pouco, esperando aquela sensação horrível ir embora.

Sentado na poltrona e com o coração palpitando além do normal, ele olha para o pequeno Budd, que continua dormindo no chão, e se assusta, pois também não reconhece o garoto e muito menos o celeiro. É como se ele estivesse dentro de um lugar completamente desconhecido.

Andy tenta chamar o garoto para pedir ajuda, mas as palavras não saem da sua boca, pois a letargia e a impotência que o dominou durante a noite parecem ainda fazer efeito. É como se a consciência dele fosse raptada durante a madrugada e tentasse, a todo custo, retornar ao corpo. Ele sente o corpo, as mãos e os pés, mas não sabe quem ele é, quem foi e muito menos o que está fazendo naquele celeiro escuro e bagunçado.

Andy fica sentado na poltrona com o olhar perdido e desconexo durante aproximadamente dez minutos. De repente, quando fixa os olhos no cinturão de ouro pregado na parede bem na sua frente, sua consciência parece receber uma faísca de lucidez e começa a retornar lentamente. O cinturão é sem dúvida o gatilho que o trará de volta à realidade.

Sua vontade é de gritar, mas infelizmente não consegue. A única coisa que pode fazer neste momento é respirar pausadamente e esperar que sua consciência retorne.

Aos poucos, Andy vai retomando a consciência e, aproximadamente quinze minutos depois, ele já está novamente reconectado à realidade.

Ainda assustado, ele se levanta da poltrona, abre a porta do celeiro e senta embaixo do ipê amarelo, como costuma fazer logo nas primeiras horas da manhã.

Respira fundo e, de repente, começa a escutar novamente a mesma música que tocava nas semanas passadas, uma linda composição de Tchaikovsky. Acha estranho, mas não se importa, continua sentado embaixo do ipê, lembrando-se da terrível noite quando sentiu aquele bicho esquisito pisando sobre seu peito.

Por volta das nove horas da manhã, Budd acorda e percebe que Andy não está mais deitado na cama. Nem ao menos lava o rosto. Sai do celeiro para encontrá-lo no jardim.

— Andy? Você está aí? Por que está com esse semblante estranho?

— Bom dia, Budd. Infelizmente não estou me sentindo muito bem hoje, tive uma noite terrível e assustadora. Acho que falei demais ontem à noite, contando as histórias do meu passado, e acabei atraindo alguns demônios que teimam em atormentar minha mente.

— Demônios? Que demônios?

— Eu não sei. Não quero nem me lembrar, de tão horrível! Diga-me: por acaso você sentiu alguma coisa estranha essa noite, Budd? Algum sonho? Alguma sensação diferente? Algum tipo de bicho pisando seu corpo?

— Não, senhor. Demorei um pouco para pegar no sono, mas dormi muito bem. Aliás, nunca dormi tão bem na minha vida.

— Então, aconteceu somente comigo. Acho que estou enfrentando meus próprios demônios, e ficando velho.

— Você está muito abatido, Andy! Quer que eu vá embora e deixe você sozinho?

— Não! Não faça isso, Budd! Fique, por favor, pois não quero ficar sozinho aqui. Na verdade, estou morrendo de medo de passar mais uma noite terrível como essa.

— Se quiser, eu posso dormir aqui outra vez.

— Isso não me parece uma boa ideia. Eu preciso superar isso, Budd.

— Então ficarei aqui para escutar o resto da sua história. Tudo bem?

— História? Que história?

— A história da sua vida. As lutas, as fotografias. Esqueceu?

Andy olha alguns segundos para o gramado molhado pelo orvalho da manhã, em seguida, levanta a cabeça e responde:

— Claro que sim. Desculpe, eu estava tentando me lembrar.

— Sem problemas, Andy.

— Por acaso eu já lhe contei sobre a morte do El Matador?

— O senhor só me contou sobre a visão que teve dele entrando no ringue. Somente isso.

— Tem certeza que eu não lhe contei sobre a morte dele? A morte verdadeira?

— Não, senhor. Ele morreu de verdade? Quando?

— Sim, ele morreu. Pensei que tinha lhe contado sobre o que aconteceu no fatídico ano de 1964.

— O senhor deve estar confuso, Andy, pois não me contou nada sobre isso.

— Que estranho! Eu sonhei a noite toda com essa história. Depois o pesadelo se foi e aquele bicho esquisito começou a pisar meu peito. Oh! Meu Deus! Acho que estou ficando maluco.

— Não está, não. O senhor só teve um pesadelo, não se preocupe.

Budd parece saber o que diz. Na verdade, parece saber exatamente o que aconteceu com Andy durante a madrugada, por isso não demonstra medo algum. Parece que aquele tipo de fenômeno é comum para ele, como se fosse algo normal e corriqueiro.

Será que Budd tem dons mediúnicos e poderes especiais? Talvez, sim, talvez, não. Mas uma coisa é certa: não é por acaso que ele conversa com Andy nesse momento.

Budd vai até o celeiro, pega o embrulho das fotos, volta ao jardim e senta ao lado de Andy.

Com a voz calma e serena de sempre, ele diz:

— Andy, se não se importar, gostaria que contasse o que aconteceu com El Matador.

Andy olha para Budd meio desnorteado:

— Sim, claro que eu conto a história, mas agora estou me lembrando de outra coisa que aconteceu essa noite.

— O que aconteceu?

— Enquanto eu sonhava, se posso chamar aquilo de sonho, porque para mim não era um simples sonho; eu vi surgir a imagem do pastor David, que me disse: "Meu querido Andy, não se preocupe com nada nem com ninguém. Viver é realmente perturbador, mas você precisa seguir em frente. Para isso, é preciso despertar seus demônios e vencê-los".

— Você lembra como o pastor David se apresentou no sonho?

— Sim, ele estava vestido com a mesma batina branca com detalhes azul que costumava usar durante as missas, só que estava um pouco mais jovem que o normal. Aparentava ter aproximadamente trinta anos de idade.

— Então, não precisa se preocupar, Andy, se você sonhou com o pastor David, significa que está em boas mãos.

— Tem toda razão, ele era realmente uma pessoa iluminada.

— E, então? Vai me contar o resto da história ou não?

— Sim, mas antes quero beber um pouco de água direto da mangueira. Que tal?

— Eu também quero, Andy, estou morrendo de sede.

Enquanto os dois bebem a água pura da mangueira, Andy olha para a casa dos Kleins e vê a senhora Suzanne e o senhor William saindo de carro para trabalhar, como costumam fazer todos os sábados de manhã.

Indignado, Andy diz:

— Olha lá, Budd, está vendo como eles continuam me ignorando, sequer olham para trás para me cumprimentar. Eu não sei o que fiz para eles, não sei mesmo. Mas, de uma coisa eu sei, um dia eles vão gostar tanto de mim que vão querer ficar o tempo todo ao meu lado.

Talvez isso só aconteça quando eles compreenderem a imensa gratidão que sinto por eles.

— Não se preocupe com os Kleins agora, Andy, eles devem ter suas razões para não vir até aqui conversar com o senhor. Deixe as preocupações de lado e me conte tudo. Quero saber tudo o que aconteceu.

— Vamos sentar embaixo da árvore, pois preciso encontrar uma foto que guardo com muito carinho.

— A foto do El Matador?

Andy senta no banco e Budd senta ao seu lado, colocando a mão sobre seu ombro direito para se apoiar. No entanto, Budd não faz aquilo somente para se apoiar, na verdade, ele tem outras intenções.

Andy responde rapidamente:

— Antes de contar sobre o que aconteceu com o El Matador, vou lhe contar o que fiz logo que ganhei aquele dinheirão todo com Lord Cochrane.

— Agora estou gostando de ver. O senhor está começando a se lembrar de onde parou, não é?

— Que estranho, Budd! Assim que você se sentou ao meu lado e apoiou sua mão sobre meu ombro, comecei a me sentir melhor. De repente, uma sensação de paz invadiu minha mente, e meu peito, que estava dolorido, de repente, parou de doer.

— Que bom, Andy!

— Você tem algo diferente, mas ainda não sei o que é, Budd.

— O senhor tem razão, eu sou um menino diferente, mas não vamos falar de mim agora. Vamos falar do senhor. Até porque eu sou apenas uma criança de oito anos e não tenho muita coisa para contar, não é?

— Tem razão, meu filho. Você tem toda razão.

— Você disse filho, senhor Andy?

Andy olhou no fundo dos olhos do garoto e respondeu sorrindo:

— Sim, eu disse filho, mas foi somente uma força de expressão, só isso.

Budd fica nitidamente emocionado ao escutar Andy chamá-lo de "filho". Mesmo que seja apenas uma força de expressão, ele se sente acolhido, pois sente muita falta da presença de um pai ao seu lado. Algo que certamente ele nunca conheceu na vida. As únicas pessoas que Budd tem são a Mãe Azizah e seus irmãos.

Mas quem é Mãe Azizah? Andy também quer muito saber, mas não tem coragem de perguntar.

Capítulo 14
Banjos Music Bar

— Tem mais alguma foto interessante para me mostrar?

— Sim, veja essa foto, Budd.

— Que linda mulher? Quem é?

— Quem você acha?

— É ela? Eleonora?

— Sim, minha Eleonora Victorine. Aqui ela está com vinte e três anos de idade. A foto foi tirada num estúdio fotográfico em Memphis na primavera de 1962. Um mês após eu vencer a luta histórica contra El Matador.

— Ela é muito bonita!

— Sabe qual é o significado do nome Eleonora Victorine?

— Nem imagino. Qual?

— O nome é de origem francesa: "Eleonora" significa mulher iluminada por muita luz. E "Victorine" significa a vitoriosa.

— É verdade?

— Se é verdade, eu não sei, foi o fotógrafo que disse isso quando tirou a foto. Eleonora era descendente de franceses e gostava muito de astrologia. Ela também pesquisava muito sobre a Nova Era, a Era de Aquário, e muitas outras coisas que começaram a surgir no início dos anos sessenta. Para mim, tudo isso era uma grande besteira, que os jovens daquela época gostavam.

— Você não gostava desse tipo de coisa?

— Claro que não! Quem gostava desse tipo de coisa era o pessoal que se drogava, eu nunca gostei de esoterismo e misticismo. Eu gostava mesmo era de dinheiro e *glamour*, isso, sim! Meu negócio não era ficar pregando a paz e o amor, o que eu queria mesmo era aproveitar a vida e gastar meu rico e suado dinheiro. E, se possível, gastar junto com minha amada Vick.

— Então, vocês se reencontraram quando ficaram adultos?

— Claro que sim, se esqueceu de que eu fiz uma promessa para ela?

— Que promessa?

— Prometi que quando ficasse rico, voltaria para buscá-la.

— Você voltou para o Alabama atrás dela? Para a igreja do pastor David?

— Sim, a primeira coisa que fiz após vencer a grande luta e receber uma boa grana: fui até uma concessionária de automóveis em Memphis e comprei um Cadillac bordô novinho em folha, igual ao que o Lord Cochrane tinha, porém mais novo que o dele, ano 1962 e modelo 1963. Era o carro mais bonito da cidade, todos olhavam pra mim quando eu passava no centro de Memphis, buzinando e acenando. Era meu sonho se tornando realidade, Budd, em menos de uma semana, eu me tornei um cara famoso e, por onde passava com meu carro, escutava os gritos das pessoas correndo atrás de mim para pedir autógrafos. Faziam fila na frente da academia para conseguirem uma foto comigo. Logicamente a maioria era garotas, e que garotas! Uma mais linda que a outra. Eu me sentia um verdadeiro rei.

— Sério?

— Sim, mas posso lhe afirmar uma coisa, a mulher da minha vida era somente uma e ela se chamava Eleonora. Eu sempre pensei nela, mesmo tendo qualquer mulher ao meu alcance, ela não saía da minha cabeça. Eleonora era a única mulher que estava sempre em meus pensamentos, a mulher com quem desejava viver pelo resto da minha existência. Meu irmão tinha ciúme dela e dizia que eu era um garoto bobo e romântico, mas eu não me importava com as coisas que ele dizia. O que eu queria mesmo era pegar meu carro e voltar para a cidade de Florence para rever a minha amada Eleonora.

— Você devia amar muito ela, não é?

— Na verdade, eu ainda a amo, mas infelizmente não sei onde ela está.

— Tem vontade de reencontrá-la, um dia?

Andy coça a cabeça e seus olhos ficam marejados de emoção.

— A pergunta não é essa, pequeno Budd. A questão não é saber se eu tenho vontade de reencontrá-la, o problema é ter coragem de ficar frente a frente com ela outra vez.

— Coragem? Por que coragem? Vocês não se amavam?

Andy olha para cima e percebe que as nuvens estão encobrindo o céu. Certamente a chuva chegará antes do início da tarde.

Ele coloca sua mão calejada sobre o joelho do garoto e responde, com tristeza no olhar:

— Sim, Budd, nós nos amávamos muito, acho que não existiu um casal mais apaixonado em todo o sul dos Estados Unidos na década de 1960, mas infelizmente a vida nem sempre é como a gente imagina. Acontecem percalços pelo meio do caminho que mudam completamente o rumo das coisas.

— O que aconteceu com Eleonora?

— Vai entender o que aconteceu com ela até o final deste dia estranho e chuvoso.

— Se o senhor quiser, pode continuar.

— Bem, duas semanas depois da luta e com aquela máquina possante em minhas mãos, o Cadillac 1963, eu não poderia deixar de cumprir a promessa que fiz a Eleonora. Acordei cedo, numa manhã ensolarada de domingo, arrumei uma mochila com algumas roupas e, sem dizer nada para ninguém, nem mesmo ao meu irmão, segui direto para o sul, rumo a Florence, numa viagem solitária. No entanto, no meio do caminho, já no estado do Alabama, quando percebi que estava chegando perto de Littleville, próximo à entrada do vilarejo onde morava quando criança, encostei o Cadillac na beira da estrada e fiquei olhando para a rua que me levaria até a velha casa onde nasci, na fazenda do meu pai. Fiquei no acostamento parado por quase dez minutos, pois algo dizia para eu me redimir e entrar por aquela rua para rever meu pai. Quem sabe poderia falar com ele, não é?

— Você entrou?

— Não, algo mais forte não me deixou fazer aquilo, dizendo que ele não merecia ver seu filho vencendo na vida e dirigindo um lindo carro que custava mais de dez mil dólares.

— Você não teve coragem de rever seu pai?

— Não. Naquele momento eu acelerei o máximo que pude e saí cantando os pneus como se fosse um maluco, até chegar à ponte O´Neal, onde eu e Allie ficamos escondidos no dia da nossa fuga. Sinceramente, eu não senti remorso algum por não ter ido até a casa do meu pai. Na verdade, eu nunca o considerei um pai de verdade. Por que diabos eu tinha que me redimir e ir ao seu encontro? Eu podia muito bem continuar a vida sem ele, sem dúvida, ele não fazia falta alguma. Sabe, Budd, eu posso ser um cara orgulhoso, mas não sou um idiota. A missão, o objetivo da viagem não era rever meu pai, meu objetivo era atravessar a ponte de aço O`Neal sobre o rio Tennessee e buscar minha amada Eleonora, só isso.

— Foi isso que você fez?

— Sim, sem hesitar eu acelerei meu Cadillac e segui adiante. Dei uma breve parada na ponte para beber um pouco de água do rio Tennessee e relembrar os velhos tempos de infância, e segui em frente. Minutos depois eu estava andando com meu carrão pelas ruas centrais de Florence.

— E aí?

— Passei em frente ao bar onde eu e Allie fomos resgatados pelo pastor David, mas era meio-dia de domingo e estava tudo fechado. A fachada do bar estava diferente, havia um letreiro luminoso em cima da porta da entrada escrito *Banjos Music Bar*. Não me importei e segui à procura do caminho que me levaria até a igreja do pastor David. Rodei durante quase meia hora e não consegui encontrar nada, afinal, já fazia mais de dez anos que não voltava àquele lugar. De repente, vi um senhor caminhando com um cachorro pela rua e decidi parar para pedir informação. Eu disse: "Como faço para chegar à igreja do pastor David?". Ele respondeu que era só seguir dois quilômetros adiante até chegar a uma encruzilhada, depois virar à direita numa estrada de terra secundária e andar mais oitocentos metros. Eu agradeci aquele senhor simpático e atencioso e segui adiante. Assim que cheguei a tal encruzilhada, tudo ficou claro como o Sol, pois comecei a me lembrar do local onde havia passado bons momentos da minha infância. Continuei andando e logo avistei a igreja.

Naquele momento, minhas pernas começaram a tremer só de pensar que estava prestes a ver minha querida Eleonora outra vez.

— O que você fez? Buzinou?

— Claro que não! Eu desci do carro e bati à porta da igreja, esperando que o pastor David abrisse a porta e me recebesse.

— Quem atendeu à porta?

— Demorou um pouco para alguém atender, mas, logo, a maçaneta começou a se mexer e a porta se abriu. Adivinha quem era?

— Quem?

— O próprio pastor David parado bem ali, na minha frente, sorrindo e me olhando no fundo dos olhos. Parecia que ele sabia que eu voltaria ali um dia.

— Você ficou feliz em revê-lo?

— Não muito.

— Por quê?

— Porque ele estava sentado numa cadeira de rodas e seu rosto estava magro e envelhecido. Ele estava muito doente, muito doente mesmo. Devia estar com apenas cinquenta anos de idade, naquela época, mas aparentava ter oitenta, de tão doente.

— Ele reconheceu você?

— Claro que sim, e ficou muito feliz em me ver outra vez. Dei um abraço forte nele e trocamos algumas palavras. Eu disse a ele que estava muito feliz, vivendo ao lado do Lord Cochrane e do meu irmão. Ele sorriu e disse com dificuldade que Frank Cochrane sempre foi um garoto arrojado e tinha tudo para se tornar um grande homem na vida.

— O nome verdadeiro do Lord era Frank?

— Acho que sim, pelo menos foi o que o pastor disse. Ele ficou muito feliz em saber que tinha nos ajudado a encontrar um rumo para nossas vidas, mas infelizmente a nossa breve conversa foi interrompida repentinamente por uma mulher que se aproximou, esbravejando, querendo saber quem eu era. Eu disse que era um amigo do pastor David e ela não quis saber de conversa, foi logo fechando a porta e dizendo que o pastor David não podia conversar com ninguém, pois tinha uma doença degenerativa grave, que nenhum médico conseguia diagnosticar. Ela disse que era melhor ele ficar confinado em seu quarto, pois os médicos tinham dado apenas três meses de vida para ele. Juro que eu fiquei assustado com tudo aquilo e nem tive coragem de perguntar sobre o paradeiro da minha querida Eleonora, pois aquela mulher mal-humorada começou a puxar a cadeira de rodas para trás e o pastor se despediu de mim por um simples e singelo sorriso. Fiquei com muito dó dele. Eu bem que tentei falar mais alguma coisa, mas a mulher não deu a mínima importância e bateu a pesada porta da igreja na minha cara. Não pude fazer nada e fiquei ali parado, como se fosse um bobo no meio da rua de terra batida em frente à igreja. A única coisa que poderia fazer naquele momento era esperar que alguém voltasse para me dar alguma atenção. Quem sabe a própria Eleonora abriria a porta? Esperei por vinte minutos e nada. Então resolvi bater outra vez à porta. Bati uma, bati duas, bati três vezes e nada, ninguém atendeu e continuei ali parado durante quase uma hora, esperando, afinal, não tinha para onde ir.

— E o que você fez, Andy? O que aconteceu?

— A sorte parecia estar ao meu lado naquele dia. Quando eu desisti de esperar e liguei o carro para ir embora, ouvi a voz de uma moça me chamando:

— "Hei! Hei! Moço! É você que está procurando a Vick?". Eu sorri para aquela linda moça aparentando ter aproximadamente vinte e cinco anos de idade e disse que sim, que estava procurando a Vick.

Não titubeei e perguntei: “Ela está aí?”. A moça respondeu: “Infelizmente, a Vick não mora mais aqui, moço. Ela mora no centro da cidade há mais de quatro anos”. Minhas pernas, de repente, ficaram bambas. Meu medo era que ela dissesse o que eu não queria ouvir: que Vick tinha se casado e já tinha marido e filhos. Mas eu não podia temer a verdade, tinha que perguntar. Mesmo que a resposta fosse devastadora, não podia ficar com a dúvida em minha cabeça. Foi o que fiz, tomei coragem e perguntei: “Moça. Por favor. Por acaso você saberia me dizer se a Eleonora se casou com alguém?”. A moça riu envergonhada, colocou a mão na boca e respondeu: “Não, moço, ela não se casou com ninguém até hoje. Ela disse que só se casaria quando encontrasse o homem da sua vida”. Respirei aliviado, e tentei pescar mais alguma coisa daquela moça tímida. “Por acaso você é amiga da Vick?”. “Sou, sim, mas não a vejo há algum tempo. Ela trabalha demais e só vem aqui uma vez por mês, para visitar o pastor David. Quando ela vem aqui é uma festa!”. Eu me aproximei da moça um pouco mais e disse: “Posso lhe fazer mais uma pergunta antes de partir?”. “Pode sim, moço. O que o senhor gostaria de saber?”. “Onde Eleonora está trabalhando? Eu gostaria muito de revê-la, pois somos amigos de infância. Poderia me dizer?”. “Infelizmente eu não posso dizer onde ela mora, desculpe, não posso falar esse tipo de coisa para estranhos. Eu teria que pedir autorização para o pastor David, pois ele é como um pai para nós”. “Eu sei como ele é. Poderia me fazer um grande favor?”. “O que, moço?”. “Vá lá dentro e fale com o pastor David, diga a ele que Andy Aaron Ray gostaria muito de falar com a Eleonora. Ele vai autorizar, tenho certeza”. “Espere um minuto, moço. Vou tentar falar com o pastor e já volto. O senhor não se incomoda de esperar mais um pouco?”. “Para quem já esperou onze anos, o que são apenas alguns minutos, não é?", eu respondi, sorrindo ironicamente. Eu esperei cerca de cinco minutos e a moça retornou: "Moço, o pastor autorizou dizer onde a Eleonora trabalha". "Que bom! Eu sabia que ele autorizaria. Onde posso encontrá-la?". "Ela trabalha como garçonete no centro da cidade, num bar chamado *Banjos Music Bar*. Mas o bar só abre a partir das nove horas da noite, é um salão de dança de música caipira. O senhor sabe chegar ao centro da cidade?". "Claro que sim. O tal bar fica ao lado da praça central, não é?". "Isso mesmo". Eu havia passado em frente a esse bar assim que cheguei à cidade. "Você poderá encontrar a Vick lá a partir das nove horas da noite". "Muito obrigado. Agradeça ao pastor David por mim e diga que desejo muita saúde para ele". "Eu direi". Virei de costas, mas, enquanto entrava no carro, a moça me chamou outra vez: "Moço, eu me esqueci de dizer uma coisa muito importante". "O quê?". "O pastor David pediu para lhe dizer algo. Na verdade, ele escreveu uma mensagem e me pediu para ler ao senhor". "Uma mensagem?". "Um bilhete". Eu me aproximei novamente da moça e disse: "Leia, por favor". "Está escrito assim: Amigos verdadeiros são como estrelas que brilham no céu. Às vezes, ficamos anos sem vê-las, mas temos certeza que sempre estarão lá, nos esperando em algum lugar. Que Deus proteja e ilumine a sua vida. Assinado: Pastor David Pine". Não sei o que aconteceu comigo naquele momento, mas aquela mensagem mexeu muito comigo. Foi tão forte que não contive a emoção e resolvi sentar numa pedra que havia em frente à igreja e comecei a chorar como uma criança. Aquele homem era demais, ele emanava uma luz de amor e compaixão. Aquelas breves palavras me tocaram a alma. Eu era capaz de suportar quinze *rounds* de uma luta de boxe, mas aquelas palavras foram mais fortes do que mil socos, elas realmente conseguiram me nocautear, e chorei muito naquela tarde, pois sabia que o pastor, em breve, não estaria mais neste mundo. Ele sabia que estava prestes a morrer.

Nesse momento, enquanto conta a breve passagem para o pequeno Budd, Andy se emociona outra vez ao relembrar as cenas do passado. Mas, dessa vez, Budd também se emociona e começa a chorar.

Andy não compreende direito o que está acontecendo e pergunta:

— O que foi, Budd? Por que está chorando?

— Não sei, Andy, de repente, enquanto você descrevia a mensagem do pastor David eu senti a energia dele no meu lado direito, emanando uma energia de puro amor, não sei explicar o que é. Estou chorando, mas não é de tristeza, é de felicidade.

— Você disse que sentiu que o pastor David está ao seu lado?

— Exatamente.

— Pode vê-lo? É isso que está dizendo, Budd?

— Não posso vê-lo, posso apenas senti-lo.

— Eu sabia que tinha algo muito estranho com você. Eu sempre soube, desde o dia em que colocou a mão dentro do formigueiro de saúvas.

Budd sente novamente a presença e diz:

— Andy, o pastor David está aqui.

— Você sabe o que aconteceu com o pastor, Budd?

— Sim, ele morreu dois meses depois daquele breve encontro que vocês tiveram. Aquele foi o último encontro que tiveram.

— Como sabe disso?

— Ele está me falando isso agora.

— Você está dizendo que tem o poder de conversar com os mortos?

— Mais ou menos isso, Andy.

— Como assim? Isso não é possível!

— Desculpe, mas eu não gosto muito de falar sobre isso, se não se importa.

— Você é um menino muito estranho! Eu sabia que tinha algo de estranho com você!

— Eu não sou um menino estranho, sou um menino diferente. Existe uma grande diferença entre ser estranho e ser diferente. O que eu posso fazer se sou assim? Não se preocupe, Andy, essas sensações que eu tenho costumam passar logo. Continue a história, por favor.

— Você não tem medo dessas coisas, Budd?

— Do quê? Dos mortos?

— Sim, dos mortos.

— Não, senhor, eu tenho medo é dos vivos e não dos mortos.

— O que mais o pastor David está dizendo a você?

— Ele está muito feliz em saber que eu estou aqui, conversando com você neste momento.

— Estou preocupado com minha saúde, veja se ele pode me dar alguma ajuda. Eu não acredito muito nessas coisas, mas, já que está dizendo que o pastor David está aí, não custa perguntar, não é?

— Ele está dizendo que você vai ficar bem e já está em processo de cura.

— Tem certeza que ele disse isso?

— Sim.

— Mais alguma coisa?

— Está dizendo também que você é um homem muito perseverante e não costuma desistir fácil das coisas. Está dizendo que gosta muito de você, mas precisa ir embora.

Andy fica feliz em saber que sua saúde está boa, mas, ao mesmo tempo, fica muito assustado ao saber que Budd tem aquela estranha capacidade de conversar com pessoas mortas.

— Já que não quer falar sobre seu estranho dom, vamos continuar a história, Budd.

— Melhor assim, Andy. Continue, por favor.

— Onde eu estava mesmo?

— Você parou na parte quando a moça tímida lhe contou onde Eleonora trabalhava.

— Ah, sim! Depois disso eu me despedi da moça, agradeci sua atenção e segui até o centro da cidade para almoçar. Depois fui até à beira do Rio Tennessee para ver o pôr do sol e esperar o tal *Banjos Music Bar* abrir, para me encontrar com a Vick. Sem dúvida, aquele foi um dos dias mais demorados da minha vida, pois nunca fiquei tão ansioso. Nem mesmo quando estava no camarim, esperando para lutar contra El Matador, fiquei tão nervoso quanto aquele dia.

— Por quê?

— Oras! Eu estava prestes a reencontrar Eleonora, a paixão da minha vida. O amor estava vibrando dentro das minhas entranhas, Budd.

— Entendo.

— Esperei o Sol se pôr e a noite logo chegou. Por volta das nove horas, entrei no Cadillac e fui até o *Banjos Music Bar*. No entanto, quando cheguei ao centro da cidade, havia um trânsito fenomenal travando as ruas, tudo por causa de um show que aconteceria naquela noite no *Banjos Bar*. Na verdade, ali não era mais uma simples lanchonete como antigamente. Aquilo tudo havia se transformado numa imensa casa de shows, uma das maiores do sul do país. E exatamente naquele domingo, estaria se apresentando ninguém mais ninguém menos que a maior dupla de *bluegrass* de todos os tempos, Eddie White & Mary Fitzgerald, um casal que fez muito sucesso nas décadas de cinquenta e sessenta.

— Quem são eles?

— Eddie & Mary já morreram. Você já ouviu falar deles, Budd?

— Não, senhor.

— Eu imaginei. Você é muito novinho.

— Quem eram?

— Eddie tocava banjo e também cantava. Mary tocava violino e, às vezes, também cantava. Eram demais! Eddie tinha aproximadamente sessenta e cinco anos de idade, barba comprida, usava suspensório, chapéu, camisa branca, calça cinza escura e botas de couro de crocodilo. Falava rápido e arrastado, tão rápido quanto seus dedos, que dedilhavam as cordas do banjo de seis cordas. Mary, por sua vez, se apresentava sempre com vestido branco e estava sempre descalça. Além de ser uma artista extraordinária, era muito engraçada no palco. São coisas que, hoje em dia, não existem mais. Aquele casal fazia um show completo, eles realmente sabiam alegrar o povo, com certeza, sabiam. Não existia uma pessoa sequer dentro do salão que aguentava ficar sentada, sem dançar ou acompanhar as músicas durante o show, e rir com as piadas que Mary contava nos intervalos das músicas.

— Era um show musical?

— Sim, além de ser um show de música regional, era também um show de humor.

— Que legal!

— Eu era fã deles. Por isso não acreditei quando vi aquela gente toda se amontoando em frente à bilheteria para assistir ao show. Ao mesmo tempo em que fiquei feliz ao saber que veria Eddie & Mary, fiquei preocupado, pois como faria para encontrar Vick no meio daquela gente toda? Não tinha escolha, a única coisa a fazer era encontrar um lugar para estacionar meu Cadillac, enfrentar aquela fila imensa e entrar no salão. Como era meu dia de sorte, resolvi arriscar e entrei.

— O que aconteceu lá dentro, Andy?

— Na primeira hora fiquei muito desanimado, pois andei por todos os cantos do salão e nada de encontrá-la. O show começou e tentei me distrair um pouco, escutando as lindas composições do Eddie White. Principalmente aquela que dizia sobre um amor perdido e a solidão de um homem que sofria pela perda da mulher amada. As músicas caipiras e o *bluegrass* daquela época tinham sempre o mesmo enredo, os lamentos do povo do Alabama e a dor da perda da mulher amada. Mas tudo isso feito com muita qualidade musical e humor, é claro.

— O que é um *bluegrass*, Andy?

— *Bluegrass* é uma forma musical desenvolvida a partir da música tradicional da região dos Apalaches, quando os ingleses chegaram, trazendo as tradições musicais das suas pátrias. Depois, os músicos negros introduziram características do *blues* e os brancos introduziram o *folk* e o banjo icônico. Assim, em 1948, nasceu o som conhecido como *bluegrass*. A dança tem um estilo rural e ficou conhecida como *buck dancing* e *flat footing*. Em resumo, o *bluegrass* é música caipira e toca até os dias de hoje em festivais, em muitos estados do sul dos Estados Unidos.

— Que interessante!

— Você gosta de música caipira?

— Eu adoro esse tipo de música.

— Que bom! Então você é dos meus, Budd — Andy responde, sorrindo.

Capítulo 15
O maluco do Eddie

O que realiza é a confiança, a fé verdadeira.

— O show não podia estar melhor. Por volta das onze horas da noite, Eddie & Mary estavam pegando fogo ao sentirem o entusiasmo do público. Era incrível ver aquela gente toda dançando, bebendo e se divertindo. Era muito divertido, mesmo! Eu estava adorando ficar a menos de trinta metros dos meus grandes ídolos de infância. Mas, logicamente, poderia ser melhor, se estivesse ao lado da minha querida Vick. Procurei-a por todos os cantos, mas nada de encontrá-la. Resolvi perguntar para uma garçonete que atendia alguns clientes e ela me respondeu que não conhecia ninguém com aquele nome. Achei estranho, mas continuei procurando.

— Você não a encontrou?

— Não, a única coisa a fazer era seguir até o balcão do bar e pedir uma dose de gim com tônica para descontrair um pouco, pois a ansiedade estava me matando.

— E aí? O que aconteceu?

— Bem, foi aí que a festa começou a ficar boa, pois, como disse, aquele dia era meu dia de sorte. Encostei-me ao balcão do bar e um rapaz se aproximou para me atender. Eu disse: "Por favor, eu quero uma dose de gim com tônica. Capricha na dose, estou precisando beber alguma coisa bem forte". Ele abriu uma das garrafas de gim que estavam na prateleira e preparou o drinque que pedi. Assim que olhou pra mim, ele disse: "São cinquenta centavos de dólar, senhor". Olhei para ele e, de repente, ele disse espantado: "Hei, cara! Eu não acredito que é você! 'Double A' é você mesmo? Cara, eu vi você na televisão, lutando contra aquele mexicano. Não acredito nisso! Não acredito que estou cara a cara com um campeão. Eu sou fã de boxe e torci muito por você, naquela noite, Andy". Tirei o dinheiro para pagar a bebida e ele exclamou: "Campeões não precisam pagar, é cortesia da casa. Oh, meu Deus! Não acredito que o punho de aço está na minha frente, bebendo uma dose de gim que eu mesmo preparei. Seja bem-vindo, irmão! Seja bem-vindo ao *Banjos Music Bar*. A casa é sua!". Naquele dia, eu percebi a importância de ter me transformando num campeão de boxe. Era estranho, mas eu tinha que me acostumar com aquilo. As pessoas logo perceberam a empolgação do barman e começaram a me cercar, querendo autógrafos. De um minuto para outro, eu, um simples caipira nascido no pequeno vilarejo de Littleville, estava sendo assediado por dezenas de garotas e alguns rapazes que adoravam o boxe. Eu tentei escapar do tumulto que se formou, mas não foi fácil. O mesmo barman que acabou provocando aquela confusão toda me tirou do meio do público e me levou até a cozinha. Todo descabelado, eu disse: "Que loucura é essa? Eu quase morri sufocado no meio daquela gente!". "Não é à toa, cara, você é um campeão e ficou muito famoso depois da grande luta. O que está pensando? Que sua vida seria a mesma de antes?". "Tem razão", eu respondi. "Eu poderia tirar uma foto com você?". "Claro que sim", eu respondi. "Mas qual é seu nome?". "Meu nome é Johnson e sou o responsável pela organização dos shows". "Muito prazer, Johnson".

"O prazer é todo meu. Posso fazer mais alguma coisa por você? É só dizer que eu faço", ele disse. Era minha grande oportunidade de perguntar sobre a Vick. Mas, de repente, a música voltou a tocar no palco e estávamos ao lado das caixas de som. Então, me aproximei e gritei em seu ouvido: "Estou procurando uma garota que trabalha aqui. O nome dela é Eleonora Victorine. Você a conhece?". "Não estou entendendo", ele respondeu. O som estava realmente alto. Insisti e gritei mais uma vez em seu ouvido: "Você conhece alguma moça chamada Vick?". Não sei se ele entendeu o que eu disse. Só sei que, de repente, ele segurou meu braço e me puxou até o fundo do palco, onde o som era mais alto ainda. Certamente não daria para conversarmos ali. Ele fez um sinal com as mãos para eu me sentar no sofá e esperar um pouco e, em seguida, voltou para o bar, gesticulando que voltaria em breve. Acho que ele decidiu buscar bebidas e algo para eu comer. Fiquei sozinho naquela sala esperando e ouvindo Eddie White cantar, era inacreditável, Eddie estava a menos de cinco metros de mim, a única coisa que nos separava era uma parede de compensado de madeira. Eu não podia vê-lo, apenas escutá-lo. De repente, Eddie White terminou uma das músicas mais famosas de todos os tempos e disse à plateia que precisava dar uma parada para tomar um gole de uísque, dentro de alguns minutos, voltaria para a segunda parte do show. Todos gritavam como loucos, dizendo para voltarem logo. Será que Eddie e Mary iam entrar naquela sala onde eu estava? Não podia ser verdade! Se aquilo acontecesse, seria um sonho realizado. Passaram-se alguns minutos e nada, a única coisa que consegui ouvir era o clamor do público gritando. De repente, alguém começa a mexer na maçaneta da porta do outro lado e a empurra. Era o barman, segurando uma garrafa de uísque numa mão e dois copos com gelo na outra.

Mas, antes de entrar na sala, ele olha para trás e diz: "Entre, senhor, o punho de aços está aqui, sentado no sofá, pode entrar". De repente, quem entra pela porta da sala? Ele mesmo: Eddie White, meu ídolo de infância. Ele estava bem ali, na minha frente, com seu estilo inconfundível de maluco caipira. Ele vem à minha direção e, com sua típica voz caipira e seu chapéu de pele de crocodilo, diz: "Hei, cara! Eu não acredito que você está aqui! Me dá um abraço forte aqui, irmão, pois assisti à luta inteira contra aquele doido do El Matador. Eu e Mary estávamos fazendo um show em Las Vegas naquele dia, e resolvi assistir à luta ao vivo. Eu sou seu fã número um, sabia?". Eu não conseguia dizer nada, de repente, minha voz sumiu, não conseguia acreditar naquilo. Eddie White estava me abraçando e dizendo que era meu fã. Mas que droga! Quem era fã dele era eu. Eddie White pegou a garrafa de uísque da mão do Johnson, colocou sobre a mesa e perguntou: "Você quer uma dose, Andy?". Eu não podia acreditar, ele sabia meu nome! Respondi que gostaria de beber uma dose de uísque e ele encheu meu copo com um dos melhores uísques de milho produzidos no sul dos Estados Unidos.

— Você bebeu com ele, Andy? — Budd indaga.

— Claro! Como eu poderia perder uma oportunidade daquelas? Ele se sentou numa poltrona na minha frente e sorriu por estar ali comigo. Johnson encheu os dois copos de uísque e disse: "Senhor Eddie White, eu não disse ao senhor que 'AA' estava aqui, assistindo ao seu show? O senhor não acreditou em mim, não é?". De repente, a porta se abriu novamente e uma mulher entrou na sala.

— Quem era? — o pequeno Budd pergunta.

— Mary Fitzgerald, a esposa do Eddie. Eddie disse: "Entre, querida, venha conhecer o maior lutador de todos os tempos. 'AA', o garoto de punhos de aço do Alabama".

Ela sorriu para mim e me deu um beijo no rosto. Era incrível! Eu estava frente a frente com os maiores ídolos da minha infância: Eddie, o maluco, e Mary, sua esposa. Naquele momento, me lembrei do meu irmão Allie.

— Por quê? — Budd pergunta.

— Tenho certeza que ele daria tudo para conversar um pouco com Eddie White & Mary Fitzgerald. Se eu era fã deles, certamente meu irmão era muito mais que um simples fã, ele era um completo fanático por Eddie. Ele adorava aquele casal. Ficamos ali, bebendo. Conversei um pouco com os dois, dei autógrafo para o Eddie e ele também me deu um autógrafo dele. Eu não sabia escrever, mas o Lord Cochrane me ensinou a fazer minha assinatura, pelo menos para dar autógrafos e agradar aos fãs.

— Incrível! É quase inacreditável o que o senhor está me contando — Budd diz.

— Se você acha mesmo inacreditável, veja com seus próprios olhos, eu tenho a foto que foi tirada nesse dia pelo barman. Ele me enviou essa foto pelos correios alguns meses depois. Estou sentado no sofá, vestindo uma camisa xadrez e segurando um copo de uísque. Eddie White é esse cabeludo ao meu lado, segurando seu banjo, e essa, de pernas cruzadas sentada ao seu lado, fumando um cigarro, é Mary Fitzgerald, sua esposa.

— Meu Deus! Eu não acreditaria nessa história se não tivesse me mostrando essa foto. Sinceramente, eu achei que estivesse mentindo, Andy, desculpe.

— Não precisa se desculpar, pois eu sei que é difícil acreditar em um velho andarilho como eu. Eu nunca mostrei essa foto a ninguém, nem mesmo ao meu irmão. Foi realmente uma noite inacreditável, aquela. Mas o incrível é que não parou por aí.

— Não parou? O que mais aconteceu?

— Nós bebemos duas doses de uísque cada um, e Eddie White disse: "Andy. Você se importaria de entrar no palco para eu apresentá-lo ao público e dizer que sou seu fã?". Eu quase engasguei quando Eddie disse aquilo, mas aceitei o convite. Ele respondeu: "Então, faça o seguinte: fique onde está. Eu vou tocar duas músicas e, antes de começar a terceira, anuncio a sua entrada. Você entra no palco, eu o apresento e, em seguida, lhe ofereço uma música. Tudo bem?". "Tudo bem", eu respondi. Mary foi até o palco e voltou dizendo que o público estava enlouquecido, pedindo a volta do show. Eddie pediu licença, se levantou e voltou rapidamente para o palco. Desesperado, eu segurei no braço do barman Johnson e disse: "Hei, cara! Não vai embora daqui sem antes me trazer mais uma dose de uísque, pois estou muito nervoso. Deixa essa garrafa de uísque aqui comigo. Tudo bem?". "Claro, Andy, pode beber quanto quiser. Quer que eu traga mais alguma coisa?". "Não, acho que é só isso, Johnson. Muito obrigado". Johnson colocou a garrafa de uísque sobre a mesa, pediu licença e saiu correndo para atender os clientes do balcão. Eu precisava perguntar a ele sobre a Vick, mas foi tudo tão rápido que acabei ficando sozinho naquela sala de espera, completamente perdido, à espera do chamado de Eddie White. A única coisa que eu poderia fazer era beber mais uma dose de uísque e relaxar. O problema é que acabei tomando não apenas uma dose, mas, sim, quatro doses somadas às doses que tomei junto com Eddie e sua esposa.

— Mas era o seu dia de sorte, não era, Andy? — Budd indaga.

— Sim, um dia de muita sorte! Escute só o que aconteceu.

— O que aconteceu?

— Eddie White tocou as duas músicas que havia prometido e, logo em seguida, me chamou para subir ao palco. Eu estava muito nervoso, mas, ao mesmo tempo, não tinha nada a perder. Minha vida como celebridade do boxe estava apenas começando e aquela homenagem do Eddie viria como um presente. Eu subi ao palco e Eddie gentilmente começou a dizer tudo o que achava de mim e me agradeceu por ter ido até lá prestigiar o seu show. No entanto, ele nunca imaginaria que eu estava ali não por causa dele, mas, sim, por causa da Vick. É claro que eu não ia contrariá-lo naquele momento. Eddie ajeitou o banjo e pediu para eu me sentar ao seu lado, pois tocaria uma música em minha homenagem. Era uma das músicas mais agitadas do seu repertório. A música que todos adoravam, seu *hit* mais famoso. O nome da música era *The Hurricane*, O Furacão. Eu não tinha escolha a não ser aceitar o convite e sentar ao lado de Eddie White. Todos me aplaudiram e Eddie começou a tocar seu banjo com toda velocidade. Eu não conseguia sequer ver seus dedos, de tão rápido que dedilhava as cordas do banjo. Naquele momento, o povo foi à loucura. Eu fiquei ali parado, olhando aquilo tudo sem acreditar, pois, havia menos de trinta minutos, estava encostado no balcão do bar, sozinho e bebendo uma dose de gim para relaxar, agora estava sentado ao lado do meu grande ídolo musical e ouvindo a música que adorava: *The Hurricane*. E, ainda por cima, Eddie dedicava aquela canção a mim. O público entrou em êxtase. A menos de cinco metros do palco, dançavam e bebiam como loucos. De repente, comecei a ficar meio tonto por causa das doses de uísque que havia tomado. Olhei para o Eddie e ele sorriu discretamente para mim. Em seguida, olhei para baixo e vi uma pessoa.

— Quem? Vick? — Budd pergunta.

— Sim, ela mesma. Vick estava no meio da multidão, servindo bebidas com uma bandeja de alumínio. Tinha certeza que era ela. Eu podia estar meio embriagado, mas tinha certeza que aquela moça vestida de rosa, com os cabelos presos, servindo um rapaz, era ela. De repente, fiquei inquieto. Queria descer para falar com ela, mas não poderia sair do palco e fazer desfeita ao Eddie. Então, tive que me conter e fiquei sentado, olhando fixamente para Vick, para não perdê-la de vista. Mas tudo mudaria em menos de um segundo.

— Por quê? O que aconteceu, Andy?

— Um cara no meio do salão se aproximou dela, tentando agarrá-la e beijá-la à força, mas ela se recusava e tentava escapar. Era um cara muito forte, tinha pelo menos um metro e noventa de altura e usava uma camiseta de algodão apertada, calça jeans agarrada e um cinto com uma fivela de ouro enorme. Naquele momento, ela virou de frente para mim e eu vi que era a Vick. Ela estava linda, trabalhando como garçonete, no meio daquele povo e sendo assediada por um brutamonte idiota e inconsequente. Foi instintivo, não pensei duas vezes. Levantei-me da cadeira, deixei Eddie tocando a música e avancei no meio do público. Foi tudo tão rápido que ninguém entendeu o que estava acontecendo. Eu me aproximei do rapaz que tentava beijar a Vick e o empurrei com as duas mãos, olhei para trás e confirmei, era ela mesma, minha querida Vick, no entanto muito mais bonita e atraente. Afinal, a última vez que a vi, tinha apenas onze anos de idade. Ela estava tão assustada que, naquele momento, não me reconheceu. Mas eu a reconheci imediatamente, pois nunca esqueceria aquele rosto singelo. Aquele gigante cheio de músculos olhou para mim como se fosse um touro bravo, jogou o chapéu no chão e veio à minha direção para me dar um soco no rosto. Coitado, ele não sabia com quem estava se metendo. Eu podia ser baixinho perto dele, com apenas um metro e setenta de altura, mas eu tinha algo que ele não tinha. Eu tinha punhos de aço, e isso ele nunca imaginaria.

— O que aconteceu? Agora fiquei curioso! Além de ser um lutador de boxe, o senhor está se saindo muito bem como um contador de histórias, Andy.

— Tem razão, Budd, eu tenho muitas histórias para contar, mas, antes de continuar, por favor, puxe a mangueira para cá outra vez, pois estou morrendo de sede e preciso tomar mais um gole de água.

Andy segura a mangueira ao lado da boca, bebe um pouco de água, olha para o céu e diz:

— Daqui a pouco vai começar a chover, Budd. Temos que ficar atentos.

— Não tem problema, Andy, não tenho medo de chuva. Pode continuar a história.

— Bem, eu me esquivei espertamente do grandalhão e ele quase caiu no chão, pois estava alcoolizado. Eu também estava meio zonzo, mas os meus reflexos sempre foram muito bons. De repente, uma enorme roda de pessoas se abriu no meio do salão e me assustei ao ver aquilo. Olhei para cima, no palco, e Eddie White sorriu para mim, enquanto continuava tocando seu banjo como um maluco. Eu sabia que Eddie adorava uma boa briga, e aquele era seu grande momento, pois estava praticamente num camarote vip, prestes a ver uma briga inédita, a luta entre um brutamonte desconhecido contra um campeão mundial de boxe. As pessoas começaram a gritar enlouquecidas, querendo me avisar que eu estava em perigo. Olhei para trás e, de repente, vi o grandalhão vindo em minha direção com uma cadeira nas mãos, louco para arrebentá-la na minha cabeça.

Naquele momento, Vick me reconheceu e começou a gritar desesperada, achando que seria o meu fim. Mas, como eu disse, meus reflexos eram perfeitos e era meu dia de sorte. Quando tudo parecia estar perdido, ele veio para cima e acabei me esquivando para a direita e a cadeira se espatifou no chão. O grandalhão ficou furioso e decidiu me enfrentar frente a frente. Era o momento de acabar com aquela palhaçada de uma vez por todas e mostrar para aquele idiota que a linda garçonete não estava sozinha. Levantei os punhos e Eddie White soltou um grito no meio da música, vibrando de emoção ao ver aquela cena de filme acontecer bem na sua frente. Definitivamente, quem estava se divertindo mais do que todos naquela noite era ele, o Eddie. De repente, o grandalhão veio para cima de mim, e, sem hesitar, com toda a minha força, desfilei uma bela sequência de golpes: dois socos baixos na altura do estômago, outros dois socos na altura dos rins e, depois, um *upper* de direita bem no meio do queixo, levando-o direto ao chão, sem chance de reagir. Foi nocaute certeiro. Olhei para o Eddie outra vez e ele decidiu parar a música durante alguns segundos para dizer: "Senhoras e senhores. Esse é meu amigo Andy Ray, o garoto de punhos de aço do Alabama. O maior pugilista de todos os tempos. Aplaudam-no, por favor. Ele e sua nova namorada merecem". Todos aplaudiram sem entender direito o que estava acontecendo, e Eddie gritou: "Vamos continuar a festa, pessoal! Vamos dançar e cantar até o sol raiar". Aquilo foi demais! Eu puxei a Vick para perto de mim, a abracei e imediatamente fomos envoltos por dezenas de pessoas querendo nos cumprimentar. Olhei para trás e vi que a briga parecia ter incendiado o salão, eram cadeiras voando para todos os lados e um show de socos e pontapés, uma completa loucura. Olhei para o Eddie, acenei com a cabeça, agradecendo, e ele continuou tocando. Certamente ele nunca mais se esqueceu daquele dia. Foi a única vez que nós nos cruzamos. Depois daquela noite, eu nunca mais o vi, a não ser pela televisão.

— Que legal, Andy!

— Como eu disse, aquele era meu dia de sorte. As pessoas e os seguranças da casa nos protegeram e nos levaram até a rua. Johnson, o barman, fez questão de nos acompanhar até o carro, para garantir que nada de mal acontecesse comigo e com a Vick. Eram dezenas de pessoas atrás de nós. Assim que Johnson abriu a porta do Cadillac, Vick entrou pela porta do motorista e saltou para o lado do passageiro. Abracei o Johnson rapidamente, em forma de agradecimento, e entrei no carro, louco para fugir daquele lugar o mais rápido possível.

— Minha nossa, Andy! Isso parece um filme! — Budd exclama.

— Com certeza, Budd. Posso continuar?

— Claro, por favor.

— Bom, em seguida, eu travei as portas do carro, olhei para Vick e ela sorriu para mim. Era tudo o que mais queria naquela noite maravilhosa, ver aquela menina, agora mulher, sorrindo para mim com aquele semblante singelo e amoroso. Liguei o carro, abracei-a rapidamente e acelerei com toda força. O barulho do motor do Cadillac era tão forte, que as pessoas que estavam ao redor imediatamente se afastaram, com medo de serem atropeladas. Não hesitei e saí cantando os pneus e buzinando como um louco pelas ruas centrais da pacata cidade de Florence. No fundo, eu estava buzinando de alegria e não de raiva, afinal, tinha acabado de cumprir minha missão, buscar a minha amada, conforme havia prometido havia onze anos. Foi uma noite incrível. Mas, com certeza, se não fosse o maluco do Eddie para me chamar no palco e me oferecer uma música, certamente as coisas não teriam dado tão certo como deram. Foi uma noite inesquecível.

— Para onde vocês foram depois?

— Paramos numa praça que havia perto da prefeitura, desliguei o motor do carro e Vick me disse: "Pastor David tinha razão, Andy". "Por quê?", eu perguntei. "Um dia, ele me disse uma coisa que nunca entendi direito o que significava, mas, agora, estou começando a compreendê-la". Ele disse assim: "Minha querida Eleonora, as coisas que você mais espera que aconteçam em sua vida, acontecerão quando você menos esperar. Porque não é a esperança que realiza, a esperança é apenas uma forma bonita de esperar. O que realiza é a confiança, a fé verdadeira. Tenha fé e não espere. Confie, pois, pela confiança, seus desejos verdadeiros, um dia, se realizarão". "Ele disse isso pra você, Vick?". Ela me abraçou com toda força e respondeu: "Eu sabia que um dia você voltaria, Andy. Sempre confiei na sua palavra e na minha fé. Eu estou tão feliz que você voltou, eu te amo e sempre te amarei". "Eu também te amo, querida", eu respondi e ela me abraçou. "Não sei o que você faz da vida, mas percebi que está muito forte. O que aconteceu com você, afinal, Andy? Você era um menino tão mirrado, por que está assim tão forte e...". "Rico? Você quer dizer?". "Sim, rico. Como você ficou assim tão rico? Por acaso ganhou na loteria ou recebeu alguma herança milionária?". "Não, nenhuma das duas opções", eu respondi, sorrindo. "Eu me tornei um lutador famoso. Foi isso o que aconteceu, Vick". "Lutador? Eu vi o Eddie White dizendo alguma coisa no palco, mas estava tão nervosa, naquele momento, que não conseguia nem ao menos prestar atenção no que ele estava falando".

"Pois é, eu me tornei um lutador". "Lutador de quê? O que significam aqueles golpes que derrubaram aquele grandalhão idiota? Você acabou com ele, sabia? Pensa que eu não vi o chão cheio de sangue? Você quebrou todos os dentes daquele safado". "Verdade?". "Sim, foi feia a luta. Mas quer saber uma coisa? Eu adorei que você quebrou a cara daquele idiota, pois ele merecia receber uma lição. Todos os domingos, ele faz isso comigo. Bebe umas doses de uísque, fica embriagado e tenta fazer aquilo comigo". "Aquilo o quê?". "Beijar-me à força. Oras! Você não viu?". "Sim, eu vi. Que raiva! Eu devia ter acabado com aquele cara". "Ele é um folgado. Só faz aquilo porque é o filho do prefeito da cidade, só por isso". "Filho do prefeito?". "Sim, ele é filho do prefeito". "Tem certeza, Vick?". "Claro que tenho". Olhei para o lado e vi o prédio da prefeitura a menos de duzentos metros de onde estávamos parados com o carro, e Vick disse: "Ele é filho do prefeito e é um rapaz extremamente mimado. Com toda certeza, dentro de poucos minutos, seu pai ficará sabendo o que aconteceu e enviará várias viaturas da polícia atrás de você". "Que droga, Vick! Por que não disse isso antes?". "Porque você não perguntou. Oras!". "Meu Deus! É melhor irmos embora daqui agora mesmo e atravessar a ponte O`Neal para seguir rumo ao norte". "Mas você já vai embora, Andy? Mal chegou e já vai embora?". "Claro! Você acabou de dizer que a polícia virá atrás de mim dentro de pouco tempo". Não tive, ao menos, tempo de terminar a frase, olhei no retrovisor do carro e vi duas viaturas virando a esquina da praça e vindo em nossa direção. Não tive alternativa, liguei o carro e comecei a acelerar como louco. A única coisa que consegui dizer naquele momento foi: "Querida, precisamos fugir agora mesmo. E, então? Você vem comigo ou prefere descer do carro?". Ela não titubeou e respondeu:

“Eu vou com você para qualquer lugar, a partir de hoje, estarei sempre ao seu lado, Andy. Sempre!”. “Então, segure-se, querida”. “Para onde nós vamos?”, ela perguntou. “Vamos para Memphis, no estado do Tennessee. É para lá que vamos”. “Memphis?”. “Sim, eu a levarei para viver uma nova vida, Vick. Chega de festas e idiotas querendo beijá-la à força, chega desse negócio de ficar trabalhando de madrugada para ganhar algumas gorjetas. Eu vou transformá-la numa mulher de verdade e lhe darei tudo o que uma mulher sempre desejou”. Ela me abraçou, acelerei o carro e fugimos juntos. A fuga não foi fácil, pois fomos perseguidos além das fronteiras da cidade de Florence. Mas felizmente, depois de mais de trinta quilômetros, a polícia acabou desistindo, pois aquelas viaturas velhas e enferrujadas não eram páreo para o meu poderoso Cadillac 1963.

Capítulo 16
Andy & Eleonora

— Viajamos a noite toda e acabamos chegando a Memphis, aproximadamente três horas da madrugada. Meu irmão Allie ficou maluco quando eu toquei a campainha da casa alugada onde morávamos e viu que eu estava com uma mulher. Ele estava sonolento e disse, parado em frente à porta, de chinelo e roupão: "Você está ficando maluco, Andy? Eu não disse que não era para trazer mulheres aqui? A velha, dona desta casa, disse que não admite esse tipo de coisa. Já esqueceu?". Vick olhou desconfiada, e logo tratei de remediar o que meu irmão havia acabado de dizer: "Hei, cara! Você não está entendendo o que está acontecendo aqui, não é o que você está pensando, eu nunca trouxe mulheres aqui e nunca trarei. Não está reconhecendo quem é essa linda garota?". Allie esfregou os olhos e disse: "Não, eu não sei quem é essa linda garota. Quem é?". Não deu tempo de terminar e Vick esticou os braços, dizendo: "Olá, Allie, eu sou Eleonora Victorine, filha do pastor David, não se lembra de mim?". Allie a olhou dos pés à cabeça e dirigiu a palavra novamente a mim: "Hei, cara! Como você teve coragem de fazer isso? Não acredito que você foi buscá-la em Florence! Não acredito que você não esqueceu essa garota até hoje!". Allie não a cumprimentou e bateu a porta na nossa cara. Eu fiquei furioso com ele e não sabia o que dizer para Eleonora. Ela ficou chateada, mas eu expliquei que Allie estava com ciúmes e preocupado, pois sabia que eu era o tipo de homem que me apaixonava com facilidade e, quando isso acontecia, eu deixava todas as coisas importantes em segundo plano, até mesmo os treinamentos e as lutas.

— E isso aconteceu realmente? Você deixou de lutar?

— Na verdade, sim. Depois que eu e Eleonora nos reencontramos, eu parei com os treinamentos e as lutas durante quase um ano. Infelizmente Allie estava certo, eu deixei tudo de lado e fui viver uma vida de sonho ao lado da minha amada.

— Você nunca mais lutou?

— Claro que sim, eu retornei aos treinamentos um ano depois. Mas, durante um ano, vivi intensamente a vida ao lado de Eleonora.

— Para onde vocês foram naquela noite, depois que seu irmão fechou a porta na sua cara?

— Fui até a academia do Lord Cochrane, que ficava no final da rua, bati à porta e ele deixou a gente dormir na sala, pois ele sempre me apoiou com relação à Eleonora. Ele dizia que todo homem precisava viver um amor verdadeiro durante a vida, nem que fosse um amor incompreendido. Não importava, o homem sempre tinha que viver uma história de amor com intensidade, caso contrário, jamais compreenderia o real valor de uma vida.

— Lord não ficou bravo que você parou de lutar?

— Claro que ficou. Afinal, foram doze meses de completo afastamento dos ringues.

— O que você e Eleonora fizeram?

— No dia seguinte, acordamos, pegamos a estrada e seguimos para São Francisco na Califórnia. Depois fomos para Las Vegas e viajamos durante quase um ano pelo norte do país. Eu e Eleonora, somente nós dois. Dormíamos em hotéis, motéis, pousadas e casas de fazenda que encontrávamos pelo caminho. Afinal, eu tinha bastante dinheiro, um bom carro, o amor da minha vida ao meu lado e uma vontade imensa em me aventurar pelo país. Então, era o prato cheio para sairmos pelo mundo sem destino. Nós vivemos intensamente aquele ano de 1963. Uma época de ouro, quando as pessoas eram mais respeitosas e podíamos viajar tranquilamente pelas estradas do país. Antes de subir para o norte até o estado de Idaho, passamos praticamente dois meses em São Francisco, pois Eleonora acreditava que seus avós maternos viviam em algum lugar na periferia de São Francisco, mas não encontramos ninguém. Como eu, Vick era uma menina inocente do interior. Ela acreditava que São Francisco era uma cidade pequena, um lugar onde podíamos chegar, perguntar para qualquer pessoa na rua onde morava tal pessoa e, pronto, estava tudo resolvido. Para ela, a única referência de mundo era a pequena cidade de Florence, coitada. Mas foi incrível mesmo assim! Quando chegamos a São Francisco, ela ficou maravilhada e não queria mais sair de lá. Conhecemos algumas pessoas e ficamos amigos da dona de um restaurante à beira-mar, onde costumávamos almoçar quase todos os dias.

— Vocês viveram uma grande aventura, não é, Andy? — Budd pergunta.

— Mais do que isso. Nós vivemos um grande sonho juntos, foi um ano de amor e paixão vividos intensamente. Conhecemos metade do país, viajando pelas estradas e tendo contato com muitas pessoas interessantes.

Durante esse ano, eu cresci bastante como homem. Pensei que ensinaria muitas coisas para a Vick, mas, no final, quem acabou me ensinando foi ela, pois Vick era uma moça que sofreu muito na infância e aprendeu muito sobre as dificuldades da vida. Nós tínhamos muitas coisas em comum, mas, comparada a mim, ela era uma vencedora, pois, quando Vick era pequena, foi violentada pelo padrasto e apanhou muito da mãe. Mas ela não fugiu de casa, como eu e meu irmão fizemos, ela acabou sendo criada pelo pastor David por causa de uma intervenção judicial, devido aos maus-tratos causados pelo seu padrasto.

— O que ele fazia com ela?

— Melhor eu não dizer, Budd. Você não compreenderia. É muito forte para uma criança ouvir tais coisas.

— Coitada dela!

— Sim, ela teve uma vida muito dura. Durante aquele ano, nós nos conhecemos muito. Ela me contou tudo da sua vida e eu lhe contei tudo da minha. Ficamos cúmplices um do outro.

— O que significa ser cúmplice um do outro?

— Significa que dividimos nossos sofrimentos e desejos e passamos a compartilhar as nossas vidas. Quando estávamos nas montanhas geladas do estado de Idaho, no norte do país, fizemos um juramento, uma espécie de pacto.

— Um pacto? Como assim?

— Ela tinha muito medo de ser agredida e violentada outra vez por um homem, por causa dos traumas sofridos durante a infância. Por isso, ela nunca conseguiu se relacionar com alguém além de mim. E eu tinha muito medo de ser traído e rejeitado pelas mulheres, talvez por eu nunca ter sido reconhecido e acolhido por minha mãe. Eu confiava nela, pois sentia que nosso amor era indestrutível e venceríamos qualquer obstáculo. Então, decidimos fazer um pacto de amor e juramos que jamais quebraríamos esse pacto. Eu prometi que nunca lhe faria mal e ela prometeu que nunca me deixaria só. Esse foi o nosso pacto.

— Meu Deus! Isso foi muito sério!

— Foi sim, muito sério. Mas foi um pacto feito pela força do amor nas montanhas geladas de Idaho. Naquela linda noite, eu e Eleonora nos amamos intensamente, como nunca havia acontecido antes, e nos apaixonamos, foi algo indescritível e inesquecível. Até hoje eu me lembro dos detalhes, da luz amarelada do chalé de madeira, do aroma de chocolate quente, do conhaque envelhecido, do orvalho da manhã, dos lábios macios e sedosos da Eleonora tocando os meus. Enfim, eu me lembro de todos os detalhes como se fosse hoje. Foi realmente uma noite incrível. Na verdade, aquela foi nossa verdadeira lua de mel. No meio das montanhas, completamente isolados do mundo e das pessoas. Só eu e ela. Nós dois em comunhão com a Natureza e a vida.

— Vocês se amavam de verdade. Que lindo isso, Andy!

— Sim, nós nos amávamos. Hoje, olhando para trás, parece que foi um lindo sonho. Que saudades eu tenho dela. Que saudades!

Andy inevitavelmente começa a se emocionar ao se lembrar dos momentos incríveis passados ao lado da sua amada Eleonora.

— E depois que vocês voltaram para Memphis, como foi?

— Foi tudo perfeito. Quando voltamos para Memphis, após um ano viajando sem destino pelo país, nos casamos, compramos uma linda casa na Craft Road, a cinco quadras da mansão do rei do rock, Elvis Presley, e começamos a construir a nossa vida juntos, naquele bairro. Às vezes, Elvis passava em frente a nossa casa com seu

Cadillac Fleetwood rosa e acenava pra mim, como se fosse meu amigo. Infelizmente eu nunca tive a oportunidade de falar com ele pessoalmente, mas vontade não faltou. Ele estava no auge da sua carreira e era um cara praticamente intocável.

— E a casa que vocês compraram? Como era?

— A casa era linda, uma mansão com mais de dez quartos, como a maioria das casas da Craft Road. O jardim era enorme, tínhamos dois *bulldogs* brancos, uma piscina grande, duas funcionárias e um jardineiro.

— Onde vocês se casaram?

— Nosso casamento foi simples, casamos numa pequena igreja presbiteriana na periferia de Memphis e convidamos apenas alguns amigos e o pessoal da academia. Como não tínhamos parentes, não tínhamos muitas pessoas para convidar. Mas a cerimônia foi linda. Eleonora estava exuberante num vestido branco que ela mesma fez questão de comprar na melhor loja do centro de Memphis. No momento do juramento e da troca das alianças, eu a surpreendi com a linda música *Rings of Fire* da dupla Jonnhy Cash & June Carter. Contratei alguns músicos e eles entraram repentinamente na igreja, cantando essa linda canção. Ela chorou muito naquele momento e eu também. Como já deve ter percebido, eu sou um velho chorão, sempre fui. Nós nos abraçamos no mais profundo amor e, enquanto os músicos tocavam, ela encostou seu rosto macio no meu e disse baixinho no meu ouvido uma frase que eu nunca mais esqueci.

— O que ela disse?

— Foi tão verdadeira e tão emocionante que eu me lembro da cena como se fosse hoje. Eu não sei por que, mas ela continua viva em minha mente.

— O que ela disse, Andy?

— Ela disse que me amava muito e estaria sempre ao meu lado.

Andy começa a chorar.

— O que aconteceu com vocês, Andy? Por que você fica tão angustiado quando se lembra disso?

— Porque o ser humano acha que tem controle de tudo, mas, na verdade, não temos controle de nada. De repente, a vida coloca desafios no meio do caminho, e nos rendemos ao medo e ao orgulho. Esse é o grande problema. Eu sei que Eleonora estava falando a verdade naquele momento. Mas as circunstâncias foram mais fortes do que tudo, infelizmente.

— O que aconteceu de tão grave com vocês, Andy?

Andy começa a ficar nervoso e pede para Budd o deixar sozinho por alguns minutos.

Budd o respeita e resolve dar uma volta pelo jardim.

Vinte minutos depois...

Budd se aproxima:

— Está melhor, Andy?

— Sim, estou melhor. Desculpe, mas as lembranças são muitos fortes, Budd.

— Não se preocupe, eu entendo você.

— Que bom! Pois eu nunca contei essas coisas a ninguém, só a você.

— Obrigado por confiar em mim, Andy.

— É muito difícil eu confiar em alguém. Talvez eu esteja confiando em você porque ainda é uma criança. Infelizmente, quando as pessoas se tornam adultas, elas se tornam mentirosas, interesseiras e traiçoeiras.

— Quer continuar a história, Andy?

— Sim. Vamos em frente...

— Graças a Deus, Lord Cochrane compreendeu o que havia acontecido e me perdoou por ter fugido com Vick durante o período de um ano. Com o passar do tempo, meu irmão também acabou me perdoando e passamos a viver em paz, como uma família unida. Allie acabou morando conosco, na nossa casa, e Lord Cochrane também estava sempre por ali, com amigos e empresários que costumavam patrocinar as lutas. Por fim, no início do ano de 1963, estávamos todos unidos e vivendo plenamente as nossas vidas em Memphis. Tínhamos dinheiro, uma bela casa, carros luxuosos e éramos felizes. Mas, em janeiro de 1964, um fato marcante surgiu repentinamente, fazendo meu ímpeto de lutador voltar à tona outra vez, mudando completamente aquela vida aparentemente confortável e pacata.

— O que aconteceu?

— Numa tarde, quando nadava na piscina com um dos nossos cachorros, Eleonora apareceu, carregando meu roupão dourado, e disse: "Querido, é melhor você sair da piscina, pois o Lord está lá na sala lhe esperando com seu irmão e um empresário, eles querem falar com você e parece que é urgente". "O que eles querem?", eu perguntei. "Acho que é algo relacionado ao seu retorno aos ringues", ela respondeu, com o semblante entristecido. "Sobre meu retorno aos ringues? O que será que pode ser?". Ela me ajudou a sair da piscina, vesti o roupão e os chinelos e fui até a sala conversar com Lord. Sentamos todos ao redor da mesa central da sala de estar, e ele disse: "Andy, serei direto e quero escutar uma resposta direta também. Como sabe, não adianta responder 'talvez', 'vou pensar' ou "preciso perguntar para a minha esposa'. A resposta tem que ser sim ou não. Tudo bem?.

"Tudo bem, Lord, já estou acostumado com isso", eu respondi. "Se você responder 'sim', montaremos um plano de ação, mas, se responder 'não', sua carreira como lutador acaba aqui e, a partir de hoje, seremos simplesmente amigos e nunca mais falaremos sobre lutas, patrocinadores e dinheiro. Está entendido?". "Sim, Lord. O que o traz aqui em minha casa, afinal?". "É o seguinte: El Matador mandou seu empresário falar comigo hoje pela manhã, dizendo que quer uma revanche contra você, em dezembro. Ele quer o cinturão de campeão de volta e não aceita não como resposta". "Uma revanche?". "Exatamente. E, então, Andy?". Naquele momento, eu titubeei durante alguns segundos. Pensei na vida tranquila que tinha ao lado de Vick e sabia que, se porventura aceitasse aquele desafio, começaria a ter problemas com ela, pois Vick não gostava das lutas, ela tinha muito medo que eu me machucasse gravemente. Mas meu ímpeto de lutador ganancioso veio imediatamente à tona naquele momento e, antes de responder ao Lord, fiz uma pergunta: "Quanto eu vou ganhar com isso, Lord?". Ele disse: "O volume das apostas pode chegar a quatro milhões de dólares, Andy". "Quatro milhões?". "Sim, quatro milhões ou mais, vai depender muito do marketing e das ações que fizermos quando o evento estiver mais próximo. Vai depender muito da sua disposição e do seu condicionamento físico. Sabe como são os investidores, não é?". Eu escutei Lord falando aquelas cifras enormes e não hesitei, respondi que aceitaria o desafio e que poderiam marcar a luta para dezembro de 1964. Ou seja, eu teria menos de um ano para me preparar para a luta. Seria a grande revanche contra aquele que, um dia, eu já tinha vencido.

— Qual foi a reação da Eleonora quando disse que voltaria aos ringues?

— Ela não gostou nada, tivemos uma breve discussão e a vida continuou. Ela sabia que não tinha como eu voltar atrás, pois já tinha assinado os papéis e os contratos com os patrocinadores.

— Ela deve ter ficado muito brava com você, não foi?

— Ela não ficou brava, ficou triste.

— Triste?

— Sim.

— Mas por quê? Vocês não iam ficar milionários, se ganhasse a luta?

— Sim, nós ficaríamos milionários, mas ela não se importava tanto com dinheiro como eu me importava. Eu tinha ganância, astúcia e desejo de ter muito dinheiro, mas ela não, para ela, o dinheiro era algo secundário. O mais importante para ela era a nossa cumplicidade, o nosso pacto amoroso e nossa vida em família. Ela queria ter filhos e sonhava em construir uma grande família. Eu não queria ter filhos, eu queria ter dinheiro, muito dinheiro, só isso. Éramos muito parecidos em alguns aspectos, mas, em outros, éramos completamente diferentes.

— Compreendo.

— Depois daquele dia, quando assinei os contratos com Lord, minha vida ficou voltada somente para a luta. Eu treinava dia e noite sem parar e Eleonora estava sempre ao meu lado, me ajudando. Ela não gostava das lutas, mas me ajudava muito durante os treinamentos, sempre foi minha eterna companheira. Mas, quando faltavam apenas dois meses para a luta, ela estranhamente se distanciou de mim e parou de me acompanhar nos treinos da academia.

— Por quê?

— Não sei o que aconteceu. De repente, ela só ficava em casa, trancada no quarto, e pouco falava comigo. Acho que estava se sentindo rejeitada, não sei exatamente. Só sei que ela passou a agir com certa indiferença comigo.

— Mas vocês continuavam felizes como casal?

— De certa forma, sim, mas eu queria mais, muito mais. Além de continuar mantendo meu cinturão de campeão, eu queria ficar tão rico quanto o meu vizinho Elvis Presley. Coitado de mim! Eu tinha tantas pretensões e agora estou aqui, neste velho celeiro, completamente sozinho na vida, sem amigos, sem esposa, sem dinheiro, doente e sem qualquer perspectiva de melhora. Mas eu era um cara arrojado, audacioso e tinha vontade suficiente para chegar ao topo. Mas algumas coisas começaram a dar errado a partir do momento em que Eleonora passou a me tratar com indiferença.

— O que aconteceu?

Capítulo 17
Gordon Black

Setembro de 1964.

— Em setembro de 1964, dois meses antes da grande revanche, tudo parecia perfeito. Eu estava casado com a mulher que sempre desejei, continuava com meu cinturão de campeão mundial, morava numa linda casa em Memphis, tinha dois cachorros, o jardim mais lindo do mundo, uma piscina e o rei do rock como meu vizinho. Enfim, eu tinha tudo para ser o homem mais feliz da face da Terra, mas aquilo tudo não parecia ser suficiente, pois eu queria mais, muito mais. Infelizmente, fui infectado pela pior doença que existe, a ganância e a ilusão. A pior coisa que um homem pode vivenciar é a ganância desenfreada, a ânsia por ter mais e mais e não conseguir satisfazer-se com nada. Incrivelmente, em vez de agradecer por tudo o que eu já havia conquistado até então, eu passava praticamente o dia todo pensando em como conquistar mais. Não eram somente coisas materiais que eu desejava. Além de querer ser um milionário, eu precisava me esforçar para manter o meu cinturão de campeão, pois não conseguia imaginar outra pessoa segurando o meu cinturão. Com toda certeza eu daria minha vida por ele.

Budd olha assustado e diz:

— Você está dizendo que aquele negócio pendurado na parede era mais importante do que tudo? Mais importante até do que a própria Eleonora Victorine?

Andy baixa a cabeça e responde, sussurrando:

— Sim, eu nunca admiti isso, mas hoje posso dizer que estava mais apaixonado pela minha carreira como lutador de boxe do que pela Vick. Na verdade, adorava mais o cinturão do que eu mesmo, eu acho. Era uma adoração que ia além do meu ser. Acho que Eleonora percebia minha obsessão em manter o cinturão a qualquer custo, mas não dizia nada, talvez por respeito a mim e por não querer atrapalhar a minha carreira de lutador.

— Bem, até aqui você só ouviu a parte boa da história. A partir de agora vou começar a contar a parte ruim. Será que está preparado para ouvir, Budd?

— Sim, estou. E o senhor, está preparado?

Andy olha para o céu e responde:

— Quer saber a verdade?

— Claro, Andy.

— Não sei se estou preparado para me lembrar de algumas coisas. Mas vamos em frente. Mas, antes de continuar, preciso encontrar algumas fotos para lhe mostrar. Faz muito tempo que não olho para elas, não sei se tenho coragem de vê-las novamente.

— O que aconteceu de tão ruim, Andy? — Budd se aproxima um pouco mais e coloca a mão esquerda sobre a nuca do velho.

Andy imediatamente sente um calor subindo pela sua espinha dorsal e começa a chorar incontrolavelmente. Talvez fosse a força mediúnica do garoto, tentando ajudá-lo a relembrar dos momentos difíceis do passado.

De repente, Andy sente um alívio imenso, confortando-o.

Budd retira a mão da sua nuca e diz:

— Está se sentindo melhor, Andy?

— Sim, obrigado, Budd. Não sei o que você fez, mas senti um calor tão forte na minha nuca que parecia que meu corpo ia queimar. O que você fez?

— Nada de especial, apenas usei a imaginação.

— Imaginação?

— Sim, a imagem entrando em ação. Eu imaginei você fazendo algo e intensifiquei isso com meu pensamento.

— O que imaginou?

— Nada de especial. Só imaginei você parando de chorar e começando a sorrir como um bobo, por estar aqui comigo, neste jardim, jogando conversa fora.

— Como assim? Foi só isso que você fez?

— Sim, só isso.

Andy sorri naturalmente, como se fosse uma criança despreocupada.

Budd olha para Andy, que não para de rir.

Andy se incomoda e pergunta:

— O que foi, Budd? Por que está olhando assim pra mim?

Sério como sempre, Budd responde:

— Nada, senhor, é que foi exatamente assim que eu imaginei que você ficaria: sorrindo como um bobo.

Andy imediatamente para de rir, fecha a cara e olha bravo para Budd. O garoto se afasta, com receio, e fica parado, encarando o velho.

Andy tenta se segurar, para pregar uma peça no garoto, mas não aguenta, cai no riso outra vez, como uma criança levada.

Budd se levanta do banco do jardim e diz:

— Que susto, Andy! Quer saber? Enquanto você fica aí, rindo à toa, eu vou para o celeiro, pois, a qualquer momento, vai cair uma tempestade e não quero ficar à mercê dos raios e dos relâmpagos. Quando você parar de rir como um bobo, volte para o celeiro, pois quero que termine de contar a história.

— Está bravo comigo, Budd? — Andy pergunta, rindo.

— Não, senhor, eu nunca fico bravo, só estou cansado. Quando eu transmito muita energia para alguém, como fiz agora com você, me canso muito e preciso deitar um pouco para recarregar as baterias, é só isso.

— Você é um garoto muito estranho, Budd! — Andy diz, sorrindo, e pede desculpas por não conseguir parar de rir.

— Não se preocupe. Não precisa se desculpar, Andy, eu prefiro ver você rindo que chorando. Pode rir quanto quiser, mas volte logo ao celeiro, pois a tempestade virá muito forte.

— Vou levar as fotos comigo, Andy.

— Hei! Deixe as fotos comigo!

— Não se preocupe. Eu não vou olhar sem a sua autorização.

Andy não se importa. Budd entra no celeiro, enquanto o amigo permanece sentado embaixo da árvore, sorrindo.

Dez minutos depois, Budd escuta as primeiras gotas de chuva caindo do lado de fora no jardim e um maravilhoso cheiro de orvalho entra pelas frestas do velho celeiro. Em seguida, as gotículas começam a cair sobre o teto de amianto e o barulho envolvente da chuva parece hipnotizar o pequeno Budd.

Ele fica tão envolvido pelo barulho da chuva que acaba fechando os olhos e adormece na cama do velho. No entanto, cochila por apenas cinco minutos, pois a chuva se intensifica e o barulho se torna ensurdecedor, como se um vagão de trem estivesse passando sobre a sua cabeça. Cai uma chuva torrencial.

Imediatamente Budd pula da cama assustado e diz a si mesmo:

— Meu Deus! Onde está Andy? Onde ele está? Que droga!

Budd empurra a enorme porta do celeiro com dificuldade e não acredita no que vê. Andy está no meio do gramado com os braços abertos, sem camisa, e olhando para ao céu, como se estivesse agradecendo por alguma coisa. Como se estivesse recebendo aquela chuva torrencial com gratidão, de peito aberto para o mundo.

Os raios começam a iluminar o horizonte e Budd se desespera:

— Andy! Andy! Saia da chuva! Os raios estão começando a se aproximar. Saia! Saia! Você está querendo morrer?

Andy olha para trás e vê Budd gritando.

— Já vou, Budd! Deixa-me ficar um pouco mais aqui, sentindo a energia desta chuva maravilhosa caindo sobre meu velho corpo. A última vez que fiz isso, eu tinha apenas dez anos de idade. Não existe nada mais puro e verdadeiro do que tomar um delicioso banho de chuva. Não se preocupe, nada de mal vai acontecer comigo, estou me sentindo junto de Deus agora.

Os relâmpagos se aproximam cada vez mais.

— Que droga, Andy. Volte logo para o celeiro.

Budd percebe que Andy não voltará ao celeiro a seu bel-prazer, cabe ao garoto tomar coragem e buscá-lo no meio da tempestade. São pelo menos vinte metros de distância, o suficiente para Budd ficar completamente molhado e arriscar sua vida, enfrentando os raios que já começam a cair

Ele não pensa duas vezes e corre o mais rápido que pode pelo gramado. Segura as presilhas do macacão de Andy e o puxa com força de volta para o celeiro, como se fosse um cachorro preso a uma coleira.

Budd fica muito bravo:

— Que droga, Andy! Você está ficando louco ou o quê? Se ficasse mais um pouco no meio do gramado seria atingido por um raio! Era isso que estava querendo?

— Desculpe, Budd, mas eu senti que nada de mal aconteceria comigo, por isso eu fiquei lá. Estava sentindo algo tão intenso e divino que não conseguia nem me mexer. Era como se estivesse conversando com Deus. Você me entende, não é?

Budd olha para o velho todo molhado, tremendo de frio, e responde, com ironia:

— Depois eu é que sou estranho! Eu posso falar com os mortos, mas não fico no meio de uma tempestade, gritando como um louco, tentando conversar com Deus. Você, sim, é um cara estranho, seu velho chato e rabugento!

— Não me chame de velho, garoto — Andy brinca e começa a rir. — Desculpe, Budd. Mas eu precisava fazer aquilo, eu precisava tomar um banho de chuva para lavar a minha alma sofrida.

— Tudo bem, Andy, eu entendo perfeitamente. Não se preocupe.

— Você está melhor, Budd? Conseguiu descansar um pouco?

— Sim, estou melhor. Mas agora estou todo molhado, não é?

— Tem razão.

Andy olha o embrulho de fotografias em cima da cama.

— Ainda bem que você pegou as fotografias da minha mão, senão elas estariam encharcadas. Parece que você sabia o que ia acontecer, não é?

— Tem razão, eu sabia.

— Sabia mesmo?

— Lógico que eu sabia. Estava na cara que ia chover. Não estava?

O velho fica sem graça com a resposta e fica calado.

— Budd, você precisa tirar essa roupa molhada.

— Sim, senhor.

— Se não se importar, posso lhe emprestar uma bermuda velha e uma camiseta que eu tenho guardada na gaveta. São grandes, mas, pelo menos, você não vai ficar com essas roupas molhadas. Você aceita?

— Pode ser.

— Tome, vá até o banheiro e se vista. Eu também vou colocar uma calça e uma blusa de lã que tenho guardada. Eu não gosto de usar roupas quentes, mas confesso que estou morrendo de frio.

Minutos depois, Budd sai do banheiro emburrado, pois estava odiando vestir aquelas roupas enormes.

Andy o vê parado em pé, ao lado da cama, e sorri ironicamente.

— Você está muito engraçado, garoto!

O menino não gosta do comentário e fecha a cara, respondendo com poucas palavras:

— Não gosto que me chame de garoto, por favor.

— Eu só estava brincando, não precisa ficar assim.

— Eu não estou bravo, estou ansioso, só isso.

— Ansioso com o quê? Está querendo ir embora para sua casa?

— Não, eu quero ouvir o resto da história. Mesmo que quisesse ir embora agora, não seria possível. Como poderia sair no meio dessa tempestade?

— Tem razão. Então, sente-se na poltrona, vou começar a contar a parte ruim da história para você. Está preparado?

— Sim, estou.

— Pegue o embrulho de flanela com as fotos, por favor.

— Aqui está.

— Obrigado. Eu preciso lhe mostrar uma foto, antes de começar.

— Qual foto?

— Uma foto que não gosto muito de ver, mas preciso lhe mostrar. Aqui está, veja você mesmo.

— É você ao lado do seu irmão e um senhor negro gordo com cabelos brancos. Quem é esse senhor?

— Não está reconhecendo? É o empresário do El Matador, o nome dele é Gordon Black, ele estava na foto quando fui campeão mundial em 1962.

— Sim, estou lembrando, ele está mais gordo nessa foto.

— Claro! Essa foto é de 1964. Dois anos após a grande luta contra El Matador. Esse tal de Gordon comia como um porco. Aquele desgraçado, maldito.

— Por que você tem tanta raiva dele?

— Raiva? Eu tenho ódio dele. Ele me traiu e me levou para o buraco.

— Como?

— Vou lhe contar, tenha calma.

— Mas ele não era o empresário do El Matador?

— Exatamente, mas depois que El Matador perdeu a luta contra mim em 1962, ele o deixou a ver navios.

— E o Lord Cochrane?

— Ele sempre foi meu empresário. Na verdade, eu fui fisgado pela ganância e ludibriado pela lábia do Gordon Black.

— O que ele fez?

— Durante os dois anos após a grande luta de 1962, ele tentou a todo custo se aproximar de mim, mas Lord Cochrane nunca o deixou chegar perto, pois dizia que ninguém podia confiar no safado do Gordon Black. Mesmo Lord evitando sua aproximação, Gordon sempre estava por perto, na primeira fila em todas as lutas em que coloquei meu cinturão à prova. Foram três lutas e eu venci todas elas. O cinturão nunca saiu da minha casa. Sempre ficou pendurado na parede da sala, sempre. Mas, como em fevereiro de 1964 o novo empresário do El Matador me desafiou para uma revanche, não tive como recuar. Aquilo me deixou enlouquecido, pois eu sabia que, um dia, El Matador me desafiaria para uma revanche, mas seu novo empresário pegou todo mundo desprevenido.

— Você tinha medo do El Matador?

— Não, eu nunca tive medo dele, mas Eleonora tinha. Ela dizia que eu nunca deveria aceitar um desafio contra El Matador, porque ele era um cara vingativo e eu poderia me dar muito mal numa revanche. Eu estava com vinte e quatro anos e El Matador estava com trinta. Duas semanas antes de partir para a grande revanche em Las Vegas, porém, em dezembro de 1964, enquanto eu treinava na academia do Lord, o tal do Gordon Black entrou pela porta da frente, vestindo um lindo terno azul-marinho e disse: “E, então, garoto? Está pronto para o grande desafio com El Matador?”.

Eu fiquei louco quando o vi entrando pela porta da academia com dois seguranças particulares. Eu estava em cima do ringue e disse: "Como você tem a petulância de entrar aqui sem falar com o Lord Cochrane? Você sabe que ele odeia você, não é, Gordon Black?". Lord estava em Las Vegas, acertando os detalhes com o pessoal da televisão e com os promotores do evento. Gordon respondeu ironicamente: "Você é um garoto inocente mesmo! Você acha mesmo que o idiota do Lord Cochrane merece tanto respeito assim? Ele é um safado sem vergonha, você não percebeu ainda que ele o está enganando e fazendo você lutar com um demente só para ficar milionário à sua custa? Você não percebe que ele engana você o tempo todo e lhe dá apenas uma mísera parcela do que ele ganha? Você realmente acredita nele? Se acreditar mesmo naquele safado do Cochrane, me desculpe, pois você também não merece qualquer respeito, garoto". Eu desci do ringue furioso, pronto para pegar aquele gordo safado pelo pescoço e arrebentar a cara dele, mas, assim que me aproximei, um dos seus seguranças colocou a mão no meu peito e disse: "Hei, rapaz? Nem pense em fazer isso". O segurança levantou discretamente o paletó demonstrando que estava armado. Gordon se aproximou com um envelope pardo e disse: "Veja com seus próprios olhos, garoto". Eu odiava que ele me chamava de garoto. Ele continuou: "Essa é uma cópia do contrato da sua última luta contra o Larry King, aquela luta que fez no início de 1963. Aqui está, veja com seus próprios olhos. Não tenho dúvidas, Lord Cochrane recebeu quinhentos mil dólares dos anunciantes de televisão e um adiantamento de cem mil dos patrocinadores. Veja você mesmo, está assinado por ele e também pelo seu irmão Allie. Agora eles estão em Las Vegas e deixaram você aqui sozinho treinando, não é? Sabe o que eles estão fazendo em Las Vegas?". "O quê?". "Eles estão negociando contratos milionários para a sua revanche contra El Matador, mas eles estão fazendo tudo isso sem você saber, e nunca lhe contarão a verdade. Sabe por quê?". "Por quê?". "Porque eles estão lhe roubando, garoto, só por isso. Só você que não enxerga o que eles estão planejando, não seja um garoto inocente, não deixe que os outros o enganem tão facilmente. Se eles quisessem o seu bem, como dizem por aí, estariam aqui do seu lado agora, ajudando-o a treinar e lhe dando apoio. Mas eles não estão aqui, eles estão pensando somente neles e na fortuna que vão faturar em cima de você. Compreende agora o que está acontecendo, garoto?". "Deixe-me ver isso?". "Tome, fique à vontade, rapaz. Leia você mesmo o contrato da última luta contra Larry". Tirei as luvas, li o contrato e fiquei furioso. Eu disse: "Eu não acredito no que estou vendo! Não posso acreditar que Lord e Allie estão me enganando desse jeito. O que eu faço agora? O que eu faço agora, Gordon?". "Você está com as pessoas erradas, esse é o seu problema. Eles querem que você lute e arrisque a sua vida pela fortuna que estão construindo pelas suas costas". Sentei-me na beira do ringue completamente desolado e comecei a pedir ajuda ao Gordon Black: "O que eu faço agora, Gordon?". "Você precisa ter alguém ao seu lado que o ajude a dar a volta por cima e mostrar quem está no comando dos negócios. Você é a alma de tudo, meu amigo, não pode deixar as pessoas fazerem isso com você. Aprenda uma coisa, garoto: o mundo não é uma festa, as pessoas são gananciosas e traiçoeiras e tudo gira em torno do poder e do dinheiro. Pare de confiar nas pessoas erradas como você confia". "Mas o que fazer?". "Eu tenho uma solução para lhe dar".

"Verdade?". "Claro que sim, por isso estou aqui. Eu vou lhe dizer, mas tem que me prometer uma coisa". "O quê?". "Que não vai dizer nada a ninguém. Fique calado e o transformarei num grande milionário. Você quer?". "Claro, mas como?". "Você acredita mesmo em seu potencial? Acredita que pode vencer a revanche contra o El Matador?". "Claro que sim, eu já o venci uma vez e posso vencê-lo novamente". "Ótimo, era exatamente isso que eu queria escutar". "Por quê?". "Porque você vai fazer uma grande aposta na noite da revanche". "Uma grande aposta?". "Sim, você vai apostar tudo o que tem, em você mesmo". "Tudo o que tenho? Como assim?". "Você apostará tudo, a sua casa, seu carro e todas as suas economias. A cotação na bolsa das apostas está em dez a favor de El Matador. Os críticos do boxe acreditam que ele está muito bem fisicamente e tem tudo para vencer a luta, pois ele está mais cotado, mais bem preparado e é o favorito". "O que isso significa?". "Significa que você pode ficar dez vezes mais rico do que já está". "Como?". "Quanto você tem de patrimônio atualmente, Andy?". "Acredito que, somando todas as minhas economias, meu Cadillac e a minha casa, eu tenho quinhentos mil dólares". "Ótimo! Então, dentro de duas semanas, você poderá ter cinco milhões de dólares ou até mais". "Uau! Mas como podemos conseguir isso, Gordon?". "Deixe isso comigo, garoto. Esse valor pode subir muito mais se você me autorizar". "Qual o plano?". "Posso lançar um boato nos jornais, dizendo que você machucou a mão direita durante o treino e a cotação contra você poderá dobrar. Ou seja, você pode chegar a dez milhões de dólares de patrimônio em poucas semanas". "Dez milhões?". "Exatamente, dez milhões de dólares só para você. E, então, o que acha?". "É tudo o que eu mais quero na vida, ser um milionário do boxe e mostrar para Lord quem manda. Principalmente agora, que fiquei sabendo que Lord e Allie estão me passando para trás". Eu estava morrendo de raiva, naquele momento. Eu disse sem hesitar ao Gordon Black: "Eu aceito sua proposta, Gordon. Diga-me como fazer, pois não conheço os trâmites, não sou muito bom com números e contratos". Ele respondeu: "Não se preocupe com isso, eu cuido de tudo para você. Só preciso que você assine esse papel, me autorizando a fazer as apostas em seu nome". "Quanto isso vai me custar?". "Não vai custar nada. Eu farei sem custo algum para você". "Sem custo? Está dizendo que vai fazer tudo isso de graça?". "Eu disse que vim aqui para ajudá-lo, não disse?". "Sim, senhor". "Estou fazendo isso porque não aguento mais ver as pessoas enganando caras honestos como você. Você precisa estar ao lado de pessoas que lhe querem bem. Está entendendo?". "Sim, Gordon. Mas que papel é esse?". "É uma autorização para que eu possa penhorar seus bens em quinhentos mil dólares e fazer a aposta em seu nome, é só assinar. Pode ficar tranquilo, pois meu advogado vai cuidar de tudo e, daqui em diante, você vai trabalhar com um profissional e não mais como um amador, como vem fazendo ao lado do Lord Cochrane". "Tem razão, eu preciso me profissionalizar". "Como disse, se você ganhar a aposta, vai se transformar em um milionário do dia para a noite". "Tudo bem, Gordon, eu assino. Me dá uma caneta". "É assim que se fala, garoto. Só as pessoas que apostam alto na vida conhecem a verdadeira vitória". Eu assinei o tal contrato e perguntei: "Como eu faço para lhe dar o dinheiro das minhas economias para fazer a aposta no dia da luta?". "Não se preocupe com isso agora, Andy, quando eu chegar a Las Vegas, no dia da luta, enviarei um mensageiro ao seu quarto de hotel e você entregará o dinheiro para ele. Quanto você tem exatamente em economias?". "Em dinheiro?". "Sim, em dinheiro vivo". "Aproximadamente sessenta e cinco mil dólares. Está em casa guardado embaixo do armário". "Sua esposa sabe disso?". "Não, ela não sabe, não costumo deixar meu dinheiro no banco, pois não confio nos bancos. De repente, eles podem sumir com meu dinheiro, sabe como é?". "Tem toda razão, Andy, é melhor assim. Veja se consegue juntar setenta mil dólares e entregue tudo dentro de uma maleta no dia que antecederá a grande revanche em Las Vegas, entregue nas mãos do meu mensageiro, combinado?". "Combinado". "Só quero lhe pedir uma coisa, uma coisa muito importante". "Pode dizer, Gordon". "Não diga nada ao Lord e muito menos ao seu irmão. E também não diga nada sobre o que conversamos para a sua esposa, pois as mulheres costumam estragar tudo. Sendo assim, é melhor ficar quieto, pois na segunda-feira, após a luta, já será o mais novo milionário dos Estados Unidos". "É tudo o que eu mais quero, Gordon. Que droga! Cochrane nunca me fez uma proposta igual a essa". "Esqueça o Cochrane, Andy. Ele não está pensando no seu futuro, só está pensando nele próprio. Fique tranquilo, eu estarei sempre ao seu lado para o ajudar, mas não diga nada a ninguém. O que combinamos aqui morre aqui, é um segredo nosso. Vou começar a fazer meus contatos hoje mesmo para preparar o terreno". "Muito obrigado, senhor Gordon. Obrigado por abrir os meus olhos e me mostrar a verdade". "Não precisa agradecer, Andy. Mas tem outra coisa que você precisa saber". "O quê?". "É de âmbito pessoal, não sei se devo dizer". "De âmbito pessoal? Alguma coisa relacionada ao meu irmão?". "Não, Andy, é sobre a sua esposa". "Minha esposa? O que tem a minha esposa?". "Se eu fosse você, ficaria de olho nela, pois estão dizendo por aí que, enquanto você fica aqui na academia, treinando como um maluco, ela está se encontrando com outra pessoa". Naquele momento, eu fiquei enlouquecido. Praticamente fora de mim. "O que você está dizendo, Gordon? Isso é muito grave. Não pode ser verdade". "Infelizmente eu não posso provar isso a você como provei sobre os contratos que foram forjados pelo Lord Cochrane, mas são os boatos que estão correndo pelos bares de Memphis". "Que droga! Isso não pode ser verdade". "Tomara que sejam apenas boatos, Andy. Pois seria demais ser enganado por todas as pessoas que moram dentro da sua própria casa, você não acha?". "Eu vou ficar milionário e vou dar o troco a cada um deles". "Faça isso, Andy. Agora eu preciso ir embora, qualquer novidade, é só telefonar, aqui está meu cartão com o telefone do meu escritório de Las Vegas". "Pode deixar, Gordon, se precisar, entrarei em contato. Eu vencerei essa luta nem que tenha que entregar a minha vida por ela, pois agora é uma questão de honra e vingança". "Até a luta, garoto. Vemo-nos em Las Vegas". Gordon e seu segurança mal-encarado saíram da academia e, naquela tarde, eu voltei a treinar como nunca havia treinado antes, pois o que estava em jogo eram a minha honra e todas as minhas economias. Na verdade, eu havia colocado tudo em jogo, até mesmo meu cinturão de campeão, a coisa que eu mais adorava na vida. Era tudo o que eu tinha, simplesmente tudo.

— Foi assim que acabei fazendo um acordo oculto com o Gordon Black.

— O que aconteceu depois disso? — Budd pergunta.

— Infelizmente, a partir daquele dia, tudo começou a mudar na minha vida, a minha droga de vida.

— Por que droga de vida, Andy?

— Eu não sei o que aconteceu. De repente, fui envolvido por uma energia estranha, uma ganância e uma raiva sem fim. A partir daquele dia, minha vida foi tomada por muitas coisas ruins, como se tivesse assinado um pacto com o demônio ao assinar aquela droga de papel do Gordon Black.

— O que estava escrito no papel? O que você assinou, afinal?

— Na verdade, não sei até hoje o que estava escrito naquele papel, pois nunca vi uma cópia. Eu acredito que Gordon não mentiu para mim, aquele papel era uma autorização, uma espécie de procuração para que ele pudesse penhorar os meus bens e pegar o dinheiro em alguma loja de penhoras em Las Vegas e fazer a aposta na bolsa de apostas, porém...

— Porém... O quê? O que ele fez?

— Infelizmente algo muito ruim acabou acontecendo.

— O que aconteceu?

— Duas semanas depois, estávamos todos em Las Vegas, prontos para a luta. Eu, Lord Cochrane, Allie e toda a nossa equipe. Eleonora não quis ir, pois preferiu ficar em nossa casa em Memphis. Na verdade, ela não gostava de assistir às lutas, tinha muito medo de sangue. Além disso, depois do que Gordon me disse sobre ela, nossa relação ficou fria e distante. Eu já vinha sentindo que ela estava distante, mas nunca imaginei que estivesse me traindo com outra pessoa. Ou seja, isso significava que Vick tinha quebrado o nosso pacto de amor, e isso eu não podia admitir. Estava enfurecido.

Capítulo 18
A revanche

— Um dia antes da grande revanche, conforme havia combinado com o Gordon Black, telefonei para seu escritório no centro de Las Vegas e disse a ele que poderia enviar o mensageiro para buscar a maleta de dinheiro. Lord não estava no hotel, ele tinha acabado de sair com Allie para fazer as apostas. Logicamente eu não contei nada sobre o acordo que havia feito com Gordon. Eles me perguntaram se eu queria ir com eles para fazer as apostas, mas respondi que preferia ficar descansando no hotel. Era minha chance de entregar a maleta ao mensageiro sem que eles percebessem. No entanto eu sentia que havia algo de muito estranho, mas não sabia o que era.

— Por que você achou isso? — Budd pergunta.

— Porque, antes de sair do quarto e ir até o centro da cidade fazer as apostas, Lord Cochrane me perguntou: "E, então, irmão? Você está pronto para a grande revanche?". "Sim", eu respondi. Ele baixou a cabeça, demonstrando insegurança, e disse: "Preciso lhe fazer uma pergunta e quero que responda com toda a sinceridade, Andy". "Sim, Lord, pode perguntar". "Você acredita que é capaz de vencer o El Matador desta vez?". "Sim, eu posso vencê-lo, Lord, tenho certeza que o vencerei", eu respondi, mas, naquele momento, eu desviei o olhar, pois fiquei com raiva ao me lembrar de tudo o que o Gordon Black havia contado sobre o roubo.

Lord Cochrane ficou calado durante alguns segundos e, em seguida, perguntou: "Você está escondendo alguma coisa de mim, Andy?". "Não! Por que eu faria isso, Lord?". "Por nada, é que não estou gostando de ver seu pé direito virado para o lado, você não costuma fazer isso. Sempre que você fala comigo não desvia o olhar e fica sempre com os dois pés retos". Eu olhei para meu pé e ele realmente estava virado para fora, cerca de noventa graus. Eu não entendi o que Lord estava querendo dizer com aquilo e indaguei: "Por que você está reparando no meu pé, Lord?". Nesse momento, meu irmão Allie entrou no quarto e Lord respondeu: "Como você sabe, Andy, eu sou um cara muito observador e consigo fazer a leitura de uma pessoa sem que ela perceba. Você nunca falou comigo dessa maneira vazia e sempre foi convicto nas respostas. Mas, desta vez, você titubeou e desviou o olhar. Isso, para mim, é um sinal claro". "Sinal de que, Lord?". "Sinal que você está inseguro ou está querendo me passar a perna, me passar para trás, entende?". "Eu, passar a perna em você, Lord? Por que você acha que eu seria capaz de fazer isso?". "Porque o tempo todo você ficou parado na minha frente com esse pé de gato virado de lado. Isso, para mim, é um sinal claro de alguém que está querendo me passar uma rasteira. Talvez você não perceba, mas o seu inconsciente está querendo me passar a perna. Por isso está com esse pé virado de lado, eu vejo isso nos seus olhos". Na verdade, ele estava certo, de alguma maneira eu estava planejando passar Lord e Allie para trás, pois, dentro de pouco tempo, entregaria a maleta de dinheiro para o mensageiro do Gordon Black e meu plano de ficar muito rico quando a luta terminasse estava começando a entrar em ação. Assim que a luta terminasse, eu trocaria o Lord Cochrane por outro empresário. E esse novo empresário certamente seria o Gordon Black. Lord foi duro comigo, mas eu não me deixei intimidar, o encostei contra a parede; coloquei a mão em seu peito e disse: "Você deve estar ficando louco, Lord! Você fica atrás dessas coisas espirituais e metafísicas e sua cabeça fica cheia de bobagens. Você está procurando pelo em ovo, é isso que você está fazendo. Quer saber? Eu vou lutar como um guerreiro e vou vencer essa luta nem que eu morra em cima do ringue. É a minha vida e a minha carreira que estão em jogo e não as suas. Então, se por acaso está duvidando de mim, saia daqui agora mesmo e aposte tudo o que você tem no El Matador, assim não ficará com peso na consciência se porventura eu perder a luta. Faça o que você quiser, Lord, eu estou com a consciência limpa. E você, Allie! Veja se vai atrás do seu amiguinho, porque eu sei que você acredita mais nele do que no seu próprio irmão. Vamos! Saiam do meu quarto agora mesmo. Saiam! Saiam!". Eu fiquei transtornado, expulsei os dois do quarto e fiquei sozinho. Assim que eles saíram, peguei o telefone e liguei para o escritório do Gordon Black, conforme havia combinado. "A maleta de dinheiro estava embaixo da cama, pronta para ser entregue ao mensageiro. Eu consegui juntar os setenta mil dólares que Gordon havia pedido". O mensageiro demorou a vir, mas, duas horas depois, um rapaz de aproximadamente trinta anos, gordo e baixinho, bateu à porta do quarto e eu entreguei a maleta com o dinheiro para ele. Pegou a maleta, me entregou um papel e disse: "O senhor Gordon Black pediu para lhe entregar esse bilhete, senhor Andy".

Eu abri o bilhete e estava escrito: "Andy: Faça tudo o que você puder para vencer esta luta. As cotações estão altas. Mas acabei de saber que o Lord Cochrane apostou um milhão de dólares em El Matador. Ele não acredita mais em você, garoto. Você está sozinho agora, irmão. Mas não se preocupe com nada, eu estarei sempre ao seu lado. Faça uma boa luta. Vejo você amanhã após o combate. Gordon Black". Eu li aquele bilhete e não acreditei que estava sendo apunhalado pelas costas outra vez pelo Lord e por meu próprio irmão. Assim que saíram do meu quarto, foram apostar tudo o que tinham contra mim. Como Gordon havia dito, a partir daquele momento, eu estava sozinho, era somente eu e El Matador. Fiquei recluso durante o dia todo e não saí do quarto para nada. No dia seguinte, o dia da grande revanche, os repórteres queriam, a qualquer custo, falar comigo e marcar uma entrevista antes da luta, mas recusei todos os pedidos. Não queria falar com ninguém, eu queria era ficar concentrado, treinando no quarto, para perder os últimos dois quilos que precisava antes da pesagem obrigatória. Lord e Allie não apareceram mais em meu quarto antes da luta. A única pessoa que eu queria ver era o El Matador em cima do ringue, pois minha meta era vencê-lo a qualquer custo e mostrar para todos quem era o verdadeiro campeão e dono do cinturão. Além disso, eu queria ganhar a aposta e mostrar ao Lord Cochrane quem estava realmente no comando das coisas.

— Você ficou obcecado por vencer, não é Andy? — Budd exclama.

— Mais do que isso, Budd, eu estava possuído por uma força descomunal e tinha absoluta certeza de que venceria a luta. No entanto, não sabia de uma coisa muito importante, que hoje, depois de velho e experiente, eu sei.

— O quê?

— Quando somos jovens e fortes, achamos que temos o controle sobre tudo e sobre todos, mas, na verdade, somos uns ignorantes, pois, no fundo, não temos controle de nada, nem mesmo da nossa própria vida. Quando somos jovens achamos que somos invencíveis e imortais, mas, à medida que a idade se aproxima e o corpo começa a enrugar e enrijecer, descobrimos que somos limitados e mortais. Essa é a grande diferença entre um jovem e um velho. Quando somos jovens, achamos que somos poderosos e sabemos de tudo, mas a verdade é que não sabemos nada sobre a vida, simplesmente nada.

Budd fica calado e não responde.

— Quer saber o que aconteceu quando o juiz me chamou para subir no ringue para enfrentar o desafiante Carlos Sanchez, El Matador?

— Claro que sim!

— Eu subi no ringue com o cinturão preso na cintura e levantei os braços, saudando o público. Eram mais de vinte e cinco mil pagantes naquela noite. Em seguida, El Matador surgiu no meio da plateia e seguiu em direção ao ringue, sendo aclamado por todos. Ele era realmente muito simpático e querido por todos, bem diferente de mim. Eu era um bom lutador, mas sempre fui um cara introspectivo e concentrado. Já El Matador brincava com o público, jogava flores para as moças na plateia, fazia gracinhas e cativava as pessoas. Além de muito forte e experiente, era também um rapaz muito carismático, um verdadeiro showman. A luta começou e logo percebi que não seria fácil vencê-lo. Como da outra vez, ele se esquivava de todos os golpes e fazia contra-ataques violentos e rápidos. Eu estava perdido no meio de tantos socos e cruzados de direita. Se por acaso um cruzado daqueles acertasse a minha cabeça, com toda certeza cairia nocauteado sobre a lona. A luta foi sendo vencida por ele durante todos os *rounds*. Todos os juízes davam pontuação ao seu favor. No quinto *round*, eu perdi um pouco a concentração e ele acabou me acertando um forte cruzado de direita. De repente, tudo apagou, ficou tudo escuro. Eu não via mais nada e caí para trás como um saco de cimento. Nesse momento, durante apenas cinco segundos, eu apaguei sobre o ringue e tudo começou a vir em minha mente. Eram visões rápidas, no entanto concisas e perfeitas.

— O que você viu?

— Parecia um filme passando dentro da minha mente. Eu estava inconsciente no ringue, mas a minha mente estava lúcida. Eu podia ouvir a plateia gritando desesperada para eu me levantar, mas, ao mesmo tempo, eu ouvia uma voz clara dentro da minha cabeça, dizendo que eu deveria usar todas as forças para me levantar e vencer aquela luta. Pois era a minha vida que estava em jogo. Tudo estava em jogo, meu cinturão, meu dinheiro, minha casa, minha esposa, minha vida inteira estava ali. De repente, eu vi a imagem da Vick com apenas onze anos de idade, segurando a minha mão e sorrindo embaixo da árvore, no jardim da igreja do pastor David, no Alabama. Foi tudo muito rápido. De repente, eu abro os olhos e vejo o El Matador erguendo os braços querendo comemorar a vitória por nocaute. Ele me olha no fundo dos olhos e tudo começa a ficar muito estranho, para não dizer, macabro.

— Como assim, Andy? Por que macabro?

— Assim que El Matador me olhou nos olhos, enquanto o juiz fazia a contagem regressiva, eu tive a mesma visão da outra vez.

— Que visão?

— Naquele momento, eu fitei o El Matador e o vi desfigurado, com o rosto todo ensanguentado. Ele estava muito machucado, na verdade, eu o vi morto em cima do ringue. Era assim que eu o via, morto, bem ali na minha frente.

— Meu Deus, Andy! Que medo!

— Sim, era uma visão amedrontadora, foi por isso que eu perguntei se você estava preparado para ouvir.

— Estou com medo, Andy!

— Venha mais perto de mim, Budd.

— Sim, senhor.

— Como eu disse, foi tudo muito rápido. Tudo aconteceu em apenas cinco segundos. Quando o juiz começou a fazer a contagem regressiva: "quatro, três, dois...", eu despertei e, antes que ele decretasse o final da luta, eu levantei e me restabeleci. O juiz verificou meus sinais vitais, olhou minhas pupilas e decidiu dar sequência à luta. Olhei para o Lord Cochrane, que estava no *corner*, e ele gritava para eu continuar a luta e vencer. Sinceramente, eu não entendi, pois Gordon disse que ele tinha apostado tudo contra mim. Se ele tivesse apostado um milhão de dólares em meu adversário, certamente deveria estar torcendo contra mim, não é mesmo?

Budd não responde. Ele só quer saber sobre a luta.

— Eu estava completamente tonto, mas tinha que seguir adiante. Olhei para a mesa dos jurados e vi meu cinturão do lado da cadeira do presidente da associação mundial de boxe. Naquele momento, quando vi meu cinturão, jurei a mim mesmo que não poderia perder aquela luta por nada no mundo. De repente, meus punhos começaram a ficar cada vez mais fortes e, sem que eu percebesse, meus cruzados começaram a acertar e a machucar muito o El Matador. Foram mais oito *rounds* seguidos de uma sangrenta e sacrificante luta. *Rounds* dolorosos para nós dois, realmente difíceis.

Nesse momento, Andy não aguenta a emoção e começa a chorar ao lado de Budd.

— O que foi, Andy?

— Desculpe, são lembranças muito fortes para mim, Budd.

— Quer parar de falar? Eu vou compreender se quiser parar.

A chuva começa a apertar do lado de fora do celeiro.

— Não, eu prefiro continuar, pois sinto que preciso exorcizar isso da minha vida de uma vez por todas.

— Tudo bem, então continue, Andy.

— Desculpe, mas foram momentos cruéis. Eu deveria ter desistido da luta quando fui derrubado pela primeira vez, mas infelizmente a ganância me fez continuar. Além disso, El Matador também estava decidido a continuar até o fim. Os *rounds* foram seguindo e o sangue começou a escorrer sem parar pelo supercílio do El Matador. Meus socos pareciam ficar cada vez mais fortes, eu estava possuído por algum tipo de força fora do normal, pois sentia que era algo mais forte do que eu. Eu não sentia mais dor alguma no corpo, mesmo recebendo duros golpes no rosto e no baço, eu não sentia nada. Ninguém acreditava no que estava acontecendo, era uma verdadeira luta de gigantes, nenhum dos dois conseguia parar. Eu estava me sentindo forte e resistente, mas, quando o décimo quarto *round* chegou, El Matador começou a sentir a força dos meus punhos de aço. O gongo bateu, era o último intervalo antes do último *round*, portanto ali seria decidida a luta. Se por acaso a luta fosse até o fim, seria decidida por pontos e El Matador certamente seria o novo dono do cinturão, pois ele tinha ganhado quase todos os *rounds* por pontos. Ou seja, era tudo ou nada a partir dali. Ou eu vencia por nocaute naqueles últimos minutos de luta ou ele venceria por pontos. Eu não sei o que aconteceu naquele momento, de repente me levantei do *corner* para voltar para o combate e, como se fosse uma locomotiva desgovernada, comecei a socar aquele mexicano com toda a força. Ele não conseguia se esquivar dos meus golpes, era uma verdadeira artilharia de socos. Estava realmente decidido a vencer.

Andy respira fundo e as lágrimas começam a escorrer pelo seu rosto enrugado e envelhecido.

Ele limpa o rosto com os punhos e continua:

— Faltava apenas um minuto para o final da luta, foi o momento crucial, o momento mais difícil e incompreensível da minha vida.

— Por quê?

— Porque eu estava enlouquecido e não sabia o que estava fazendo, Budd. Meus golpes eram tão fortes que eu pedia mentalmente para que o treinador do El Matador jogasse a toalha sobre o ringue, para cancelar a luta, mas ninguém fazia nada, nem mesmo o juiz decretava nocaute técnico a meu favor. Ninguém fazia nada e a luta continuou. De repente, eu senti uma força além do normal no meu braço direito e acertei um *upper* poderoso, bem no meio do queixo do El Matador. Ele imediatamente sentiu a potência do golpe e caiu para trás, apagado. Virou os olhos e caiu duro no chão. O juiz correu até ele e começou a contagem regressiva, mas, naquele momento, o treinador de El Matador percebeu que ele não estava bem e subiu no ringue para interromper a luta. El Matador estava estirado no chão e tremendo em convulsão. Seu treinador começou a gritar como louco, pedindo para os paramédicos entrarem no ringue e chamarem uma ambulância para levá-lo ao hospital. Assustado com tudo aquilo, eu olhei para o Lord, que fez um sinal de positivo, confirmando que eu havia ganhado a luta por nocaute. Mas eu não conseguia nem ao menos erguer os braços para comemorar, pois, no fundo, eu sabia que algo muito ruim tinha acontecido com o El Matador.

Andy aperta a mão de Budd.

— O que aconteceu, Andy? — Budd pergunta emocionado.

— Eu me aproximei do El Matador e vi exatamente a mesma imagem que tinha vislumbrado antes. A mesma imagem que não sai da minha cabeça até hoje, ele estirado no chão, desfigurado e todo ensanguentado, uma imagem horrível, pois havia destruído o rosto dele com minhas próprias mãos. Eu sabia o que estava vendo, sabia exatamente o que estava vendo naquele momento.

— O quê?

— Ele estava morto, Budd, bem ali na minha frente. Droga! Eu tinha acabado de matar aquele pobre homem com minhas próprias mãos, um marido e pai de família. Droga!

Andy se levanta nervoso e começa a andar pelo celeiro, desnorteado.

Budd fica assustado com aquela revelação e Andy tenta se controlar, mas, descontrolado, começa a gritar:

— Droga! Droga! Droga de vida! Por que aquilo teve que acontecer? Por quê? Não era para aquele homem ter morrido daquela maneira! Não era para aquela luta ter terminado assim! Agora eu estou aqui, cinquenta anos depois, revivendo aquele dia fatídico como se fosse hoje, todos os dias da minha droga de vida! Eu matei aquele homem. Eu o matei, mas também morri naquele dia, pois nunca mais subi num ringue. Quer saber a verdade, Budd? Quem deveria ter morrido naquele dia não era El Matador, mas, sim, eu, pelo menos não teria que viver essa droga de vida medíocre e cheia de culpas que venho vivendo há cinquenta anos. Droga! Droga! Droga!

Budd não diz nada, somente fecha os olhos e começa a rezar num idioma estranho, talvez turco ou aramaico.

Segundos depois, Andy senta na poltrona e começa a ficar mais calmo. Respira fundo e vai se acalmando pouco a pouco até Budd terminar as suas serenas orações.

Minutos depois, ele retoma a consciência e diz:

— Desculpa, Budd, mas não sei mais o que fazer da minha vida, estou desesperado. Depois daquele dia em Las Vegas, minha vida perdeu completamente o sentido. Eu tinha tudo sobre controle, mas a vida me tirou tudo, simplesmente tudo.

— Você sofreu muito com tudo isso, não é?

— Sofro até hoje, sinto uma culpa enorme em meu coração. Mas não sei o que fazer para me livrar disso. Por isso decidi viver sozinho pelo mundo, para não ter que encarar mais as pessoas e a culpa que carrego sobre meus ombros. Mas esse fardo está ficando cada dia mais pesado e difícil de carregar.

— Você precisa se perdoar, Andy.

— Eu juro que não queria ter matado aquele homem, eu juro por Deus! Era apenas uma luta, um jogo, não era para ele morrer daquela maneira, em cima do ringue. Foi uma fatalidade e não um assassinato, como todos disseram.

— Disseram isso sobre você?

— Eu fui crucificado por todos, Budd, pela mídia, pelos treinadores, pelas pessoas nas ruas. Eu me transformei numa espécie de assassino frio e cruel do dia para a noite. O pior de tudo é que eu carrego essa cruz até hoje, são cinquenta anos de sofrimento, andando pelas ruas deste país como um mendigo assassino.

— Mas e o dinheiro da aposta que o Gordon Black fez para você? Afinal, você ganhou a luta, não ganhou?

— Sim, os juízes deram a luta como ganha para mim, mas infelizmente fui enganado pelo desgraçado do Gordon Black e perdi tudo que eu tinha. Depois da luta, fui para o hotel e, duas horas depois, liguei a TV para assistir ao noticiário e vi o anúncio oficial dos paramédicos do hospital central de Las Vegas, determinando a morte cerebral do El Matador.

— No dia seguinte, logo pela manhã, bateram à porta do quarto e um rapaz lançou por baixo da porta o jornal do dia. A capa dizia: "Fatalidade em Las Vegas: O assassino do Alabama mata Carlos Sanchez — El Matador". Aquela manchete acabou comigo, eu não sabia para onde ir e o que fazer da vida. Não tinha coragem nem de telefonar para a Vick em Memphis, pois ela certamente já estava sabendo do acontecido. Foram dias de muita comoção e terror. Ao mesmo tempo, eu fico imaginando: se foi difícil para mim, imagine como deve ter sido difícil para a família do El Matador.

— Mas e o dinheiro que você entregou para o Gordon? O que aconteceu?

— Ele me deu um golpe baixo e desapareceu do mapa, depois daquele dia eu nunca mais o vi. Gordon Black era um golpista profissional, um desgraçado, frio e calculista. Ele não fez aposta nenhuma, roubou meu dinheiro e fugiu, foi isso o que ele fez. Muito pior do que isso, ele realmente penhorou minha casa e meu carro numa loja de penhoras em Las Vegas, pois eu assinei uma procuração para que ele fizesse tudo em meu nome, dizendo ser meu representante legal e meu advogado pessoal. A casa de penhoras deu quatrocentos mil dólares para ele, mas Gordon Black não fez nenhuma aposta, simplesmente pegou o dinheiro da penhora e minha maleta com setenta mil dólares e desapareceu do mapa. Depois de cento e vinte dias, como eu não tinha dinheiro para pagar a penhora, a loja confiscou minha casa e meu carro. Mas eu nem cheguei a ver esse episódio, pois, como disse, minha vida se transformou num inferno completo depois da morte do El Matador.

— Como assim você não viu o que aconteceu com seus bens?

— Vou lhe contar tudo. Já que chegamos até aqui é melhor você saber de tudo, Budd. Eu nem sei por que estou contando tudo isso a você, mas, de certa maneira, estou me sentindo um pouco mais aliviado.

— Que bom que está se sentindo melhor, Andy.

— Mas o pior ainda estava por vir, Budd.

— O Lord Cochrane e seu irmão devem ter ficado pobres também, pois apostaram tudo o que tinham no El Matador, não foi?

— Eu não sei, sinceramente até hoje eu não sei o que aconteceu com eles. Vou repetir: minha vida se tornou uma completa tempestade depois daquele dia.

— Você nunca mais os viu? Nem mesmo seu irmão?

— Eu só vi meu irmão depois da luta e no dia seguinte, quando ele seguiu para Nova Iorque junto com Lord Cochrane. Eu não sei o que eles foram fazer em Nova Iorque. Pelo que me lembro, eles disseram que iam atrás de um médico em Manhattan para me ajudar. Acho que era algum tipo de neurologista, pois meu quadro de saúde após a luta ficou muito grave. Levei muitos golpes na cabeça naquela noite e foram golpes muito fortes. Além de ter ficado muito machucado fisicamente, eu estava destruído psicologicamente. A partir daquele dia, as coisas ficaram realmente muito difíceis pra mim. Não pensava mais com clareza, minhas mãos perderam a força, minhas pernas tremiam e não conseguia me lembrar de nada da infância. Eles diziam que eu estava sofrendo do mal do pugilista, um doença que afeta os lutadores quando levam fortes pancadas na cabeça.

— Você voltou para casa depois disso? Como foi?

— Eu não consegui voltar para casa, fiquei trancado no quarto do hotel, sendo atendido por alguns médicos, e pedi para os enfermeiros telefonarem para Vick e dizer para ela ir até Las Vegas. Depois de quase uma semana, ela apareceu no hotel, mas eu já não estava mais lá, tinha sido levado às pressas para o hospital central de Las Vegas, para ser internado.

— Meu Deus! Sua vida se transformou completamente!

— Não foi nada fácil, Budd, a partir desse dia, as coisas complicaram ainda mais.

— Oh, meu Deus!

Nesse momento, um forte relâmpago estoura bem perto do celeiro e a chuva continua caindo com força.

Capítulo 19
O drama

Só o amor pode construir uma vida.
Se não existe mais amor, não existe vida.

A tempestade piora e os ventos uivam pelas frestas do velho celeiro.

Assustado e com muito frio, Budd se deita na cama e se cobre com um velho cobertor de lã. Enrolado no cobertor, ele pergunta:

— Andy, eu acho que você não está bem. Tem certeza que quer continuar contando a história? Estou sentindo que esse momento é o mais difícil da sua vida.

Ele inspira profundamente, senta na caixa de madeira ao lado da cama e responde com a voz trêmula:

— Você tem razão, Budd, esse foi o momento mais difícil da minha vida, mais difícil do que todos os anos que vivi jogado pelas ruas, como um cachorro, dormindo de favor ou embaixo de marquises.

— Tem certeza que quer seguir adiante?

— Sim, eu preciso exorcizar isso. Que horas você precisa voltar para casa, Budd?

— Por volta das duas horas da tarde, pois, se chegar tarde demais, mãe Azizah vai ficar preocupada.

— Está combinado, então lhe contarei tudo. Mas você precisa me prometer uma coisa.

— O quê?

— Que não vai contar a ninguém o que vou lhe dizer, nem mesmo à sua mãe. Essa é a única coisa que lhe peço.

— Não se preocupe, Andy, não contarei a ninguém.

— Obrigado, Budd, assim fico mais tranquilo.

Andy está visivelmente nervoso. Ajeita-se sobre a caixa de madeira, segura com delicadeza a foto da sua amada Vick e a entrega para o pequeno Budd. Ela tinha aproximadamente vinte e quatro anos de idade naquela foto:

— Veja essa foto, Budd. Olhe bem essa linda moça.

Budd senta na beirada da cama e segura a foto com cuidado. Nesse momento, a chuva começa a diminuir gradativamente e os relâmpagos cessam.

— Está vendo seus lindos olhos, seus cabelos negros encaracolados e seu semblante amoroso?

— Sim, estou vendo e sentindo o quanto ela o amava — Budd responde.

— Eu sabia que você sentiria a mesma coisa que eu sinto, pois eu sei que ela ainda me ama. E sei que tudo aquilo que o Gordon Black disse sobre ela era mentira, pois Vick nunca me trairia, tenho certeza disso, mas infelizmente não sei onde ela está agora. Não sei se ela está bem ou se está muito doente, sozinha e desamparada em algum asilo. Depois do último dia que ela me visitou no hospital em Las Vegas, eu nunca mais a vi.

— O que aconteceu? Por que vocês se separaram?

— No meio daquele turbilhão todo que minha vida se transformou após a morte súbita do El Matador, eu acabei ficando muito transtornado e doente, por isso fui levado às pressas para o hospital central de Las Vegas.

— Quando cheguei ao pronto-socorro fui diagnosticado com uma fratura craniana e com grande possibilidade de ter coágulos sanguíneos e um provável AVC, acidente vascular cerebral. Realmente não estava me sentindo nada bem. No entanto estava consciente e conseguia caminhar e me comunicar, mas estava com as ideias confusas, tinha alterações de humor repentinas, me tornei meio violento e o raciocínio estava muito disperso. No dia seguinte da minha internação no hospital central de Las Vegas, estranhamente acordei muito nervoso e descontrolado, tão descontrolado e fora de mim que comecei a quebrar tudo o que havia dentro do quarto, parecia que tinha alguém dentro de mim, dizendo para eu acabar com tudo o que tinha pela frente. Eu ficava violento e avançava sobre qualquer pessoa que entrasse no quarto e me contrariasse. Os médicos ficaram muito preocupados com minhas reações e mandaram aplicar vários medicamentos intravenosos no meu braço para me acalmar, mas nada adiantava, eu gritava e pedia a presença da minha amada Vick. Era a única pessoa que eu queria ver naquele momento. Na verdade, eu estava sofrendo com dores insuportáveis na cabeça e no coração, pois achava que estava sendo traído por ela e por todos. Fiquei cinco dias trancado no quarto do hospital, considerado por todos um assassino frio e calculista. Eu precisava falar com Vick, pois era a única pessoa que poderia acreditar em mim naquele momento. Àquela altura, eu não tinha mais ninguém em quem confiar. Lord Cochrane e meu irmão Allie me deixaram sozinho naquele hospital e todas as pessoas que antes me bajulavam, de repente, desapareceram completamente da minha vida. Ou seja, eu estava internado naquele quarto de hospital completamente sozinho e sem a mínima ideia do que aconteceria com a minha vida a partir dali.

No entanto, na noite daquele mesmo dia, após quebrar o quarto todo do hospital e ser transferido para outro dormitório, alguém bateu suavemente à porta e entrou, pedindo licença.

— Quem era, Andy?

— Era ela, Vick, segurando um buquê de flores brancas. Ela me fitou diretamente nos olhos e eu me levantei da cama, aflito ao vê-la bem ali na minha frente. Sinceramente eu achei que ela tinha ficado transtornada com o acontecido, mas, não, ela estava ali parada na minha frente, pronta para me apoiar outra vez. Ela me deu um beijo na testa e disse:

— "Me ligaram do hospital dizendo que você estava internado, querido". "Sim, querida, infelizmente eu estou aqui nesta situação horrível. Que bom que você está aqui comigo agora!". "Eu cortei essas flores no nosso jardim, pois sei como você adora". "Você é demais, querida! Venha perto de mim um pouco". De repente, eu comecei a me sentir estranho, muito estranho mesmo. Uma espécie de raiva começou a fluir pela minha corrente sanguínea. Ela respondeu: "Eu tentei falar com você esses dias, mas não consegui encontrá-lo. O gerente do hotel disse que você estava trancado no quarto e não queria atender nenhum telefonema". "Tem razão, eu pedi para ninguém me incomodar. Desculpe, querida". Vick estava usando roupas de empregada doméstica. Eu achei aquilo muito estranho. "Por que você está usando as roupas da nossa empregada, Vick?". Vick estava nitidamente abalada e com os olhos inchados de tanto chorar, nos últimos dias. "Nossa casa em Memphis está rodeada de fotógrafos e repórteres querendo notícias suas. Eles estão fazendo campana em frente à nossa casa e dizendo coisas horríveis sobre você. Estão dizendo que você fez aquilo de propósito e que foi instruído por alguém. Eu não sei mais o que fazer, estou completamente perdida e choro dia e noite sem parar. Por isso não vim antes para Las Vegas, pois não tinha coragem de sair e enfrentar todas aquelas pessoas na calçada e os vizinhos. "Por quê?" "Eu estou muito envergonhada, Andy, não tinha como sair na rua. As pessoas estão jogando pedras nas janelas da nossa casa, ovos nos cachorros e muitas outras coisas que é melhor eu nem lhe contar". "É melhor não contar mesmo, Vick". Eu fiquei furioso. "Aproveitei um breve momento de deslize dos repórteres hoje pela manhã, peguei as roupas da nossa empregada Mariah e me disfarcei de doméstica para poder fugir de casa. Ninguém me viu saindo. Fui até a esquina, peguei um táxi, que me trouxe até aqui, em Las Vegas, foi assim que eu consegui sair de casa. É por esse motivo que estou vestida assim, como uma empregada doméstica".

Budd fica abismado com a história, e Andy diz:

— Como eu disse, Budd, eu estava confuso e me sentindo muito estranho naquele dia. Levantei-me da cama com dificuldade e me aproximei da Vick nitidamente fora de mim. Sem saber direito o que estava fazendo, comecei a ter desejos esquisitos por ela. Desejos que infelizmente não posso lhe dizer por causa da sua pouca idade, mas posso lhe dizer que tentei abraçá-la e beijá-la à força, entende?

— Sim, senhor.

— Eu devia estar horrível. Meu rosto estava todo roxo, meus olhos completamente inchados e minhas pernas bambas. Mesmo assim, eu tentei agarrá-la. Ela logo percebeu que tinha alguma errada comigo e se afastou, como se quisesse me repelir. Naquele momento, eu não compreendi sua reação e fiquei muito nervoso. Em tom raivoso, eu disse: "O que está acontecendo com você, Vick, meu amor? Por que está se afastando de mim assim? Venha aqui. Eu estou precisando tanto de você neste momento. Venha! Venha!". Vick nunca tinha me visto daquele jeito: transtornado, confuso, todo machucado e dizendo coisas estranhas. Na verdade, eu queria agarrá-la pelos braços e amá-la à força dentro daquele quarto de hospital. Mesmo adoentado, confuso e com a cabeça enfaixada, eu era mais forte do que ela. Ela tentou me afastar, mas a segurei pelos braços e a prendi com força contra a parede. Ela ficou desesperada e enojada com aquilo e entrou em desespero, ao me ver agindo daquela maneira. De repente, comecei a ficar cada vez mais violento e resolvi apertá-la ainda mais contra a parede, tentando forçá-la a corresponder aos meus beijos. Desesperada, ela começou a gritar por ajuda, mas infelizmente ninguém ouvia seus pedidos de socorro. Vick estava em pânico e eu estava completamente fora de mim. Vick estava tão desesperada que faria qualquer coisa para sair daquele lugar. Eu insisti e comecei a beijar seu pescoço como um louco descontrolado. Naquele momento, Vick percebeu que algo muito errado estava acontecendo e, com uma força descomunal, conseguiu me empurrar para trás. Caí no chão gargalhando, como se fosse um maluco de hospício. Levantei-me e comecei a dizer: "Minha querida! Você está querendo lutar comigo? É isso que está querendo fazer? Você acha que pode vencer um campeão como eu? Tem certeza que você quer mesmo lutar comigo?". Ela começou a chorar em desespero e tentou a todo custo abrir a porta do quarto para fugir, mas não conseguiu. A droga da fechadura estava travada. De repente, ela começou a gritar desesperadamente por socorro ao ver meu semblante violento. Segui novamente para cima dela, dizendo em tom sarcástico e irônico: "Vamos brincar um pouquinho, querida. Por que você está tão assustada? Você não me ama mais, é isso? Onde está aquela menina graciosa e boazinha que morava na igreja do pastor David? Onde está? Estou com tantas saudades daquela menina!". Ela me repugnou e começou a gritar no mais completo pânico: "Saia de perto de mim, seu maluco desgraçado! Saia de perto de mim, agora mesmo! Eu não quero fazer nada com você agora. Eu nunca te vi assim, Andy. O que está acontecendo com você? O que está acontecendo com você? Meu Deus! O que está acontecendo?". "Não está acontecendo nada, querida, eu só estou com saudades de você, amorzinho. Vamos! Deixa a vergonha de lado e venha aqui comigo". Nesse momento, eu comecei a ficar nervoso e joguei uma mesa cheia de seringas e medicamentos para cima, com muita violência, quebrando o vidro da janela e derrubando tudo o que havia por perto. Vick entrou em desespero e percebeu que algo muito ruim poderia acontecer se ninguém entrasse logo no quarto, naquele exato momento, para salvá-la. De repente, minha voz mudou, como se outra pessoa estivesse dentro de mim, e me aproximei mais dela, agarrando seu braço com força. Sem controle, comecei a beijar seu pescoço com violência. Eu estava completamente fora de mim, não sabia o que estava fazendo. Vick gritava: "Solte-me! Solte-me agora mesmo, seu maluco nojento". Eu não me incomodava e continuava beijando e sussurrando em seu ouvido: "Sou um maluco, sim, querida! Maluco por você e pelo seu corpo! Vamos, relaxe e venha comigo! Pare de ser tão exigente". Vick, com toda a sua força, me empurrou novamente para trás com os pés e gritou desesperada: "Saia de perto de mim, seu maluco assassino!". De repente, tudo ficou quieto dentro do quarto e eu me quedei bem na sua frente, sem dizer nada, encarando-a. Por alguns segundos, ela respirou aliviada, porém ofegante e nervosa. Mas foram somente alguns segundos de paz. Inesperadamente algo se incorporou em mim, uma espécie de demônio ou algo parecido, eu me aproximei dela e disse mais ou menos assim, não lembro exatamente as palavras que usei, pois tenho certeza que não era eu que estava falando naquele momento. Eu disse: "O que você disse? Disse que eu sou um maluco assassino? Eu ouvi bem o que você disse, sua vagabunda?".

O coração da Vick disparou, ao me ver nervoso daquele jeito e com o nariz sangrando. Ela estava tão nervosa que não conseguia dizer nada, a única coisa que ela queria era sair daquele quarto e nunca mais voltar. Mas eu insisti e continuei. Naquele momento, fiz algo de que me arrependo até hoje.

— O que você fez, Andy?

Ele respira profundamente e responde...

Capítulo 20
A discussão com Budd

— Eu não sei que diabos de força me fez agir daquela maneira inconsequente. Foi a pior coisa que fiz em toda a minha vida. De repente, cheguei perto dela, como se quisesse me desculpar, e dei um soco em seu rosto com toda a minha força.

— O que você fez, Andy? — Budd fica indignado ao ouvir aquilo.

— Foi uma cena horrível e deprimente, eu sei. Vick caiu imediatamente desfalecida no chão e, sem me importar com o que tinha acabado de fazer, me virei de costas e disse em voz alta: "Isso é para você aprender que eu não perdoarei e farei o mesmo com todos que entrarem aqui e me chamarem de assassino. Eu não sou um assassino e nunca serei. Nunca! Nunca!".

— Meu Deus! Por que você fez aquilo com a pobre moça, Andy? — Budd exclama, assustado com a revelação dramática.

Andy começa a chorar e fica nitidamente nervoso, mas continua contando a história.

De repente, Budd percebe que sua fisionomia fica diferente. Parece que Andy está incorporando a mesma entidade ou a mesma força diabólica daquele dia, no hospital, há quase cinquenta anos.

Certamente Andy ainda não se curou das mazelas emocionais. Pior do que isso, além de carregar todas as terríveis lembranças do passado, durante todo aquele tempo, ele sobrecarregou sua vida com rancor, culpa e um desespero enorme por não compreender por que tudo aquilo tinha acontecido de maneira tão intensa e sofrida.

Nitidamente nervoso, Andy se levanta e, sem qualquer explicação, começa a socar a parede do celeiro com toda a força, como se quisesse se autodestruir. Dá vários socos nos pilares de madeira maciça que sustentam o celeiro. Em seguida, após machucar muito as mãos, ele chora descontroladamente, sentindo muitas dores.

Budd se aproxima e tenta ajudar.

— Você está bem, Andy? Por que você fez isso? Tenha calma, não precisa ficar tão nervoso, pois são apenas lembranças. Você precisa se perdoar, amigo. Acho melhor a gente parar por aqui, pois estou ficando com medo.

Andy olha para o garoto com semblante diferente e, sem que ele imaginasse a sua reação, tranca a porta do celeiro com as mãos ensanguentadas.

Andy diz:

— Agora você vai ficar aqui e escutar a história até o fim, garoto.

Budd começa a chorar, com medo de que algo ruim aconteça com ele dentro do celeiro. Afinal, agora estão somente ele e o velho naquele lugar.

Budd diz sussurrando e, ao mesmo tempo, chorando:

— Tudo bem, Andy, não precisa ficar nervoso, eu prometo que escuto tudo o que você tem para dizer.

— Então se sente, e não tenha medo de mim, pois não vou fazer nada de mal contra você. Eu só quero que alguém me ouça, só isso. Até hoje, ninguém acreditou em mim, alguém precisa acreditar na minha história. Todos têm medo de mim, isso é o que me deixa mais nervoso. Todo mundo acha que sou mentiroso e assassino. Afinal, você é meu amigo ou não é, Budd?

— Claro que eu sou seu amigo, Andy.

— Se você é mesmo meu amigo de verdade, tem que acreditar em mim. Você precisa acreditar em mim, está entendendo?

Andy está descontrolado e precisa de calmantes fortes. Mas quem pode ajudá-lo no meio de uma tempestade?

Budd responde com a voz trêmula:

— Eu acredito em você, Andy. Continue a história, se quiser.

Andy senta na caixa de madeira e continua:

— Depois que fiz aquela besteira inexplicável com Vick, dois enfermeiros entraram no quarto, desesperados por terem escutado o barulho dos estilhaços de vidro caindo do lado de fora do prédio. Assim que eles entraram no quarto, viram Vick desmaiada no chão e, sem hesitar, me seguraram pelos braços e me amarraram na cama. Em poucos minutos, a cama estava toda cheia de sangue porque tive uma hemorragia na cabeça e meu nariz estava sangrando. De repente, comecei a ficar tonto por causa dos medicamentos que eles injetaram no meu braço e, depois disso, não me lembro de mais nada. O que sei sobre o acontecido foram os próprios enfermeiros que me contaram, quando retomei a consciência, após dois meses em coma.

— Você ficou em coma durante dois meses?

— Sim, eu não me lembro de nada. Foi um completo vácuo na minha vida.

— O que aconteceu com Vick?

— Um dos enfermeiros a ajudou a se levantar e ela retomou a consciência, porém ficou muito machucada, talvez com o maxilar e o nariz quebrados.

— Meu Deus! Como você pôde fazer isso com ela?

Ele olha furioso para Budd e diz:

— Cale a boca, garoto! Apenas escute.

Andy está novamente fora de si, descontrolado e transtornado.

— O enfermeiro disse que falou para a Eleonora assim que ela voltou à consciência: "O que você veio fazer aqui no quarto, moça? Esse cara está completamente descontrolado. Os médicos não compreendem o que está acontecendo com ele. Ele está muito violento e não diz coisa com coisa. A senhora não poderia ter entrado no quarto sozinha. Como a senhora entrou aqui sem nos avisar? Ele está totalmente sem controle e não sabe o que faz". O enfermeiro disse que ela se aproximou da cama, olhou para mim, já apagado por causa das altas doses de calmantes que me deram, e, com descaso, respondeu: "Desculpe, mas ele sabe exatamente o que está fazendo. Eu não sei o que aconteceu com ele depois da luta e não sei o que vai acontecer daqui em diante, a única coisa que sei é que nunca mais quero vê-lo na minha frente, pois eu sempre disse para ele que meu maior medo era viver ao lado de uma pessoa descontrolada, que bate e violenta as mulheres. Eu não admito o que ele fez isso comigo. Veja como eu estou! Com o rosto todo destruído. Olha o que ele fez comigo!". O enfermeiro respondeu: "Eu entendo a senhora, mas precisa compreender o processo difícil que esse homem está passando. Ele está sob efeito de medicamentos fortíssimos e está com graves problemas no cérebro. Ele levou muitos socos na cabeça durante a luta. A senhora precisa ser mais compreensiva". Ela respondeu: "Desculpe, mas eu não quero compreender mais nada. Tudo o que eu tinha para compreender já foi revelado. Por favor, cuidem dele da melhor maneira possível, pois eu sairei por essa porta e nunca mais quero vê-lo na minha frente". "Mas, minha senhora, tente escutar pelo menos a palavra do neurologista que está cuidando do seu marido. Por favor, vocês têm uma vida em comum. Pense nisso!". Vick não deu importância alguma para os apelos do enfermeiro e disse uma breve frase antes de bater a porta do quarto, para nunca mais voltar: "Só o amor pode construir uma vida. Se não existe mais o amor, não existe mais vida". Trinta minutos depois, que ela foi embora do hospital, os enfermeiros disseram que eu comecei a ter fortes convulsões e fui levado às pressas para o último andar do prédio, para a unidade de tratamento intensivo, a UTI.

De repente, Andy fica calado, olhando para o chão.

— Foi isso que aconteceu e pronto! Essa é a droga da história da minha vida, Budd. Está satisfeito agora?

Budd se encolhe no cobertor e faz um simples comentário:

— Eu não sei como você teve coragem de fazer isso com ela. Como você pôde?

Nesse momento, Andy fica furioso. Budd nunca devia ter dito aquilo.

Ele se levanta furioso:

— O que você falou? Você não entendeu nada do que eu disse, não é, garoto idiota? Você também não acredita em mim? Eu sabia que você era igual a todo mundo. Eu sei o que está se passando dentro dessa sua cabecinha cheia de minhoca. Eu sei, você está pensando que eu também sou um assassino e matei aquele cara de propósito, porque eu sou um cara mau, ganancioso e vingativo. Não é isso que você está pensando?

Budd não se intimida. Fica em pé e responde:

— Não, senhor, eu não estou pensando nada disso, é o senhor quem está pensando isso. Eu estou pensando que você deveria se perdoar e pedir redenção a Deus. É isso que estou pensando.

O velho não aceita a resposta do garoto. Sua vontade é de avançar para cima dele e machucá-lo também. Mas, graças a Deus, um lapso de consciência invade a sua mente e decide abrir a porta do celeiro. Responde, entretanto, com raiva:

— Você é um garoto idiota e mentiroso. Só apareceu aqui para atrapalhar mais ainda a minha vida. Cai fora daqui agora mesmo e nunca mais apareça. Nunca mais quero vê-lo na minha frente! Suma daqui, garoto mimado!

Budd pega a mochila de escola e suas roupas molhadas, olha o velho Andy no fundo dos olhos, para na porta do celeiro, sob uma forte chuva, e diz:

— Você é um grande covarde, Andy. Eu posso ser apenas um garoto, mas sei exatamente o que está se passando com você. Espero que Deus ilumine a sua vida e mostre um caminho de paz, pois você está precisando muito.

Andy não responde, bate a porta do celeiro com força na cara do pequeno Budd, que parte embaixo de chuva, angustiado por ter presenciado aquela cena terrível de culpa e desespero do velho Andy.

Capítulo 21
O arrependimento

Após expulsar o indefeso Budd no meio daquela terrível e congelante tempestade, Andy volta ao celeiro e senta na cama, sentindo o peso do arrependimento sobre seus ombros velhos e cansados.

Incomodado com a besteira que tinha acabado de fazer, levanta-se com pressa e corre como um maluco pelo gramado, embaixo de chuva, tentando encontrar Budd para lhe pedir desculpas. Mas, assim que chega ao portão e olha para dos dois lados da rua, não o encontra, ele desapareceu. Certamente saiu correndo com medo dos raios e relâmpagos.

Nesse momento, Andy baixa a cabeça e percebe a enorme besteira que acabou de fazer, como sempre acontece quando se lembra de fatos ruins do passado. É como um gatilho dentro da sua mente, que aciona um ponto explosivo da sua memória, e, aí, pronto: *Boom*! Colapso emocional completo!

Ele sabe que aquele descontrole repentino é um grande problema em sua vida. Algo que surgiu logo depois da morte do El Matador e foi se agravando quando retornou do coma.

Embaixo da chuva e extremamente arrependido, Andy sussurra para si mesmo enquanto retorna cabisbaixo para o celeiro:

— Eu sabia que isso aconteceria novamente, mais cedo ou mais tarde. Eu sou um completo idiota! Afastei todas as pessoas que amava na vida por causa deste jeito explosivo e violento que eu tenho. O que eu mais queria na vida era me livrar deste peso que me persegue, desta culpa que me corrói por dentro, destes sentimentos estranhos que teimam em me queimar. Meu grande sonho era me libertar completamente disso e viver uma nova vida. Era só isso que eu queria. Somente isso. Será que é pedir muito? Eu não estou pedindo muito, meu Deus!

Andy para de andar, fica estático no meio do gramado, como o fez na manhã daquele mesmo dia, e abre os braços. Ao receber a chuva sobre o peito nu, ele grita:

— Deus! Se você existe realmente, mostre-me um caminho, pois estou precisando de paz em meu espírito. Fale comigo, por favor. Eu sei que não sou um santo, mas estou no meu limite e preciso da sua ajuda neste momento. Não tenho mais ninguém neste mundo, a única pessoa que conversava comigo era aquele pobre garoto, agora ele se foi e estou aqui sozinho outra vez, completamente só.

Andy fica no meio do jardim com os braços abertos, aguardando alguma resposta dos céus, mas, como é de se esperar, nada acontece, simplesmente nada, nem um mísero sinal divino ou pequeno raio sobre a terra.

A chuva fina continua caindo e Andy resolve retornar ao celeiro, onde, em seguida, acaba adormecendo para só acordar na manhã do dia seguinte, um domingo encoberto de nuvens, mas sem chuva.

Por volta das nove horas da manhã de domingo, Andy desperta do sono profundo e percebe que dormiu por quase dezoito horas seguidas.

Assustado e sentindo-se perdido, ele se levanta da cama pronto para tomar uma decisão. De alguma forma, aquele sono reparador foi também providente para uma tomada de decisão. Mas que decisão? O que Andy pode ter decidido durante a noite? O que ele poderia fazer com a sua medíocre vida, afinal? Fugir novamente para as ruas e sair à procura de algo que nem ele mesmo sabe o que é?

Arranca o cinturão da parede, retira o *speedbag* que está pendurado no teto, abre sua velha mochila de andarilho e coloca tudo dentro, junto com algumas peças de roupas. Ele decide deixar de uma vez por todas aquela velha vida de sofrimento e solidão e seguir à procura do seu único amigo, o pequeno Budd. Estranhamente não sente fome e nem sede.

Arruma tudo, abre a porta do celeiro e vê novamente o doutor Klein e a senhora Suzanne saindo pelo portão da mansão no luxuoso carro.

Ver aquela cena do carro partindo e o portão automático se fechando é providencial, o instante crucial quando Andy percebe que ir embora é o melhor a se fazer, pois não pode mais viver uma vida de solidão e rejeição como a que vive, tem de encontrar uma saída, uma resposta ou, até mesmo, uma explicação para aquela vida sem sentido.

Mas aonde ele irá, afinal? Que ideia é aquela de sair sem destino, errante pelas ruas da cidade de Canton, no estado do Mississippi?

Foi tudo tão rápido, que Andy sequer planejou para onde iria. Seu objetivo principal é encontrar a casa do pequeno Budd e lhe pedir perdão, mas como encontrará sua casa se nem ao menos sabe o endereço?

Mas Andy tem uma pista, uma única pista. Qual?

Durante aquelas dezoito horas de sono profundo, Andy sonhou com uma grande casa, uma espécie de colégio antigo, com colunas grandes e redondas. A casa era pintada de bege, quase um branco gelo. Tinha muitas janelas e somente um andar. As janelas eram de madeira, pintadas de branco, com persianas com estilo árabe, e, na frente, havia um jardim muito bem cuidado com flores e arbustos ao lado da porta da entrada. Um lugar calmo e sereno.

No entanto, Andy não tem a mínima ideia de onde fica aquela casa que viu em seu sonho. Mas, durante a noite, Budd veio recebê-lo e pediu para ele entrar na casa. O sonho era um tanto quanto surreal, como a maioria dos sonhos costuma ser, mas aquele sonho parece uma espécie de chamado, um sinal, um aviso, dizendo para Andy ir ao encontro do seu amigo Budd.

Talvez fosse mais um dos seus devaneios ou talvez o início de uma loucura. Mas Andy é teimoso e não quer perder tempo, pois tem certeza de que aquela é a casa onde Budd mora.

Andy realmente não tem nada a perder. Coloca a mochila nas costas com os poucos pertences que tem e começa a caminhar pelas ruas.

Por incrível que pareça, ninguém o vê saindo da mansão dos Kleins. Nem mesmo o cozinheiro enxerido, St. Charles.

Começa a andar e, quando está a cinquenta metros do portão, olha para trás e diz a si mesmo:

— Estou indo embora triste e angustiado, mas estou partindo com um enorme sentimento de gratidão em meu coração. Se Deus quiser, um dia eu voltarei para agradecer tudo o que vocês fizeram por mim, doutor Willian e doutora Suzanne. Vocês não imaginam o quanto eu gosto de vocês. Um dia eu retornarei, eu prometo.

Capítulo 22
A charrete

Todos estão em busca de alguma coisa.
A diferença é que alguns sabem o que estão
procurando e outros, não.

Andy tem duas diretrizes a seguir.

Certa vez, Budd disse que não morava muito longe. É um lugar fora da cidade, numa área rural, mas não muito longe da cidade, só precisa seguir por uma estrada secundária de terra batida entre grandes plantações de milho, depois virar à direita, numa encruzilhada, e andar um pouco mais. Budd também disse que sua mãe se chamava Azizah.

Pode ser muito pouco para Andy iniciar a sua busca, mas é o que tem no momento.

Além dessas informações, ele tem também a imagem da casa que surgiu em seu sonho. Andy está acostumado a andar longas distâncias. Portanto, aquilo não será um grande sacrifício para ele. De repente, ele pode encontrar uma boa alma no meio do caminho para o ajudar a encontrar a casa da tal senhora Azizah. Afinal, não deve ser tão difícil assim encontrar alguém chamado Azizah nas redondezas da pequena cidade de Canton.

Após vinte minutos caminhando pelas ruas da periferia de Canton, ele vê uma placa apontando para a esquerda e indicando o início de uma estrada de terra batida. Só pode ser aquela a tal estrada descrita por Budd, não há outro caminho, pois, se continuar pela rua asfaltada, sairá na movimentada rodovia estadual.

Andy não hesita e resolve entrar à direita, na estrada secundária.

Anda por quase uma hora e nada de avistar a tal encruzilhada mencionada por Budd. O pior de tudo é que não há ninguém andando por ali, nenhum carro, nenhuma motocicleta, nenhuma pessoa. Desde que saiu da casa dos Kleins, Andy não encontra uma única pessoa pelo caminho, só vê cachorros, gatos e algumas cabeças de gado pastando tranquilamente pelas fazendas.

Sua única opção é seguir adiante, afinal, Budd disse que sua casa não era tão longe assim. No entanto, Andy já está andando há mais de uma hora pela estrada de terra, e nada. O problema maior é que as nuvens da manhã foram embora e o Sol do meio-dia começa a esquentar, deixando sua caminhada cada vez mais difícil.

Mas ele sabe que precisa continuar, pois retornar à casa dos Kleins e continuar vivendo aquela vida medíocre dentro daquele celeiro escuro não é mais opção para ele.

Com o Sol quente sobre a cabeça e sentindo as pernas cada vez mais pesadas, de repente, uma enorme fraqueza se instala, deixando o velho Andy ofegante e com muita falta de ar.

Certamente por causa da desnutrição e da desidratação, pois não vem se alimentando muito bem há vários dias, e nesse dia em especial, saiu apressado sem nem ao menos colocar um pedaço de pão na boca. Está em jejum e se sentindo muito debilitado.

A fraqueza se estabelece e cada passo que Andy dá se torna um verdadeiro sacrifício. Na verdade, a essa altura, já não anda mais, apenas perambula lentamente na beira da estrada de terra como se fosse um velho moribundo e maltrapilho.

Infelizmente, Andy menosprezou sua própria experiência como andarilho e achou que a busca pelo perdão de Budd seria fácil, mas, no meio do caminho, percebe que está errado, pois seu corpo pede por socorro e amparo.

Mesmo sofrendo bastante e quase desmaiado na beira da estrada, ele decide continuar. Cada metro que avança afigura uma vitória. Mas Andy está muito fraco, desnutrido e desidratado, prestes a desmaiar de tanta sede. Mas o que fazer no meio daquela vastidão de fazendas sem fim?

A estrada já não parece mais a mesma. De repente, tudo começa a ficar estranho, como se ele estivesse embriagado ou entorpecido por fortes doses de alucinógenos. As curvas são gigantescas e o caminho parece se mover embaixo de seus pés.

Por mais que ele ande, tudo é aparentemente sempre igual, sempre a mesma paisagem, a mesma plantação, as mesmas cercas de madeira de arame farpado e as mesmas curvas. Tudo se mostra igual, como uma eterna repetição enlouquecedora.

Será que Andy está delirando ou enlouquecendo? Será que ele aguenta ou está prestes a desmaiar no meio daquela estrada de chão seco e quente?

Sim, a resposta é sim, Andy está prestes a desmaiar e delira tanto que, assim que avista uma encruzilhada no horizonte, começa a gritar como um louco, no meio da vastidão:

— Budd! Budd! Onde está você? Ajuda-me, por favor! Budd! Budd! Desculpe, meu amigo. Você precisa me perdoar pelo que fiz.

Mas são apenas gritos a esmo, pois ninguém pode ouvi-lo no meio daquela vastidão, muito menos o pequeno Budd.

A fraqueza é tanta que Andy chega a ponto de não suportar o peso do próprio corpo e suas pernas bambeiam, derrubando-o à beira da estrada, ao lado de um mourão de madeira.

Caído no chão e quase sem ar, ele suplica por ajuda, mas ninguém aparece para ajudar. Andy não aguenta tamanho sofrimento e desmaia na estrada sob o Sol escaldante do meio-dia.

São momentos de extrema agonia, horas a fio, fritando sob o Sol quente.

Infelizmente as horas passam e ninguém atravessa a estrada durante a tarde toda. Durante quase cinco horas, Andy sofre sob o Sol como se fosse um animal abandonado. Mas sua resistência e a sua vontade de viver são impressionantes.

O Sol se põe e a noite chega, e, mesmo desmaiado, Andy ainda parece ter forças para sobreviver.

Uma pergunta, porém, fica no ar. Será que o caminho está realmente certo? Afinal, como Budd poder morar num lugar tão longe como aquele?

Assim que a noite cai, trazendo um pouco de alívio, de repente, ele desperta ao ouvir o barulho dos cascos de um cavalo que se aproxima lentamente. O barulho aumenta pouco a pouco e, quando parece estar bem perto, Andy abre os olhos para pedir socorro, pois sabe que essa será sua única alternativa de sobrevivência.

Repentinamente o cavalo para e Andy ouve um forte relinchar ao seu lado. Abre os olhos com dificuldade e vê um cavalo marrom bem alto puxando uma charrete um tanto quanto esquisita, diferente de todas as charretes que ele já viu na vida. Parece ser feita de madeira de lei trabalhada à mão, e com rodas com detalhes dourados.

Ele olha para cima ainda deitado sobre o chão e vê uma senhora de aproximadamente cinquenta anos descendo da charrete e indo ao seu encontro.

A essa altura, o delírio causado pela desidratação e insolação é tão grande que ele não sabe mais se está sonhando ou se está ficando louco. Ele não consegue raciocinar, a única coisa que quer é beber um pouco de água e encontrar algum lugar seguro para ficar.

A senhora se aproxima com uma jarra de água nas mãos e diz:

— Tome, beba um pouco dessa água, é água pura da mina, vai lhe fazer bem.

Ela se agacha, segura a nuca de Andy e lhe dá de beber. Ele está tão desesperado, que bebe quase a jarra inteira de água em apenas um gole.

Já um pouco mais consciente, Andy se esforça e, com dificuldade, consegue se sentar ao lado do mourão de madeira.

Ele diz:

— Obrigado por ter parado para me ajudar. Se não fosse a senhora, eu certamente morreria na beira desta estrada.

— Eu sei. Você está muito debilitado, meu senhor, não deveria ficar andando sozinho por aqui, pois não é seguro andar por essas redondezas a esta hora da noite.

— Estou à procura de um amigo. Ele disse que morava por aqui, mas infelizmente acabei me perdendo.

— Não se preocupe com isso agora, você está precisando muito de ajuda. Vamos levante-se, vou levá-lo até minha casa para tomar um banho quente e comer alguma coisa.

— Muito obrigado pela atenção. Eu não sei como agradecer à senhora.

— Não precisa me agradecer. Minha casa não fica muito longe daqui, vai gostar bastante de lá. Tem quartos grandes e um belo jardim.

— Tenho certeza que vou gostar.

Com dificuldade, mas se sentindo bem melhor, Andy sobe na charrete e a mulher puxa as rédeas com força, fazendo o cavalo seguir em frente.

Andy está se sentindo fraco demais, tão fraco que acaba adormecendo em cima da charrete. Mesmo balançando muito, ele não aguenta o cansaço e adormece.

A mulher tem um perfil bem diferente das mulheres daquela região do Mississippi. Seus cabelos são lisos e negros e estão sempre amarrados para trás. Usa um lenço colorido na cabeça, as sobrancelhas são grossas e o semblante marcante. Seu rosto é muito bonito e usa um vestido rosa com um decote grande, que mostra os seios fartos.

Cavalgam pela estrada escura durante mais de trinta minutos. De repente, o cavalo para no meio do breu e Andy acorda ao escutar o relincho do animal.

A mulher já está no chão, amarrando a charrete num pilar de madeira.

Assustado, Andy diz:

— Onde estamos? Já chegamos?

— Sim, já chegamos.

— Quanto tempo eu dormi?

— Bastante, meu amigo.

— Bastante quanto?

— O suficiente.

— O suficiente para quê?

— O suficiente para chegarmos até a minha casa.

— Casa? Não estou vendo nada!

— Aquela ali, olhe.

De repente, várias luzes se acendem no meio da escuridão e Andy não acredita no que vê.

— Meu Deus! É a mesma casa que eu vi em meu sonho! É exatamente igual! Como isso é possível?

A mulher se aproxima, estende a mão e diz:

— Muito prazer, meu nome é Azizah.

— O prazer é todo meu, senhora.

— Venha, eu ajudo o senhor a descer. Vamos entrar, pois está muito tarde para ficarmos no meio da estrada.

— Desculpe, mas a senhora disse que se chama Azizah?

— Sim, senhor, meu nome é Mariah Azizah.

— Você é a tal Mãe Azizah a quem Budd sempre se refere?

— Sou eu mesma. Budd me disse que vocês tiveram uma discussão e que talvez resolvesse vir à procura dele para lhe pedir perdão, Andy.

— Espera aí, como a senhora sabe o meu nome?

— Claro que eu sei o seu nome. Você acha que eu deixaria um filho meu falar com qualquer um por aí. Eu cuido muito bem deles, sabia?

— Você é mãe dele?

— Mais ou menos.

— Como assim? Mais ou menos?

— Vou explicar quando entrar em minha casa. Vamos, desça da charrete, vou preparar um café bem forte. Já está tarde e as crianças já estão dormindo.

— Crianças? Que crianças?

— Deixa de conversa e vamos entrar. É melhor você ir direto tomar um banho enquanto eu preparo um pão caseiro da fazenda e um café bem quente.

— Eu não estou acreditando que estou aqui, agora! Muito obrigado, senhora Azizah, a senhora foi um anjo que surgiu no meio da estrada para me salvar. Se você não tivesse aparecido no meio daquela escuridão, eu morreria de sede e fome.

— Tenho certeza que sim, mas Deus é providente e sempre oferece uma saída para aqueles que buscam.

— Buscam o quê?

— Oras! O senhor não está buscando algo? Todos estão em busca de alguma coisa, todos, sem exceção. A diferença é que alguns sabem o que estão procurando e outros não. Essa é a única diferença. Não existe ninguém que não esteja buscando alguma coisa. Vai me dizer que o senhor estava vagando a esmo por aquela estrada?

— Claro que não, eu estava à procura do meu amigo Budd.

— Como eu disse, as pessoas estão sempre em busca de algo. Sempre.

Andy olha com estranheza para aquela mulher de rosto marcante. Pelo seu nome, pelo sotaque e pela sua aparência, certamente ela tem ascendência árabe. Andy fica cismado e pensa: "Será que essa mulher é do tipo religiosa e fanática? Pelo estilo de construção da sua casa, talvez ela seja muçulmana".

Em tom de gratidão, ele diz:

— Não estou acreditando que estou salvo e prestes a entrar na sua casa, senhora Azizah. Muito obrigado pelo acolhimento.

— Não precisa me agradecer, Andy. Entre e sinta-se à vontade.

Capítulo 23
A borra de café

A busca pelo perdão não é algo simples.
Quero que procure incansavelmente até encontrar.
Quando encontrar, ficará perturbado, mas, logo depois, ficará maravilhado.

Uma hora depois, Andy já está na cozinha da senhora Azizah, pronto para se alimentar, pois está realmente faminto e louco para experimentar um pedaço daquele cheiroso pão caseiro que Azizah está preparando em seu fogão à lenha. O aroma é irresistível.

De repente, Azizah surge na cozinha, limpando as mãos no seu avental florido, e diz:

— Você deve estar faminto, não é?

— Sim, estou faminto e sentindo muita dor de cabeça.

— Está sentindo dores na cabeça?

— Muitas dores. Acho que deve ter sido por causa da insolação.

Ela se aproxima e diz:

— Sente-se nessa cadeira e feche os olhos. Vou fazer algo para aliviar essas dores.

— Desculpe. Mas não costumo tomar medicamentos, senhora Azizah.

— Quem disse que vou lhe dar remédios? Aqui nesta casa ninguém toma medicamentos.

Azizah se posiciona em pé atrás de Andy e deixa suas mãos esticadas a menos de cinco centímetros da sua cabeça, mas sem tocá-la. Enquanto faz a imposição das mãos, ela emite alguns sons estranhos e diz algumas palavras num idioma parecido com o árabe.

Logo em seguida, Azizah esfrega as mãos e diz que ele já pode abrir os olhos.

Curioso, Andy pergunta:

— O que a senhora acabou de fazer?

— Emanei um pouco de energia na sua aura, pois ela estava muito carregada, quase negra. Na verdade, estava acinzentada. Por isso você estava sentindo tanta dor de cabeça. Estava com muita energia de culpa e arrependimento acumulada ao redor da sua cabeça, mas agora está bem melhor, pode ficar tranquilo.

— Aura? O que é isso?

— É seu campo de energia vital. A maioria das pessoas não consegue enxergar a aura das pessoas, mas eu consigo. Não se preocupe, dentro de três ou quatro minutos não sentirá mais nada. Ou melhor, sentirá um pouco de euforia, pois eu mudei completamente o seu padrão vibratório.

— O que a senhora está dizendo? O que é padrão vibratório? Não estou entendendo nada.

— Não precisa entender, Andy. Fique calmo e apenas espere sua energia vital estabilizar.

Ele olha para aquela senhora com avental florido e cabelos presos e começa a se lembrar do seu amigo e empresário de boxe Lord Cochrane.

— Por acaso a senhora é ligada a essas coisas espirituais?

— Que tipo de coisas?

— Não sei. Essas rezas, orações e tambores. Essas coisas que as pessoas fazem escondidas por aí. Eu não sei explicar direito o que é, mas eu tinha um amigo que costumava mexer com essas coisas espirituais. Eu gostava muito dele, mas era muito estranho.

— Eu não participo de nada, Andy, sou uma mulher muito ocupada e tenho muitas tarefas aqui na fazenda, não posso ficar perdendo tempo com rituais e sessões espirituais. Tudo o que eu sei, aprendi sozinha. Deus me deu alguns dons e eu sigo fazendo o que Ele providenciou para mim. Eu tenho que cuidar da fazenda e das minhas crianças, só isso.

— Crianças?

— Sim, as minhas crianças.

— A que crianças a senhora tanto se refere? Não vejo ninguém andando pela casa.

— É claro que não está vendo ninguém. Você sabe que horas são?

— Não. Que horas são?

— Já são onze horas da noite.

— Meu Deus! Desculpe estar incomodando a senhora a essa hora.

— Não se preocupe. Isso sempre acontece.

— O quê?

— Eu estou sempre ajudando as pessoas por aí. Tem muita gente que precisa de ajuda e eu não nego auxílio a ninguém. Mas faço isso por amor e não por obrigação.

— Entendo.

Andy olha para o forno à lenha da senhora Azizah e diz:

— O cheiro desse pão está delicioso.

— Está mesmo, você vai adorar o pão que eu faço, é uma receita antiga que aprendi com minha mãe em Istambul quando eu tinha apenas nove anos de idade.

— A senhora é da Turquia?

— Sim, eu nasci na Turquia, na gelada cidade de Kayseri no leste do país. Mas, quando completei dois anos de idade, meus pais foram para Istambul para trabalhar.

— Eu sabia que a senhora tinha algo diferente, mas não sabia o que era.

Azizah se agacha e retira do forno a bandeja com dois pães cheirosos e suculentos. Nesse momento, Andy começa a se lembrar da época da infância, quando vivia na fazenda de algodão no Alabama e comia pães caseiros que sua tia costumava fazer nos fins de semana.

Azizah coloca os pães sobre a mesa:

— Aqui está. Preparei também um café bem quente para você. Você quer?

— Claro que eu quero, por favor.

— Azizah pega uma das xícaras mais bonitas da sua prateleira, toda decorada com temas florais e começa a servi-lo, mas há algo de estranho, Azizah prepara o café de modo diferente, ela coloca o pó dentro da xícara e depois a água fervente por cima.

— Está bom assim para você, Andy?

— Sim, deve estar uma delícia! Era tudo o que eu precisava neste momento.

— Eu sei. Experimente e veja se está ao seu gosto.

Andy experimenta e suspira de tão delicioso que está. Em seguida, olha para o pão caseiro bem na sua frente, e, faminto, levanta a mão para pegá-lo. No entanto puxa a mão de volta com vergonha.

Azizah percebe e diz:

— Não precisa ficar sem graça, Andy, pode comer quanto você quiser, pois eu sei que está faminto. Não tem ninguém aqui, somente eu e você. Então coma quanto quiser, eu fiz esses pães para nós dois.

Ela pega uma faca de serra com cabo de madeira e uma caixinha retangular, também de madeira, medindo pouco mais de oito centímetros, e coloca sobre a mesa, na frente dele.

Dentro da caixinha há uma espécie de creme amarelado. Ela coloca a faca e a caixinha ao lado do pão esfumaçante e diz:

— Sirva-se à vontade, Andy.

— O que é isso? — ele pergunta.

— É uma deliciosa manteiga turca. Eu mesma que preparo.

— Manteiga turca? Hum! Adoro manteiga.

— Você gosta?

— Adoro.

— Mas essa não é uma manteiga comum. Experimente e depois me diga o que achou. Coma à vontade. Não vai se arrepender. Daqui a pouco, eu volto. Vou até o quarto dos meninos avisar ao Budd que você chegou e dizer que amanhã vocês conversam.

— Obrigado, senhora Azizah. Diga ao Budd que amanhã nós conversamos.

— Vocês têm muito que conversar. Na verdade, terão que fazer uma viagem dentro de três dias.

— Viagem? Que viagem?

— Amanhã eu explico melhor. Agora coma.

Andy não perde tempo. Pega a faca e começa a passar a manteiga sobre o pão quente.

Andy não consegue raciocinar ao ver aquela deliciosa manteiga derretendo sobre uma grossa fatia de pão caseiro.

Ele está morrendo de fome e, a essa altura, nem ouve mais o que Azizah diz.

Dez minutos depois, Azizah surge novamente na cozinha, porém não mais vestida como antes. Agora está com os cabelos soltos e vestindo uma linda camisola azul-clara.

Andy se assusta ao vê-la entrando repentinamente pela cozinha e tenta limpar a boca cheia de manteiga e farelos de pão.

Mesmo com a boca cheia, ele tenta se retratar:

— Desculpe, senhora Azizah.

— Não precisa se desculpar, Andy. Mastigue até o fim, senão vai acabar engasgando.

Ela recolhe os talheres, limpa a mesa e pega a xícara com a qual Andy havia acabado de tomar seu café.

De repente, Azizah olha fixamente no fundo da xícara durante alguns segundos e, em seguida, gira a xícara algumas vezes, mas não diz nada.

Intrigado, Andy limpa a boca com o guardanapo e pergunta:

— Desculpe, mas o que a senhora está fazendo?

— Estou vendo o seu futuro. Só um minuto, Andy.

— Vendo o quê? Meu futuro? Numa borra de café?

— Exatamente.

— Que droga é essa? — ele sussurra.

Ela coloca a xícara sobre a mesa e sorri discretamente:

— Pronto, já está visto.

— Visto o quê? — Andy coça a cabeça e não acredita no que está ouvindo. Ele pensa: "Meu Deus! Eu devo estar ficando louco. Estou no meio do nada, numa fazenda. Quase morri essa tarde embaixo de um Sol escaldante, à procura de um menino de apenas oito anos de idade que eu nem ao menos sei quem é. Agora estou sentado na cozinha de uma turca maluca que diz ter o poder de ver o meu futuro no fundo de uma xícara de café. Droga! Eu estou ficando louco, com toda certeza estou ficando louco".

Azizah senta na cadeira, o encara e diz:

— Qual o seu nome completo, Andy?

— Meu nome é Andy Aaron Ray.

— Bom, eu tenho autorização para dizer algumas coisas, mas têm outras coisas que infelizmente não tenho autorização para dizer. Quer ouvir?

— Sim, afinal, não tenho nada a perder.

— Tem razão, você não tem nada a perder realmente. Tudo o que tinha para perder, já foi perdido, não é AA?

Andy começa a perceber que aquela mulher não estava de brincadeira.

Azizah continua:

— Estou vendo aqui que o amor esteve ao seu lado durante a sua vida inteira, mas o seu orgulho sempre rejeitou. Quando você permitir que o amor vença o seu orgulho, então a luz de Deus se manifestará em sua vida.

Andy fica calado e ela continua:

— Estou vendo também que há muito tempo você vem andando por aí à procura de uma moça muito bonita, mas até hoje não conseguiu encontrá-la, não é?

— Sim, isso é verdade.

— Você não a encontrou porque, num certo momento da sua vida, seu coração foi petrificado pela culpa, pelo medo e pelo egoísmo. Estou certa?

Andy arregala os olhos e lambe os lábios lambuzados pela manteiga.

— Sim, aconteceram coisas terríveis no passado. Eu era um lutador.

— Eu sei que você era um lutador.

— Sabe como? Está vendo aí dentro da xícara de café que eu fui um lutador?

Azizah sorri e responde ironicamente:

— Claro que não, foi o pequeno Budd que me contou sobre isso.

— Ele também contou para a senhora sobre a Eleonora Victorine e sobre El Matador?

— Não, isso ele não me contou, mas estou vendo aqui na borra do café.

— O que a senhora está vendo?

De repente, Andy começa a ficar interessado.

— Meu caro, preste atenção no que vou lhe dizer.

— Sim, senhora.

— Não adianta sair pelo mundo procurando o amor da sua vida sem que antes tenha coragem de se perdoar. Você precisa amolecer esse coração de pedra e deixar para trás o enorme peso que carrega sobre os ombros. Estou dizendo sobre o peso da culpa e do ressentimento. Compreende?

— Sim, senhora. Mas será que eu reencontrarei Vick um dia? Eu quero muito reencontrá-la e pedir perdão pelo que fiz.

— Sim, eu vejo que vocês se reencontrarão um dia. Isso está bem claro aqui.

— Tem certeza? Está vendo tudo isso dentro da xícara?

— Sim, a borra de café está mostrando que vocês se reencontrarão um dia.

— Como isso é possível? Como pode prever o futuro olhando uma simples borra do café?

— Andy, entenda uma coisa: uma borra nunca é igual à outra, mas elas formam padrões que eu consigo ler e interpretar. Aprendi isso na Turquia com minha querida mãe e posso lhe garantir que não costumo errar as minhas previsões.

— Que Deus a ouça! O que mais a senhora está vendo com relação à Vick?

— Estou vendo que essa linda moça também está à sua procura há muito tempo.

— Sério?

— Sim, ela o procura há muito tempo, sabe por quê?

— Por quê?

— Porque ela o ama demais.

Andy, de repente, abre um enorme sorriso de felicidade.

— Isso quer dizer que ela ainda está viva? É isso que a senhora está dizendo?

— Sim, ela está viva e está à sua procura.

— Oh, meu Deus! Não posso acreditar nisso, eu a amo demais. Tudo o que eu mais quero neste mundo é reencontrá-la.

— Como eu disse, Andy, eu não costumo errar. A borra de café só diz a verdade. Sempre.

— Posso confiar na senhora?

— Claro que sim.

— Mas onde eu posso encontrar Vick? Não faço a mínima ideia onde posso encontrá-la. Já procurei por todos os cantos dos estados de Nevada, Mississippi e Tennessee, e nada. Nenhuma pista, nenhum amigo, nenhum parente. Nada, simplesmente nada. Eu já estou com setenta e quatro anos de idade e ela tem um ano a mais que eu.

Mãe Azizah olha novamente no fundo da xícara e responde:

— Não se preocupe, pois, um dia, o Universo vai proporcionar esse mágico reencontro entre vocês, mas agora o momento é de redenção, Andy. Você sabe o que é redenção?

— Não sei. O que é redenção?

— Redenção significa redimir-se perante Deus e livrar-se das culpas.

— Por que eu tenho que fazer isso?

— Por que assim estará se redimindo perante o Universo e autorizando que o mais adequado se manifeste em sua vida.

De repente, os olhos de Andy começam a lacrimejar.

Azizah não se importa e continua:

— Desculpe ser tão direta, Andy, mas não sou mulher de fazer rodeios. Eu vi muitas coisas sobre a sua vida e algumas coisas terríveis que aconteceram no seu passado, mas não vou ficar relembrando esses momentos ruins agora, afinal, não é esse o meu objetivo neste momento.

— Tem razão, eu já sofri demais com essas lembranças.

— Andy, eu sei que você está profundamente deprimido e que também sobre bastante.

Nesse momento, ele não aguenta, coloca os cotovelos sobre a mesa de madeira e começa a chorar.

— Eu sei que você sofre há muito tempo em silêncio, Andy. Mas infelizmente essa é a sua vida.

Ele coloca as mãos na cabeça, em sinal de desespero e Azizah continua:

— É a sua vida e ninguém pode fazer nada por você no momento, somente você pode se ajudar. Desculpe dizer, mas precisa se responsabilizar por ela. É o que eu costumo ensinar todos os dias aos meus filhos. Eu sempre digo a eles: "Tudo o que vocês fizerem hoje será refletido no futuro. Então, prestem bem atenção no que estão fazendo e tentem ajudar as pessoas que estão precisando, pois, um dia, todos ficam velhos e precisam de ajuda. Se vocês ajudarem os que precisam, um dia,

Deus também ajudará vocês, é tudo uma troca, um ato de amor, um compartilhar verdadeiro".

— A senhora tem toda razão, vocês estão me ajudando bastante, só tenho a agradecer.

— Fazemos isso de coração e, não, por obrigação.

Ele para de chorar e decide fazer a pergunta que vinha lhe intrigando há algum tempo:

— Diga-me uma coisa, Azizah: por que a senhora sempre diz que tem muitos filhos? Eu ainda não entendi muito bem.

— Você ainda não entendeu, Andy?

— Acho que não. Por acaso aqui é algum tipo de orfanato? É isso?

Azizah sorri e não responde. Pega a xícara de café, lava na torneira e a coloca sobre a pia de ponta cabeça, para secar. Em seguida, responde:

— É mais ou menos isso, Andy. Costumo chamar este lugar de "nossa casa", mas é bem parecido com um orfanato.

— Eu sabia! Quantas crianças moram aqui?

— Trinta e duas, mas, às vezes, têm mais.

— Trinta e duas? E como a senhora faz tudo sozinha?

— Quem disse que eu faço tudo sozinha.

— Não faz? A senhora tem funcionários?

— Claro que não, não temos funcionários, nós vivemos uma vida simples aqui na fazenda, como as pessoas viviam antigamente. Contando comigo, somos trinta e três pessoas morando nesta casa, e cada um tem uma função específica.

— Meu Deus! Deve ser muito sacrificante viver assim.

— Aqui não existe sacrifício, Andy. Por exemplo, aqui a lei da matemática geralmente é contrariada.

— Como assim, contrariada?

— Aqui compartilhamos tudo, nesta casa o dividir significa somar.

Andy sorri e Azizah também. Ambos parecem estar se dando muito bem, como se fossem velhos amigos.

— Desculpe dizer, mas a senhora é estranha como o pequeno Budd. Vocês são bem diferentes das pessoas normais que eu conheço. Posso confessar uma coisa?

— O quê?

— Na verdade, eu nunca me dei muito bem com as pessoas normais.

— Somos todos naturais e seguimos nossas próprias naturezas. Normais são as pessoas que seguem normas. Certamente você é dos nossos, Andy.

Ele sorri e Azizah lava as mãos.

— Andy, já está muito tarde e você precisa descansar. Seu quarto é o último do corredor do lado direito. A cama já está arrumada. Vá e descanse um pouco.

— Muito obrigado, Azizah.

— Ah! Outra coisa que eu estava me esquecendo.

— Sim. O que é?

— A busca pelo perdão não é algo simples, Andy. Procure incansavelmente até encontrar. Quando encontrar, ficará perturbado, mas, logo depois, ficará maravilhado. Não tenha medo de seguir em frente, Andy.

— Seguir em frente. Mas para onde?

— Para onde seu coração mandar. Esse é o caminho que todos devem seguir. O caminho do amor é o único caminho que pode trazer algum sentido para a vida. Compreende?

— Acho que sim.

— Você tem que seguir adiante, até porque é única opção que você tem no momento, seguir em frente.

Andy olha com estranheza e Azizah faz a última pergunta da noite:

— Por acaso você tem alguma religião, Andy?

Ele fica calado, com medo de ser repreendido, pois nunca foi ligado a nenhuma religião. Mesmo se sentindo mal, prefere dizer a verdade:

— Não, senhora, eu não tenho nenhuma religião.

— Tudo bem. Então, eu vou para meu quarto dormir.

Azizah sai da cozinha e segue pelo corredor, na direção do dormitório.

Andy não pode ficar sem uma resposta. Ele se levanta da cadeira e vai ao encontro de Azizah, no meio do corredor, e coloca a mão sobre seu ombro direito:

— Por que a senhora quer saber se eu tenho religião?

— Eu só queria saber, Andy.

— Mas por quê? Isso faz alguma diferença?

— Claro que não. Eu só queira testar a sua fé. E isso não tem nada a ver com religião, mas, sim, com confiança a perseverança.

Andy sorri aliviado e Azizah também.

— Boa noite, Andy. Vá dormir um pouco, pois está precisando.

— Boa noite, Mãe Azizah.

Capítulo 24
A jornada

As respostas estão onde está o grande amor.

Há muito tempo o velho Andy não dormia tão bem. O silêncio matinal teima em mantê-lo na cama, escutando a sinfonia do vento que bate nas parreiras do milharal, enquanto abraça o confortável travesseiro feito com penas de ganso.

Por volta das oito horas da manhã, Andy se assusta ao ouvir o barulho das crianças brincando embaixo da janela do seu quarto.

Ele se levanta da cama, espia discretamente pela janela e vê cinco meninos correndo pelo gramado entre as margaridas, enquanto tentam capturar alguns colibris que se arriscam a sobrevoar o jardim florido, na esperança de encontrar algum alimento adocicado.

Andy fica maravilhado com aquela cena. O suficiente para fazê-lo sair do quarto e se sentar na escada para vislumbrar a paisagem e a alegria das crianças brincando no gramado.

Como chegou durante a noite, ele ainda não tinha visto a linda paisagem ao redor da fazenda da senhora Azizah. Mas, sentado na escada, fica apaixonado com a calma e a serenidade daquele lugar extraordinário. Parece uma pintura, um quadro que acabou de ser envernizado, tamanho é o encanto pelas plantações de milho balançando com o vento da manhã ao fundo e pelo lindo jardim em frente ao enorme casarão.

Meio anestesiado por aquela beleza contagiante, sem perceber, alguém senta ao seu lado e diz:

— Bom dia, Andy!

Ele se assusta ao ver que é o pequeno Budd bem ali ao seu lado.

— Meu Deus! De onde você saiu, Budd? Você me assustou.

— Eu estava ajudando meus irmãos a debulhar o milho. Aí eu vi você sentado aqui na escada e resolvi falar com você.

— Hoje é segunda-feira. Você não tem aula?

— Tenho, mas a minha mãe disse que tenho que ficar aqui para cuidar de você hoje, pois cuidar de você é mais importante do que ir para a escola neste momento.

— Sua mãe é muito atenciosa. Eu a adorei.

— Todos gostam dela.

— Eu não sabia que você era adotado, Budd.

— Sou, sim, mas eu amo a minha família do jeito que ela é. Somos uma grande família aqui e estamos sempre juntos, ajudando uns aos outros. Como você mesmo pode ver, aqui não existe competição, só cooperação.

— Tem razão, isso é uma coisa rara nos dias de hoje. No meu tempo era possível ver algo parecido com isso, mas hoje em dia, em pleno século 21, acredito que seja praticamente impossível.

— Obrigado por ter vindo até aqui conhecer a minha família, Andy. Você é realmente muito corajoso, eu o admiro demais, sabia?

— Eu vim até aqui para pedir desculpas a você pelo que fiz aquele dia. Você aceita as minhas desculpas, Budd?

— Claro que sim! Minha mãe disse que não existe salvação sem perdão. Claro que eu lhe perdoo, amigo.

Andy coloca o braço esquerdo carinhosamente sobre os ombros do pequeno Budd e diz:

— Eu sabia que você aceitaria minhas desculpas, Budd.

— Eu também — Budd responde, olhando para o chão, meio sem graça.— E, então? — pergunta.

— Então, o quê?

— O que você vai fazer agora?

— O que eu vou fazer? Como assim?

— O que você fazer da sua vida daqui em diante?

— Sinceramente eu não sei, Budd.

— Acho que você não entendeu a pergunta, Andy.

— Não estou entendendo?

— É o seguinte: minha mãe está lá na cozinha preparando um bolo de milho verde para comermos daqui a pouco e ela pediu para eu vir aqui lhe fazer uma pergunta.

— Uma pergunta? Que pergunta?

— Ela quer saber qual é o seu grande sonho?

— Sonho?

— Sim, o que move você? O que faz você continuar vivendo? Ela disse que vocês conversaram bastante ontem à noite e que hoje pela manhã saberia a resposta para esta pergunta. E, então?

Andy respira fundo, olha para o horizonte e responde com franqueza e verdade, como há muito tempo não o faz:

— Quer saber mesmo a verdade?

— Claro que sim.

— Desde que despertei do coma em Las Vegas, em dezembro de 1964, eu só tive um objetivo na vida.

— Qual?

— Foram dois meses em coma, um completo vácuo em minha vida. Quando os médicos me deram alta do hospital, eu não tinha mais ninguém e estava completamente sozinho no mundo. Todas as pessoas que eu amava não estavam mais por perto e tudo o que eu possuía tinha sido roubado pelo desgraçado do Gordon Black. Eu entrei naquele hospital como um campeão e saí como um indigente, com uma mão na frente e outra atrás. Eles queriam que eu telefonasse para alguém vir me buscar no hospital, mas naquele dia eu percebi que estava completamente sozinho, foi realmente muito triste. É muito triste não ter ninguém, Budd. Mas quando saí de lá, era como se eu tivesse ficado preso numa penitenciária, pois as pessoas olhavam para mim com ar de indiferença e medo, por acharem que eu era um assassino. A única pessoa que falava comigo enquanto fiquei em recuperação no hospital era um enfermeiro, só isso.

— Deve ter sido muito duro para você, Andy.

— Foi muito difícil. No entanto, o mais difícil de tudo foi quando despertei do coma e recebi a notícia que meu irmão Allie havia morrido num acidente de automóvel em Nova Iorque três dias depois que eu entrei em coma. Aquilo foi como um trator passando em cima de mim. Eu estava magro, debilitado, depressivo e não tinha para onde ir, e aquela notícia acabou comigo de uma vez por todas. De repente, minhas pernas bambearam como se estivesse sendo nocauteado, pois meu irmão era tudo para mim, tudo mesmo. Eu tinha três pessoas na vida e essas três pessoas desapareceram.

— Quem?

— Meu irmão Allie, minha esposa Vick e meu empresário Lord Cochrane.

— E o que aconteceu depois?

— Depois do coma, Lord Cochrane desapareceu da minha vida e eu nunca mais o vi. Eleonora, a minha amada, também desapareceu. Levou um tempo até eu me restabelecer e conseguir dominar os movimentos, mas, assim que os médicos perceberam minha melhora, eles me liberaram. A única coisa que os enfermeiros me entregaram foi uma mochila grande de couro, e dentro dela estava o cinturão de ouro, o *speedbag* que eu costumava levar sempre comigo e um embrulho com algumas fotos. Aquele embrulho que eu lhe mostrei lá no celeiro.

— Meu Deus. E o que você fez?

— Eu saí daquele hospital completamente sem rumo, errante e sem destino pelo mundo afora à procura da Vick. Andei mais de dez mil quilômetros em apenas cinco anos. Procurei por todos os lugares: restaurantes, bares, lanchonetes de beira de estrada, postos de gasolina, hospitais, tudo, em todos os lugares possíveis e imagináveis, mas nada, nenhum sinal dela.

— Você amava mesmo aquela mulher, não é?

— Sim, eu a amava muito. Você quer saber qual é a resposta da pergunta que sua mãe tanto deseja saber? Quer saber qual é o meu grande sonho?

— Sim, senhor.

— Eu respondo sem hesitar: o meu grande sonho é encontrar a Vick. É por isso que eu estou vivo até hoje, essa é minha única busca. Posso não ter mais nada na vida, mas eu ainda tenho fé em meu coração e acredito que a encontrarei um dia.

— Ela é o grande amor da sua vida?

— Sim, ela foi meu único amor.

— Então, é para lá que devemos ir.

— Para onde?

— Em busca do seu grande amor. Mãe Azizah disse que todas as respostas estão onde está o grande amor. Como sou seu único amigo, devo partir com você para uma grande jornada de busca.

— Jornada de busca? Está ficando maluco? Eu já andei por todos os lugares possíveis e imagináveis deste estado e não tenho mais saúde para andar por aí sem destino como fazia antigamente.

— Você tem que ir, Andy. Você precisa ir.

— Ir? Mas ir para onde?

— Para Memphis, onde tudo começou. Temos que encontrar o Lord Cochrane, pois ele é a única pessoa que pode ajudá-lo a encontrar a Vick.

— Está maluco, Budd. Lord Cochrane deve ter morrido há muito tempo. Se eu já estou velho, com setenta e quatro anos, ele deve estar com oitenta e quatro.

— Não importa, nós o encontraremos. Mãe Azizah disse que ele ainda está vivo.

— Será? Ela disse também que Eleonora também está viva.

— Se ela disse, então, é verdade, pois minha mãe não costuma mentir.

— Não sei se acredito tanto assim na sua mãe. Gosto muito da sua mãe, mas tudo isso parece uma grande utopia, uma completa ilusão. O que ela fez ontem com a borra do café é apenas uma tentativa de adivinhação. Ela só está querendo me agradar, eu sei disso.

— Está dizendo, então, que quer desistir e voltar a viver naquele celeiro escuro e fedorento pelo resto da sua vida? Sozinho e depressivo? Ou quer seguir adiante e tentar? Se não encontrar a Vick, pelo menos você pode dizer que tentou. E, então?

Andy olha apreensivo para o pequeno Budd e responde:

— Você está certo. Mas quando? Quando partiremos?

Budd sorri e começa a bater nos joelhos, demonstrando alegria pela iniciativa e coragem do velho Andy.

Azizah sai da cozinha e surge na varanda:

— É assim que se fala, Andy. Parabéns pela sábia decisão!

— Bom dia, Azizah.

— Bom dia, você dormiu bem?

— Sim, a cama é muito confortável.

— Sábia decisão a sua. Desejo boa sorte na sua jornada em busca do seu grande amor.

— O que eu posso fazer, não é, Azizah? Como a senhora mesmo disse: "Seja o que Deus quiser. Que o melhor se manifeste".

— Isso mesmo, é assim que se fala. Agora estou gostando de ver, renda-se e deixe Deus tomar conta da sua vida. Somente os fortes têm coragem de seguir em frente, apenas com a fé no coração. Não se preocupe, eu já conversei com Budd e ele irá com você até Memphis dentro de quatro dias. Enquanto isso, você descansará o máximo que puder aqui na fazenda. Não se preocupe com nada, nós providenciaremos tudo. Vou lavar suas roupas e deixar tudo arrumado para partirem na sexta-feira de manhã.

— Tem certeza que vai dar tudo certo, Azizah? Confesso que estou com medo.

— Bom. Eu vou responder a sua pergunta com a mesma pergunta: "Tem certeza que vai dar tudo certo, Andy?".

Andy olha seriamente para ela:

— A verdade é que, lá no fundo, alguma coisa me diz que dará tudo certo. Sinto uma certeza em meu coração.

— Então a resposta já está dada. O que importa é a certeza que brota do fundo do coração. A certeza sempre vence o medo. Sempre.

— A senhora tem razão. Lord Cochrane costumava dizer a mesma frase enquanto eu me preparava para subir no ringue e lutar.

— Vá e encontre seu amigo Lord Cochrane. Ele é a única pessoa que poderá ajudá-lo.

— Tem certeza que Lord Cochrane está vivo?

— Sim, ele é um negro de cabelos brancos, usa bengala, chapéu listrado e costuma falar alto?

— Exatamente, ele sempre foi de falar alto e brincar com as pessoas.

— Então é ele mesmo que eu vi.

— Viu onde? Na borra de café?

Azizah dá uma gostosa gargalhada e responde:

— Não, Andy, nem tudo eu vejo na borra de café. Às vezes, vejo também nas espigas de milho e nas sementes de laranja.

— A senhora é uma maluca mesmo!

— Andy, eu posso ser meio maluca, mas sou uma mulher feliz.

Os dois gargalham juntos.

Azizah contém o riso e diz para seu filho Budd:

— Filho, leve-o para conhecer a fazenda, ele vai adorar conhecer o milharal, a mina de água, o estábulo dos cavalos, a produção de mel e tudo o que produzimos aqui na nossa fazenda. Vocês têm quatro dias para descansar antes de partir.

— Tudo bem, Mãe Azizah, farei isso.

Budd se levanta e dirige a palavra para Andy:

— Vamos, Andy, levante-se. Tem muita coisa para conhecer.

— Calma aí, rapaz! Eu sou um velho e precisa ter calma comigo. Não sou uma criança como você...

O pequeno Budd sorri e abraça as pernas do seu amigo.

Quatro dias depois...

Sete horas da manhã de uma sexta-feira ensolarada e Azizah já está na frente do casarão, esperando a charrete chegar.

Budd e Andy surgem na varanda e a charrete encosta, logo em seguida, na hora exata solicitada pela senhora Azizah.

Ela se aproxima de Budd, dá um beijo carinhoso em seu rosto e diz:

— Meu filho, eu tenho certeza que Andy vai encontrar o que ele tanto procura. Por isso desejo boa sorte a vocês dois. Agora está na hora de partirem, sigam em paz na presença de Deus.

— Obrigado, Mãe Azizah — Budd responde.

Andy se aproxima e dá um forte abraço em Azizah:

— Obrigado pelo café e por tudo o que a senhora me fez. Obrigado pela paciência e pelos conselhos. Tenho certeza que suas palavras foram de grande valia.

— Eu que agradeço, estou aqui para isso, para ajudar e amparar. Façam uma boa viagem. Meu outro filho, Anderson, vai levá-los até a entrada da cidade. Como eu não deixo ninguém pregar ferraduras nos cascos dos nossos cavalos, eles não podem cavalgar sobre o asfalto quente. Então vocês já sabem: os cavalos só chegam até a entrada da cidade, onde acaba a estrada de terra e começa a estrada de asfalto.

Andy olha para a rua e vê um menino de aproximadamente doze anos de idade preparando a charrete.

— Hei, Budd. Eu conheço esse garoto de algum lugar.

— Lógico que você o conhece, ele estava comigo outro dia, quando saímos da escola e nos encontramos na frente da casa dos Kleins. O nome dele é Anderson.

— Estou me lembrando dele.

— Geralmente é o Anderson que vai me buscar na escola.

— Mas ele vai de charrete? Vocês não têm carro?

— Não temos carro, a Mãe Azizah disse que temos que viver uma vida natural, longe da modernidade e da loucura da cidade, pois não faz bem para as crianças. Como você viu nos últimos dias, aqui na fazenda, nós vivemos como as famílias de antigamente.

— Eu percebi isso e lembrei muito da minha infância. Foram dias muito prazerosos.

Os dois descem pelas escadas, sobem na charrete e, antes de partirem de volta para a cidade, Azizah faz a última recomendação:

— Budd, assim que Anderson deixá-los na entrada da cidade, andem cerca de quinhentos metros até encontrarem um ponto de ônibus. Lá vocês pegarão um ônibus que passa a cada três horas com destino a Memphis. É simples e seguro, você sabe como fazer, não é?

— Sim, senhora, deixe comigo, sei exatamente como fazer.

— Até logo, mãe Azizah.

— Até logo, meu filho. Vá com Deus.

O caminho é longo, são duas horas de charrete até a entrada da cidade.

Assim que chegam próximo ao asfalto, Anderson puxa os arreios, dá meia-volta com a charrete e para na beira da estrada, para o velho e o pequeno Budd descerem.

— Aqui estamos. Agora é com você, irmão Budd.

— Obrigado, irmão Anderson.

— Façam uma boa viagem.

— Vamos, Andy, temos que caminhar até o ponto para pegar o ônibus, que passará às dez e vinte da manhã.

Anderson se despede e sai em disparada com a linda charrete de volta para a fazenda.

Ambos caminham cerca de quinhentos metros embaixo do Sol quente até chegarem ao ponto de ônibus, onde uma senhora de aproximadamente setenta anos espera para embarcar.

Andy senta ao lado da senhora e a cumprimenta, mas ela não parece muito interessada em conversar. Vira o rosto e não responde, talvez tenha pensado que Andy estava tentando flertar com ela.

Budd senta entre Andy e a senhora e espera o ônibus chegar, na hora marcada.

O motorista abre a porta principal e a senhora sobe as escadas na frente, depois sobe Andy e, em seguida, Budd. A senhora paga a passagem com dinheiro e Andy olha para trás, preocupado.

Ele diz:

— Hei, Budd! Eu não tenho dinheiro. E agora?

— Não se preocupe, entre e encontre algum lugar para sentar no fundo do ônibus. Deixa que eu pago. Azizah me deu dinheiro para as passagens.

Ele segue para o fundo do ônibus reclamando:

— Meu Deus! Que vergonha chegar nessa idade e não ter nem ao menos algumas moedas no bolso para pagar uma mísera passagem de ônibus.

O ônibus está quase vazio. Há somente oito pessoas espalhadas pelas poltronas. Andy senta na última fileira e Budd vem logo atrás.

— Pronto, está tudo bem, Andy, já estamos indo para o nosso destino, a famosa cidade de Memphis, no Tennessee. Serão algumas horas de viagem, então, se você quiser dormir, fique à vontade, qualquer coisa eu o acordo quando chegarmos.

— Está bem. Acho que vou tirar um cochilo, sim, pois a viagem de charrete me cansou bastante.

Capítulo 25
Memphis – Tennessee

Quatro horas depois...

— Andy! Acorda! Já chegamos em Memphis.

Ele abre os olhos com dificuldade.

— O quê? Onde estamos?

Andy acorda desnorteado e não sabe onde está.

— Estamos em Memphis, na estação central. Vamos descer antes que o ônibus vá embora. Todo mundo já desceu.

Budd o puxa pelo braço antes que a porta do ônibus se feche. Enquanto isso, Andy recupera a consciência; desce do ônibus e se despede do motorista, que, por sinal, parece irritado e apressado.

— Que motorista esquisito! As pessoas não são mais como antigamente. Andam sérias e emburradas pelas ruas!

— Esquece o motorista, temos que chegar até a academia onde você treinava. Se existe um lugar nesta cidade onde podemos encontrar o Lord Cochrane é na velha academia. Você não acha?

— Eu não sei se consigo lembrar onde fica a academia. As coisas mudaram muito por aqui. Está tudo tão moderno! Não existiam tantos restaurantes, tantos carros e tanta gente andando pela rua.

— É claro, Andy. Faz quanto tempo que você não vem a Memphis?

— A última vez que estive aqui foi em 1964. Exatos cinquenta anos.

— Faz muito tempo!

— Muito! Muito tempo, mesmo! Tudo mudou. Não existe mais aquela atmosfera de rock´n roll e blues, como existia antigamente. Agora só existe essa droga de consumismo barato.

— E, então? Em qual direção vamos, Andy?

— Um minuto, preciso me lembrar. Minha memória não anda muito boa. Acho que temos que seguir para a direção leste, rumo a Graceland.

— Graceland?

— A casa do rei. Nunca ouviu falar de Elvis Presley?

— Já lhe disse que conheço.

— Vamos logo, não quero ficar parado aqui no meio da rua. Assim, vou me lembrando de tudo.

— Você é quem manda, Andy. Eu vou aonde você for.

Ambos caminham por mais de uma hora entre os carros luxuosos, os motociclistas, estilo *chopper*, que chegam de todos os lados para visitar a cidade e os turistas comuns, que andam pelas ruas, querendo comprar *souvenirs* e lembranças.

Andy está assustado e, de certa forma, irritado com tudo aquilo.

Após uma hora caminhando, Andy se mostra cansado e com falta de ar. Mas pelo menos o tumulto do centro da cidade ficou para trás.

De repente, ele para de andar e senta na calçada:

— Budd, eu não estou me sentindo bem, não aguento mais andar, preciso parar um pouco. Graças a Deus, saímos daquele tumulto do centro, pois já estava me sentindo mal com tanta gente e tanto barulho.

— Eu também. Não se preocupe. Eu espero você descansar um pouco.

— Só preciso respirar um pouco, Budd.

— Eu vou até a esquina para ver se encontro a tal academia. Talvez encontre alguém para pedir informação sobre Lord Cochrane. Tenho certeza que alguém nesta cidade já ouviu falar dele.

— Eu ficarei aqui sentado, descansando.

— Tudo bem. Não saia daí, pois voltarei dentro de alguns minutos.

Uma hora depois...

Andy continua sentado na calçada e se sentindo muito mal. Tenta levantar, mas não consegue. Ele está nervoso, pois Budd não retorna.

— Droga! Onde está esse garoto? Onde ele se meteu afinal? Eu estou aqui com fortes dores nas pernas e não consigo me levantar.

Budd tinha desaparecido e ele não tem muito o que fazer, pois suas pernas estão anestesiadas devido à má circulação.

De repente, um rapaz mal-encarado de aproximadamente trinta anos, com as roupas sujas e rasgadas, atravessa a rua e vem ao seu encontro. É um viciado em drogas, um ladrão maltrapilho.

Andy não se sente bem ao ver aquele cara caminhando em sua direção. Já são quase seis horas da tarde e, dentro de pouco tempo, ficará escuro.

O rapaz se aproxima e Andy tenta se levantar, mas não consegue. Ele sussurra com raiva:

— Que droga! Onde está o Budd? O que aconteceu com o garoto?

O rapaz se aproxima e senta ao seu lado, encostando-se na parede.

Um cheiro horrível de enxofre entra pelas narinas de Andy e o viciado diz:

— E, então? Tem um cigarro aí, velhote?

Andy olha para o rapaz e percebe que ele está com o rosto todo machucado e os olhos inchados. Certamente tinha apanhado ou tinha acabado de sair da prisão.

— Eu não fumo — Andy responde.

— Posso ficar aqui ao seu lado, velhote?

— Se está pensando em me assaltar, pode esquecer, cara, pois não tenho um mísero níquel nos bolsos.

— Que droga de vida, não é mesmo, velhote?

— O que você disse?

— Eu disse que esta vida é uma droga.

— Você, por acaso, apanhou de alguém? — Andy pergunta.

— É claro! Eu apanho o tempo todo. Ando pelas ruas, fugindo de uns caras que gostam de bater nos mendigos que dormem pelas ruas.

Andy fica assustado e olha preocupado para a esquina, tentando encontrar o pequeno Budd.

— Está com medo de mim, velhote?

— Eu não tenho medo de ninguém, seu idiota.

— Olha aqui, velhote, você tem que ficar esperto por essas bandas, tá sabendo? Quando a noite chega e as ruas ficam escuras, eles saem das casas para espancar os viciados como eu.

— Mas eu não sou um morador de rua!

O rapaz começa a rir, debochando do velho Andy.

— Você não me engana, velhote, você é exatamente como nós. Foi abandonado pela vida e está vagando sozinho por este mundão enlouquecido.

— Eu não estou sozinho, estou com um amigo. Estamos só de passagem por aqui.

O viciado continua gargalhando com ironia e Andy olha novamente para a esquina, tentando encontrar o pequeno Budd. Afinal, o menino pode estar em perigo também.

Andy tenta se levantar do chão, mas não consegue. De repente, ele começa a sentir fortes dores na cabeça e uma vertigem incontrolável. Em seguida, fecha os olhos e começa a respirar com dificuldade.

O rapaz não se importa e continua rindo dele. Abruptamente, ele se levanta e se posta cara a cara com Andy. Nesse momento, Andy está passando tão mal que não consegue sequer abrir os olhos.

O viciado maltrapilho coloca o rosto perto do dele, levanta suas pálpebras e diz rindo, com uma voz estranha e assustadora:

— O que foi, velhote? Está se sentindo mal? Não consegue nem abrir os olhos, não é? Sabe o que você é? Você é um vagabundo como eu, seu velhote safado.

Segura a cabeça do Andy pela nuca com as duas mãos e continua provocando:

— Vamos, velhote. Você está sem força? Vamos! Acorda! Acorda! Me dá um cigarro aí, cara!

De repente, Andy consegue abrir um pouco os olhos e se assusta ao ver o rosto daquele viciado todo desfigurado e desmanchando bem na sua frente, como se estivesse derretendo. Andy tenta a todo custo afastá-lo para se levantar, mas não consegue se mexer, pois o rapaz estava sentado em cima das suas pernas e colocando todo o peso sobre seu tronco.

Ele fica apavorado e paralisado. Só consegue mexer um pouco o pescoço e olhar na direção da esquina. De repente, ele vê o pequeno Budd correndo desesperado na sua direção.

Budd grita ao longe:

— Hei! Seu zumbi desgraçado, saia de cima dele agora mesmo. Estou mandando!

O mendigo se assusta e sai de cima de Andy. Mas para na frente do garoto e começa a debochar dele também:

— Esse é o seu amigo, velhote? Essa criança é o seu amigo? Tá de brincadeira comigo, não é?

Budd não se intimida e diz com firmeza:

— Em nome de Deus, eu ordeno que nos deixe em paz!

O viciado parece não se importar e continua rindo:

— Que amigão você tem, hein? Você é um velhote desgraçado, sabia?

Andy não consegue responder, está completamente sem energia e continua encostado na parede da calçada.

De repente, Budd levanta as duas mãos e avança contra o viciado. Imediatamente ele para de rir e começa a andar para trás, com medo do menino.

Budd continua avançando e faz o sinal da cruz, dizendo em voz alta:

— Eu ordeno, em nome de Deus, que desapareça daqui e nos deixe em paz. Eu ordeno, em nome de Deus!

De repente, o mendigo para de rir e sai correndo pela rua, gritando como um maluco.

Budd se agacha para ajudar seu amigo e, aos poucos, Andy retoma a consciência.

Preocupado, ele pergunta:

— Como você está, Andy? Aquele louco machucou você?

Ele abre os olhos, se ajeita no chão da calçada:

— Estou melhor, não se preocupe.

— Que bom que você está bem, Andy.

— Meu Deus! O que aconteceu aqui? Quem era aquele maluco? Eu estava sentado aqui, esperando por você, e, de repente, aquele cara apareceu do nada, sentou do meu lado, querendo cigarros, e eu comecei a sentir muita tontura. Não conseguia ficar com os olhos abertos e perdi completamente as forças.

— Deixe aquele maluco para lá! Deve ser mais um desses viciados que vagam pelas ruas, procurando drogas e dinheiro. Ele percebeu que você estava vulnerável e veio roubá-lo. Foi só isso.

— Que coisa ruim eu senti quando ele subiu em cima de mim! Achei que ia desmaiar. Foi assustador.

— Foi mesmo, muito assustador. Graças a Deus, ele já se foi.

— Obrigado por me salvar, Budd.

— Não precisa agradecer. Vamos sair daqui.

— Que droga! Mas onde você estava, afinal? Eu estava preocupado com você.

— Como você estava com dores nas pernas, eu decidi andar umas cinco quadras para encontrar a tal academia.

— Encontrou alguma coisa?

— Perguntei para algumas pessoas e acabei chegando até o local onde supostamente ficava a academia onde você treinava com Lord Cochrane.

— Encontrou ou não?

— Encontrei, mas...

— Mas o quê?

— A academia não existe mais. Agora existe uma lanchonete no local.

Andy olha para o chão e se frustra.

— Você disse que transformaram a academia numa droga de lanchonete? Dessas que vendem hambúrgueres e batatas fritas?

— Exatamente.

— Que droga de modernidade! Aposto que não existem mais academias de boxe nesta cidade. O que mais você descobriu, Budd?

— Perguntei para o garçom mais velho da lanchonete e ele me disse que o dono da lanchonete comprou a academia, na década de setenta, de um senhor negro que costumava usar bengala e chapéu.

— Ele disse isso?

— Sim, ele confirmou isso. Quer ir até lá para perguntar pessoalmente?

— Não, eu confio em você. Esse senhor negro que usa chapéu é o Lord Cochrane. O que mais ele disse? Você não perguntou onde poderíamos encontrá-lo?

— Perguntei.

— O que ele disse?

— Ele disse que ouviu boatos que Lord foi morar em Londres, na década de oitenta.

— Londres? Inglaterra?

— Sim, Londres.

— Oh, meu Deus! Então viemos até aqui à toa. Nunca encontraremos Lord outra vez. Talvez ele nem esteja mais vivo.

Budd estica o braço e diz:

— Vamos, Andy, levanta do chão frio, pois já está escurecendo.

Andy segura sua mão e se levanta com dificuldade:

— Infelizmente nós estamos ferrados, Budd. Sem destino e sem ninguém para nos ajudar a encontrar Vick, estamos perdidos. Lord era a única pessoa que poderia dizer onde ela está.

— O que vamos fazer agora, Andy?

— Eu não sei, juro que não sei. Já está ficando tarde e precisamos dormir em algum lugar. Tem algum dinheiro aí?

Budd fica sem graça:

— Não, Azizah só deu dinheiro para pagar as passagens de ônibus. Tenho apenas algumas moedas para comprar as passagens de volta.

— Tem certeza?

— Sim, senhor.

— Aquela mulher é maluca ou o quê? Como ela pode dar somente algumas moedas para pagar as passagens? Onde vamos dormir? O que vamos comer?

— Eu não sei, Andy.

Ele fica nervoso:

— Bom, então é assim que vai ser daqui em diante, seja bem-vindo à vida real, garoto. Agora você vai entender um pouco sobre a vida que eu vivia quando perambulava pelas ruas sem dinheiro e sem lugar para dormir.

Budd fica calado e não responde.

— Sua mãe é uma inconsequente! Eu nunca esperaria que ela fizesse isso conosco! Vamos até um lugar que eu conheço, é uma praça onde podemos dormir sem perigo. Amanhã acordamos bem cedo e aí decido o que vamos fazer.

— Não prefere retornar para a estação central e voltar para Canton?

— Não quero voltar para Canton. Se você quiser, pode voltar, eu ficarei aqui no Tennessee, pois não tenho motivo algum para voltar. Você tem uma família lhe esperando no Mississippi, mas eu não. Para mim, tanto faz ficar aqui ou em qualquer lugar. Sou um viajante solitário e não tenho mais motivos para continuar vivendo esta droga de vida.

Andy está nitidamente alterado e nervoso.

— E, então, o que vai fazer, Budd? Vai voltar para casa ou vai ficar comigo?

Budd fica pensativo e responde sem hesitar:

— Vou ficar com você. Não deixarei você sozinho nesta cidade.

— Tem certeza disso?

— Sim.

— Então, fique sabendo que não será nada fácil. A madrugada é muito fria e quando a fome chega, o estômago encolhe e dói bastante.

— Não tem problema, eu aguento.

— Você é quem sabe. Eu não me responsabilizo se você não aguentar.

— Eu aguento, Andy. Não se preocupe.

— Você é um garoto muito corajoso, sabia? Qualquer garoto da sua idade já estaria chorando e querendo voltar para a casa da mamãe.

— Eu sou um menino diferente, Andy. Já se esqueceu?

— Tem razão, você é realmente diferente. Então, chega de papo e vamos até a praça encontrar algum lugar para dormir. Amanhã eu decido o que vamos fazer.

Capítulo 26
Manhã de sábado

A minha voz interna encontrou uma saída.
A sua também encontrará.

Andy não está enganado. Ele conhece muito bem a dificuldade que é dormir numa praça pública ao relento da madrugada.

Infelizmente a jornada que era para ser de alegria e realização, de repente, acaba se transformando numa aventura perigosa e sem sentido.

A noite é difícil, mas ambos conseguem suportar o frio da madrugada.

Sete horas da manhã, Andy acorda e, sentindo pena do garoto, dá um cutucão nas suas costas:

— Acorda, Budd! Temos que ir embora. Já amanheceu e os guardas vão chegar dentro de poucos minutos para nos tirar daqui.

Budd abre os olhos, encolhe os braços, morrendo de frio, e diz:

— Vamos embora para casa?

— Não, nós vamos para outro lugar.

— Para onde?

— Temos que chegar até o Rio Tennessee.

— Rio Tennessee? Onde fica isso?

— A, pelo menos, duzentos e noventa quilômetros a leste daqui. Temos que chegar às margens do rio Tennessee na Marina de Eastport, no lugar onde desembarquei quando era criança para me encontrar com Lord Cochrane e começar uma nova vida ao lado de meu irmão Allie.

— Por que temos que ir até lá?

— Por que eu tive um sonho essa noite.

— Que sonho?

— Eu sonhei com uma pessoa.

— Quem?

— Sonhei com o pastor David. Lembra-se da história que lhe contei sobre ele?

— Sim, claro que me lembro dele. Como foi o sonho?

— Foi simples. Ele veio andando pela praça e parou em pé bem aqui, na nossa frente. Eu abri os olhos e ele perguntou se estávamos com frio. Eu disse que sim, e ele abriu uma mala e tirou dois cobertores de lã para nos cobrir.

— Sério? Ele fez isso?

— Sim, depois que nos cobriu, ele sentou ao meu lado e disse que eu precisava ir até às margens do Rio Tennessee para colocar os pés na água. Ele parecia estar muito preocupado comigo. Depois ele me deu um abraço, disse uma única frase e foi embora.

— O que ele disse?

— Ele disse: "Por favor, não desista agora, Andy. A minha voz interna encontrou uma saída. A sua também encontrará."

— Que sonho maluco, sem sentido, Andy. Por que você tem que ir até o Rio Tennessee? Isso parece loucura, para mim.

— Para falar a verdade, eu não sei. Mas o pastor David falou no sonho com tanta veemência e convicção que eu prometi para ele que faria o que ele estava pedindo.

— Você conversou com ele no sonho?
— Sim. Você não acredita em mim?
— Não muito, desculpe, Andy.
— Você fala com mortos e tem um monte de poderes esquisitos e não acredita num simples sonho?
Budd não responde e se levanta, sentindo-se contrariado.
— O negócio é o seguinte: partiremos hoje mesmo até Eastport, às margens do Rio Tennessee.
— Mas e sobre o Lord Cochrane e a Vick?
— Eu não posso mais entrar nessa paranoia e sair vagando pelo mundo à procura dela. Como eu disse para a sua mãe antes de sair da fazenda: "Seja o que Deus quiser".
— E como vamos chegar até Eastport?
— Você tem dinheiro para mais duas passagens de ônibus, não tem?
Budd titubeia:
— Sim, eu tenho.
— Então, vamos até a estação central para pegar o primeiro ônibus com destino a Eastport. Simples assim.
— Agora?
— Sim, agora mesmo. Você vem comigo ou quer voltar para casa?
— Eu vou com você, Andy. Não vou deixá-lo sozinho.
— Você é um menino muito corajoso.
— Corajoso não, você quer dizer maluco, pois, para acompanhar você, tem que ser maluco.
Os dois caem na gargalhada e seguem na direção da estação rodoviária.

Capítulo 27
Eastport

Infelizmente nem tudo sai como Andy imagina.

Eles retornam até a estação rodoviária de Memphis, mas têm de aguardar o próximo ônibus, que só partirá para Eastport às quatro horas da tarde.

Budd está faminto e sentindo fortes dores no estômago. Ele reclama com razão:

— Eu não sei se vou aguentar ficar sem comer, Andy. Ainda são dez horas da manhã e o ônibus chegará somente quatro horas da tarde.

— Eu sei — Andy está nervoso e não quer muita conversa.

— Eastport fica muito longe daqui? — o menino pergunta.

— Não muito. Mais ou menos duzentos e noventa quilômetros.

— Chegaremos lá que horas?

— Se o ônibus for até o final da estrada de Eastport, chegaremos antes das sete horas da noite. Mas, se ele for apenas até a entrada da Eastport Road, teremos que descer no posto de gasolina que fica na Snowdown Road. O posto do velho Rickson.

— Se isso acontecer, o que faremos?

— Eu não sei.

— Você não acha que está levando esse sonho muito a sério, Andy?

— Para falar a verdade, acho que sim. Mas de quem foi a ideia de fazer essa droga de viagem?

— Foi minha e da minha mãe.

— Então é melhor você ficar quieto e aceitar as minhas condições. Se não estiver feliz, ainda está em tempo de voltar para casa. É só pegar o ônibus rumo à cidade de Canton.

— Estou morrendo de fome, Andy.

— Eu também, mas eu não posso decidir por você. Temos o dinheiro para duas passagens. Você pode pegar a sua parte do dinheiro e voltar. Eu já decidi para onde vou. E, então?

— Eu já disse que vou com você até o fim, Andy.

— Tudo bem. Então, vamos seguir em frente e não falaremos mais sobre isso, combinado?

— Combinado.

— Aliás, me dá o dinheiro que você tem aí. Vou até o guichê comprar as duas passagens para Eastport.

Budd tenta disfarçar e responde, demonstrando apreensão:

— Não precisa fazer isso, deixa que eu pago direto ao motorista quando entrarmos no ônibus, como eu fiz da outra vez.

Andy olha desconfiado para o garoto:

— Tem certeza que não quer que eu compre as passagens?

— Não se preocupe.

São as horas mais longas da vida do pequeno Budd, mas a decisão está tomada e não há como voltar atrás.

Será praticamente uma viagem sem volta, pois não haverá como retornar ao Mississippi sem dinheiro para outra passagem.

O relógio da estação marca quatro horas em ponto e o ônibus estaciona. As pessoas começam a seguir para a plataforma de embarque. São cerca de vinte passageiros com destino a Eastport.

Andy olha o letreiro ao lado da porta do ônibus e percebe que o ônibus só os leva até a entrada de Eastport, a última parada será no posto principal da Snowdown Road, o mesmo posto onde pararam quando eram crianças e Lord Cochrane foi buscá-los pela primeira vez com seu lindo Cadillac preto.

Ele diz:

— Budd, como eu imaginei, a última parada é na Snowdown Road, no posto de gasolina do Rickson.

Budd coça a cabeça:

— O que isso significa?

— Significa que desceremos no posto e seguiremos a pé pela Eastport Road até chegarmos ao píer. A estrada é muito bonita, você vai gostar.

— Iremos a pé? Quantos quilômetros andaremos?

— Cerca de quinze quilômetros.

— Quinze quilômetros? Meu Deus! — Budd exclama.

A porta do ônibus se abre e as pessoas começam a entrar.

— Sobe na minha frente, Andy. Eu subo logo atrás para pagar a passagem ao motorista. Senta no fundo, como da outra vez, pois não gosto de sentar nas poltronas da frente.

Andy olha desconfiado para o garoto e sobe pela escada do ônibus, atrás das outras pessoas.

Enquanto os passageiros entram e se ajeitam nas poltronas, Andy para no meio do corredor e olha para trás, para ver se Budd realmente pagará a passagem ao motorista.

Assim que ele vira de costas, vê o garoto dizendo algo ao pé do ouvido do motorista. É estranho, pois o motorista não diz nada, apenas balança a cabeça enquanto ouve.

De repente, o motorista fecha a porta do ônibus e começa a acelerar. O mais estranho de tudo é que ele não vê Budd dar o dinheiro ao motorista.

Andy vai para o fundo do ônibus e Budd senta ao seu lado. Nesse momento, ele olha para o garoto, esperando que ele explique o que está acontecendo, mas Budd fica calado e não diz nada.

Ele começa a ficar preocupado, pois está claro que Budd está escondendo alguma coisa. Talvez não tenha dinheiro para pagar as passagens e está com medo de contar a verdade. Por isso falou ao pé do ouvido do motorista, certamente para implorar-lhe para viajarem até Eastport sem pagar.

Andy chega a essa conclusão e fica com pena do garoto.

Carinhosamente ele se redime e passa a mão na sua cabeça, como se quisesse pedir desculpas por alguma coisa.

Budd olha, com seu olhar sincero de sempre, e encolhe os lábios, demonstrando que não está sendo nada fácil para ele a tal jornada de busca. Mas busca de quem, afinal?

Três horas depois...

A viagem é bastante tranquila e chegam ao destino por volta das sete horas da noite, no local marcado, no posto de gasolina da Snowdown Road.

Todos os passageiros descem e os dois acabam ficando por último.

Budd se assusta ao ver que estão no meio do nada:

— Meu Deus! Já está escuro, Andy. E agora? O que vamos fazer?

— Temos que seguir adiante, Budd. Infelizmente só temos uma opção e essa opção é seguir em frente. Vamos andar cerca de duzentos metros até chegar a Eastport Road. De lá, vamos caminhar até chegarmos ao final da estrada, onde existe uma pequena trilha. Essa trilha nos levará até uma pequena praia de água doce com aproximadamente trinta metros de comprimento. Esse é o lugar onde desembarquei com meu irmão Allie, quando éramos crianças.

— O que vamos fazer lá?

— Colocar os pés na água. Oras! Foi isso que o pastor David pediu que eu fizesse.

— Só isso?

— Acho que só.

— Meu Deus! Tem certeza que quer mesmo andar quinze quilômetros nessa escuridão só para colocar os pés na água do Rio Tennessee?

— Tenho certeza.

— Tem certeza que você aguenta andar tudo isso, Andy?

— Sinceramente, eu não sei se aguento, mas temos que ir. Desculpe, mas temos que seguir adiante.

Andy está obcecado em chegar à tal praia, às margens do Rio Tennessee. Mas o problema é descobrir o motivo. O porquê, o objetivo. Pois não faz qualquer sentido caminhar quinze quilômetros numa estrada sombria no meio da noite para chegar a um lugar onde não há nada. Pior do que isso. É óbvio que Andy não encontrará o que estava procurando.

Por outro lado, Budd tem se mostrado um amigo de verdade, pois Andy certamente está entrando em devaneio e, ainda, leva aquele pobre e indefeso menino de apenas oito anos de idade para um lugar inóspito e supostamente perigoso.

Capítulo 28
A mansão

Amigos verdadeiros são como estrelas que brilham no céu. Nem sempre os encontramos, mas temos certeza que eles estarão sempre lá, nos esperando em algum lugar.

Sábado à noite...

Depois de caminharem pela escuridão da Eastport Road por mais de duas horas, ainda faltam, pelo menos, oito quilômetros até chegarem ao local marcado, o píer.

A pergunta que não quer calar: será que aquele lugar ainda existe? Será que Andy está realmente seguro de que aquele é o caminho correto? Será que ele aguentará chegar até o final da estrada e encontrar a tal praia de água doce e o pequeno píer? Será?

Na verdade, são muitas dúvidas e poucas certezas. No entanto a obsessão e a obstinação de Andy em retornar à tal praia pareciam ter tomado conta da sua mente.

As bolhas começam a surgir e machucar muito os pés do velho Andy, mas, a essa altura, nada é capaz de impedi-lo de chegar até às margens do rio Tennessee.

Em meio à escuridão da estrada, envolta por altos e robustos pinheiros, a peregrinação continua com lentos e sacrificantes passos.

A busca é, sem dúvida, a última jornada para Andy. Mesmo que seu coração agonize no meio do caminho, ele está disposto a seguir em frente, mesmo que aquele enorme sacrifício coloque sua vida em jogo e a vida do pequeno Budd em perigo.

São quase quatro horas de caminhada no meio da escuridão até conseguirem chegar ao tão esperado destino: o pequeno bairro chamado Eastport. Um bairro muito bonito, entre uma densa floresta de pinheiros e várias mansões à beira do Rio Tennessee. É um ponto sem saída, pois a estrada termina exatamente naquele bairro.

Assim que se aproximam e veem as luzes das primeiras casas, Andy sorri:

— É aqui, mesmo! Estou me lembrando dessas mansões maravilhosas. Muitas casas são novas, mas muitas são da minha época e foram construídas nas décadas de quarenta e cinquenta.

— E onde fica a tal prainha de que você tanto fala?

— Não sei, mas lembro que era no final da estrada. Assim que a estrada terminar, encontraremos uma trilha que se aprofunda numa pequena floresta, com aproximadamente cem metros de extensão, e leva até a praia de areia amarela.

— E o que vamos fazer quando chegarmos lá?

— Podemos dormir lá e ver o Sol nascer. Já que viemos até aqui, temos que ir até o fim, você não acha?

— Sim, mas...

— Você está com medo, não é, Budd? Está querendo desistir e voltar para a casa da mãe Azizah?

— Não é isso, só estou sentindo muito frio e fome. Podíamos tocar a campainha de alguma casa e pedir algo para comer. O que você acha?

— Não quero saber de comer agora! Vamos continuar até chegarmos ao fim da estrada.

— Mas, Andy...

— Eu sei que você está com medo, Budd. Você não pensou que essa jornada seria tão difícil assim, não é?

— Não, mesmo.

— Vamos! Força! Acho que estamos perto. Eu sei que você consegue.

— Perto quanto?

— Não sei. Veja! Tem uma placa logo ali. O que ela diz, Budd? Leia, por favor.

— Está escrito: "Final da pista a oitocentos metros".

— Eu não disse que estávamos chegando? Vamos, pequeno Budd, falta pouco.

— Tudo bem, Andy, estou do seu lado.

Continuam a caminhada e, menos de quinze minutos depois, chegam ao grande objetivo, à meta: o final da pista, porém uma enorme frustração toma conta de Andy, pois não há trilha, não há praia, não há mais nada. A única coisa que existe no final da estrada é um enorme muro de quatro metros de altura cercando a rotatória onde as pessoas retornam os carros. O muro tem pelo menos duzentos metros de comprimento, e, do outro lado, há uma mansão enorme. Certamente a mansão de algum milionário de Memphis ou de Nashville.

Andy não acredita que a jornada terminará daquela maneira. Ele não acredita que saíram de Canton no estado do Mississippi para chegar até ali e não encontrarem nem mesmo uma mísera praia à beira do Rio Tennessee.

Andy senta numa pedra ao lado do enorme portão de ferro da mansão e lamenta profundamente:

— Desculpe fazer você vir até aqui para nada, Budd. Quem sabe amanhã, quando o Sol surgir no horizonte, possamos pedir para alguém nos deixar ir até a beira do rio, pelo menos isso. Eu gostaria muito que você conhecesse o lugar onde tudo começou. Confesso que estou exausto e não consigo dar nem mais um passo. Minhas pernas estão muito doloridas e meus pés, cheios de bolhas.

De repente, Budd olha para o lado e vê o enorme portão automático abrindo. Talvez algum segurança da casa tenha visto os dois sentados do lado de fora da rua e apareceu para dizer que não era permitido ficarem ali, ou, quem sabe, seria uma boa alma querendo ajudar um velhinho e uma criança que precisam de ajuda.

O menino segura o braço do Andy e diz afobado:

— Vamos. Levante-se. Alguém abriu o portão pra gente entrar! Vamos.

Na verdade, não era nem uma coisa nem outra. Assim que Andy se levanta para fazer o que o garoto pede, um carro escuro com vidros pretos se aproxima do portão, buzina duas vezes e entra rapidamente na residência.

Com certeza, é o proprietário da linda mansão. Andy olha para trás e vê mais três carros se aproximando. Todos os carros buzinam duas vezes quando se aproximam do portão. Parece um código. Talvez fossem convidados.

Budd diz:

— Vamos aproveitar que o portão está aberto e vamos entrar na casa. Acho que está acontecendo alguma festa ou alguma confraternização. Só tem gente rica chegando. Vamos! Não fique aí parado, Andy!

— Não vou fazer isso. É falta de educação entrar na casa dos outros desse jeito.

— Deixa disso, Andy. Até parece que você nunca fez uma loucura na vida. Eu estou morrendo de fome. Vamos entrar, por favor.

— Tem razão. Eu já fiz muitas loucuras na vida. Não custa nada fazer mais uma.

— E, então? Vai ficar aí parado?

— Droga! Você ganhou. Vamos entrar, mas seja rápido, pois não quero que ninguém nos veja.

— Assim que o último carro entrar, a gente entra correndo atrás, antes que o portão feche. Tudo bem?

— Tudo bem, Budd. Você me guia, pois nesta escuridão eu não consigo enxergar nada.

— Não se preocupe, venha comigo e corra atrás de mim o máximo que você puder.

— E se tiver cachorros dentro da casa? Eu tenho muito medo de cachorros.

Sequer houve tempo de Andy terminar a frase e dois *rottweilers* enormes começam a latir com ferocidade e vão em sua direção.

Andy começa a gritar em desespero:

— Meu Deus! Meu Deus! É o nosso fim. Eles vão nos matar, Budd. O que a gente faz?

Budd segura sua mão com força:

— Não se preocupe, Andy. Não se mexa, respire fundo e eles não farão nada contra nós.

— Você está ficando louco, garoto? Vamos sair correndo!

— Correr para onde? O portão já fechou! Fique parado e não diga nada. Não olhe nos olhos deles e não demonstre medo.

— Vou demonstrar o quê? Amor?

— Pode ser, amor às vezes funciona.

Os dois *rottweilers* correm com toda velocidade para cima dos dois. É só uma questão de tempo para saltarem e estraçalharem o menino e o velho.

Budd se posiciona na frente de Andy para protegê-lo, não demonstrando qualquer receio ao ver aqueles dois monstros indo na sua direção, babando e prontos para atacar.

Os dois cães ferozes se aproximam e, quando chegam a menos de um metro de distância do garoto, param de latir e começam a balançar os rabos, como se fossem animais domesticados. Budd passa a mão na cabeça de um deles e depois do outro. Calmamente ele olha para Andy e diz:

— Eles nunca fariam mal a nós. Relaxa e passa a mão na cabeça deles para dar as boas-vindas.

— O quê? Nem morto eu vou passar a mão na cabeça desses monstros cheios de dentes!

Budd sorri pela primeira vez:

— Você é um velho medroso, mesmo!

— Você que é um garoto maluco. Agora eu quero saber, como você fez isso?

— Na verdade, eu não sei. Eu só imaginei os dois cães vindo em nossa direção e parando aqui na minha frente e depois abanando os rabos. Só isso.

— Você é um garoto doido e estranho. Isso é o que você é. Como pode ter coragem de enfrentar dois cães como esses?

— Deixa de conversa e vamos encontrar alguma coisa para comer. Tem muitos carros aqui. Deve ter pelo menos dez carros estacionados.

Andy olha para o imenso jardim todo iluminado e percebe que há um grupo de pessoas reunidas numa tenda próxima às margens do rio.

É uma espécie de grande tenda de lona, onde há pessoas vestidas com roupas brancas e colares no pescoço. Andy acha aquilo muito esquisito.

— A comida deve estar ali naquela tenda. Vamos lá?

— Vamos.

— Mas, por favor, entre naturalmente. Talvez ninguém perceba a nossa presença. Sabe como são esses grã-finos. Eles começam a beber e perder a noção das coisas. Aí fica mais fácil.

Aproximam-se da tenda e, de repente, Andy avista a tal praia que ele tanto queria encontrar.

— Olha lá, Budd! Foi bem ali que eu desembarquei, em 1950. Ali está a praia que eu disse. Aqui onde nós estamos era tudo floresta, não existia esta casa, não existia este jardim, mas a praia continua no mesmo lugar. Veja, ela está toda iluminada e construíram um pequeno píer de madeira. Acredito que sirva para atracar lanchas e barcos.

— Tem certeza que foi ali que você chegou?

— Sim, certeza absoluta.

— Depois nós vamos até lá, agora vamos entrar na tenda e encontrar algo para comer.

— Tudo bem.

Andy fica entusiasmado ao ver o local onde Wayne atracou com seu barco e ele desceu junto com seu irmão Allie para viverem uma nova vida. Parece que aquele lugar tem uma energia especial.

De repente, ele começa a ouvir barulhos de tambores e cantorias dentro da tenda. Naquele exato momento, percebe que aquela reunião de pessoas não é propriamente uma festa, mas, sim, uma espécie de ritual religioso, talvez uma seita secreta.

Andy fica com medo e segura a mão do garoto:

— Eu não vou entrar nesse lugar de jeito nenhum, tenho muito medo dessas coisas, Budd.

— Medo de quê? Deixa disso, Andy. Vamos entrar.

Budd parece não temer nada.

— Nada de mal vai acontecer, eu lhe garanto.

— Como você pode garantir uma coisa dessas? Você é apenas uma criança!

— Para de falar e vamos entrar. Eu sei o que estou fazendo.

Está escuro e há pelo menos trinta pessoas sentadas em forma de círculo dentro da tenda. As velas sobre pequenas muretas de tijolos, ao redor da tenda, são a única iluminação do lugar.

Andy segura a mão do pequeno Budd e fica apavorado:

— Tenha calma — Budd diz.

— O que é isso, afinal? Onde nós estamos? Que droga! Eu odeio esse tipo de coisa.

— É melhor ficarmos em silêncio e sentarmos como todos estão sentados.

— Droga! Droga! Que lugar esquisito é esse?

— Senta aí e fica quieto, Andy.

— Tudo bem. Tudo bem.

De repente, dois homens altos começam a bater dois tambores com força e as pessoas começam a cantar como se estivessem fazendo uma espécie de chamado espiritual. Para Andy, aquilo tudo é extremamente assustador.

Mas tudo fica ainda mais estranho quando, de repente, os tambores param de ressoar e um silêncio se faz presente.

Inesperadamente alguém levanta a lona e entra na tenda. Andy arregala os olhos ao ver quem é. Ele nunca imaginaria encontrar aquela pessoa naquele lugar.

Um homem negro, de cabelos grisalhos, corcunda e andando com dificuldade, apoiado por uma bengala de madeira com a cabeça de uma cobra esculpida na ponta.

Aquele homem entra na tenda e segue na direção de uma espécie de trono que fica entre os dois rapazes que tocam os tambores. É ninguém mais ninguém menos que Lord Cochrane, vestido com um enorme casaco branco com detalhes azuis e dourados e uma espécie de turbante enrolado na cabeça.

Andy fica assustado e sem palavras ao ver o próprio Lord bem ali, na sua frente.

Lord Cochrane caminha entre as pessoas com calma e, de forma serena, para na frente de Andy e Budd e diz:

— Levante-se, meu amigo Andy.

Andy não acredita no que está vendo. É ele mesmo, seu amigo Lord Cochrane em carne e osso.

Ele se levanta com dificuldade e, sem controle algum sobre suas emoções, abraça seu velho amigo. Durante alguns segundos cai num profundo choro de alegria misturada com saudades.

Lord Cochrane o ampara e diz:

— Que bom que você voltou, Andy. Estou muito feliz por ter vindo até aqui hoje. Seja bem-vindo a minha casa. Amigos verdadeiros são como estrelas que brilham no céu. Nem sempre os encontramos, mas temos certeza que eles estarão sempre lá, nos esperando em algum lugar no firmamento celeste.

Andy fica confuso.

— Mas, Lord...

Andy queria falar e perguntar muitas coisas, mas Lord mantém a compostura e responde com austeridade:

— Sente-se ao lado do menino e tenha calma. Não é por acaso que vocês estão aqui hoje.

Andy olha para o menino assustado e Budd faz um sinal, pedindo-lhe para ter calma e fazer o que o Lord estava pedindo.

Lord Cochrane está bem velhinho, mas parece bem lúcido. Ele caminha até o trono, coloca a bengala ao lado e senta. Em seguida, os dois rapazes começam a tocar os tambores outra vez e as pessoas cantam uma linda canção. Parece uma canção de umbanda brasileira.

Minutos depois, Lord começa a pronunciar num tom de voz grave e diferente. Não parece que é ele falando:

— Boa noite a todos. Esta noite, eu quero agradecer a presença de todos e pedir que elevem seus pensamentos para um irmão que hoje veio aqui para pedir auxílio e amparo.

Andy acha que Lord está falando a seu respeito. Enche o peito e começa a se sentir importante no meio daquela gente estranha.

Lord continua:

— Como o dirigente desta reunião que fazemos há mais de cinquenta anos, eu venho, em nome de Deus, pedir a manifestação de uma pessoa que está aqui hoje à procura de perdão e redenção.

Um dos rapazes que toca o tambor se aproxima do Lord e lhe entrega uma folha de papel e uma caneta. Lord baixa a cabeça e escreve algumas coisas em silêncio.

Minutos depois, ele diz:

— Senhoras e senhores, nesta noite de sábado de Lua cheia, temos a presença de um guerreiro, o nome do espírito que está aqui em manifestação se chama Carlos Sanchez, quando ele era vivo, ficou conhecido como El Matador. Eu o conheci pessoalmente e sei que ele foi um grande lutador de boxe na década de sessenta, mas infelizmente faleceu no ringue durante uma luta contra Andy Aaron Ray, que hoje está aqui presente em nossa casa também.

Nesse momento, Andy começa a tremer como nunca havia acontecido antes. Ele não estava mais com medo, na verdade, estava apavorado, pois Lord estava invocando um espírito bem ali na sua frente. E não era um espírito qualquer, era o espírito de Carlos Sanchez, El Matador. O mesmo que fora morto por ele no ano de 1964.

Lord Cochrane pede silêncio e diz:

— Andy Aaron Ray. Levante-se e venha até aqui, por favor.

Budd o incentiva a ir e o empurra.

Ele se levanta, dá alguns passos, sentindo muitas dores na perna, e para em frente ao Lord.

— Meu querido amigo Andy, não tenha medo. Neste momento, vou incorporar o espírito de Carlos Sanchez, pois ele deseja muito falar com você um pouco. Ele está aqui ao meu lado, perguntando se você autoriza essa breve conversa.

— Autorizar? Como assim? Eu não sei, Lord. Eu não sei nem como vim parar aqui hoje. Desculpe. Eu não sei o que dizer para ele.

— Apenas autorize se o seu coração estiver aberto ao perdão.

— Sim, se for somente isso, eu acho que...

Não dá tempo de Andy completar a frase e Lord já estava em transe.

Já com outra voz e falando espanhol, Lord segura as mãos de Andy e diz:

— *No le tenga miedo, hermano. No tengas miedo. He venido aquí esta noche para decirles dos cosas importantes.*

Andy não consegue responder, fica parado. Ele já não sente mais tanto medo, pois a energia que atravessa as mãos do Lord e entra pelas suas é do mais puro amor e perdão.

— Pode dizer — Andy responde ao espírito de Carlos Sanchez.

— *Querido amigo de muchas batallas. Usted no había hecho nada malo. Te perdono desde el fondo de mi corazón. Usted no había hecho nada malo. Usted nunca ha sido y nunca será un maldito asesino como lo dijeron las personas.*

Andy não acredita no que está acontecendo.

Naquele momento, não é mais uma questão de crença ou religião. A emoção é tão forte e envolvente que ele tem a certeza de que é Deus se manifestando no mais puro amor e perdão pelas suas lágrimas.

Andy aperta com toda força a mão do Lord Cochrane e responde ao espírito de Carlos Sanchez:

— Me perdoe, Carlos, me perdoe, por favor. Eu não quis fazer aquilo, eu não quis matá-lo. Você precisa acreditar em mim, eu não queria matá-lo. Foi uma fatalidade.

A resposta é breve e consistente.

— *Te perdono, guerrero. Usted es un vencedor. Quédate con Dios. En la mayor presencia de Aquel que nos protege por toda la eternidad. En nombre de Dios, yo te perdono, amigo.*

Andy não aguenta a emoção e cai de joelhos no chão, envolto em lágrimas.

Ao mesmo tempo, Lord baixa a cabeça e deixa o espírito de El Matador partir para o além.

É tudo muito rápido, porém muito intenso e verdadeiro.

Lord retoma rapidamente a consciência e diz:

— Andy, levante-se, por favor.

Andy se levanta com os olhos cheios de lágrimas.

— O que aconteceu aqui? Como isso pode ser possível? Eu senti a presença dele aqui. Eu sei que era ele. Eu senti até o cheiro do seu suor. Como isso pode ser possível, Lord?

— Há muito tempo você está em busca do amor e do perdão, não é?

— Sim. Já faz cinquenta anos que estou à procura.

— Mas o que você não sabe é que o amor e o perdão também estavam à sua procura há muito tempo. O que aconteceu esta noite foi graças à sua redenção. Graças a ela, você está se libertando das culpas do passado e está encontrando o que procura há tanto tempo.

— Eu estou sentindo essa força de libertação dentro de mim neste exato momento, Lord. É muito forte e intenso, mas infelizmente não consigo descrever.

— Eu sei como é, Andy, não se preocupe.

— Eu queria o seu perdão também, Lord.

— Meu perdão por que, Andy?

— Eu queria lhe pedir perdão por tê-lo traído com o Gordon Black. Eu traí você e, ainda por cima, fiz você apostar tudo o que tinha em El Matador. Eu queria lhe pedir perdão, pois imagino que deva ter ficado com muita raiva de mim por ter perdido todo seu dinheiro naquele dia.

— Quem disse que eu perdi todo meu dinheiro?

— Não perdeu? Mas Gordon disse que você tinha apostado todo seu dinheiro em El Matador, naquele dia.

— Não, Andy, dificilmente eu perco uma aposta.

De repente, no meio da sessão espiritual, Lord e Andy começam a conversar naturalmente, como se não houvesse ninguém por perto. Mas há pelo menos trinta pessoas participando do encontro, porém todos respeitam e ficam em silêncio, pois há um respeito incontestável ao Lord Cochrane, que parece ser uma pessoa de grande importância, vestido com aquelas lindas vestimentas e sentado naquele trono dourado.

Lord continua:

— O que aconteceu foi o seguinte: eu apostei tudo o que tinha em você naquela noite. Como sempre fiz, eu nunca duvidei que você era o melhor, Andy. Eu apostei tudo o que tinha em você e acabei me transformando num milionário naquela noite. E sou milionário até hoje por sua causa, porque você venceu aquela luta. Mesmo tendo acontecido a triste fatalidade com Carlos Sanchez, mesmo assim, você foi o vencedor.

— Meu Deus! Foi tudo um jogo sujo do Gordon?

— Sim.

— Eu visitei você praticamente todas as semanas, enquanto estava em coma. Infelizmente eu ia sozinho, pois seu irmão tinha sofrido um acidente fatal em Nova Iorque.

— No dia em que você recebeu alta, eu fui buscar você no hospital, pois eu queria dividir minha fortuna com você, mas tive problemas e não cheguei a tempo. Quando cheguei ao hospital de Las Vegas, os enfermeiros disseram que você tinha sido liberado, pegado a mochila e saído sozinho, sem dizer nada a ninguém.

— Tem razão. Eu fugi do hospital e me transformei num andarilho.

— Pois bem. Foi o que fiquei sabendo após alguns anos. Eu o procurei por todas as partes, mas não o encontrei. Disseram que você tinha morrido assassinado numa briga de bar, disseram que você tinha ficado louco, disseram muitas coisas sobre você, mas era tudo boato. Infelizmente, naquele dia, quando voltava de Nova Iorque para buscá-lo no hospital, o voo acabou atrasando e eu cheguei ao hospital duas horas depois de você já ter partido. Depois desse dia, infelizmente eu nunca mais o encontrei. Agora você está aqui, bem na minha frente e estamos conversando como velhos amigos, após muitas décadas.

— Eu não acredito, Lord. Estou muito feliz em reencontrá-lo.

— Eu também.

— Eu não acredito que você ficou milionário ao apostar em mim naquela noite.

— Pode parecer inacreditável, mas é a mais pura verdade. Como pode ver, esta linda mansão à beira do rio Tennessee, eu mesmo mandei construir. Foi tudo graças aos milhões que ganhei naquela noite. A noite da sua vitória.

Andy sorri aliviado e pensa que, já que está ali, presenciando manifestações mediúnicas e espirituais, não pode deixar de fazer a pergunta que tanto deseja saber. Ele não perde a oportunidade e pergunta:

— Lord, eu preciso da sua ajuda. Estou num momento crucial da minha vida. Preciso encontrar uma pessoa que não vejo há muito tempo.

Surpreso, Lord levanta as sobrancelhas:

— Está falando da sua esposa Eleonora Victorine?

— Exatamente, eu a procuro há mais de cinquenta anos e não encontro em lugar algum.

Lord fecha os olhos, como se estivesse tendo algum tipo de visão ou premonição, olha para o garoto Budd, que está sentado, e responde com seriedade:

— Infelizmente não tenho boas notícias para lhe dar, Andy.

Ele imediatamente arregala os olhos e se assusta:

— Como assim não tem boas notícias? Vick não está bem? Está sofrendo em algum asilo? É isso? O que você está vendo, Lord?

— Não é isso, Andy. Eu estou vendo outra coisa.

— Então o que é, Lord? Diga.

— Infelizmente Eleonora Victorine faleceu há mais de quarenta anos. Ela morreu em julho de 1974, vítima de leucemia, na cidade de São Francisco, onde morava com a amiga, com quem trabalhava num restaurante.

Andy fica extremamente perturbado ao ouvir aquilo:

— Não pode ser! Isso não pode ser verdade — Andy olha para Budd inconformado — Isso não pode ser verdade, Lord. A mãe daquele menino que está sentado ali disse que Vick está viva e também está à minha procura. Não pode ser verdade, Lord. Diga que é tudo mentira, por favor. Diga que Vick ainda está viva, pois preciso reencontrá-la. É a única razão que ainda tenho para viver. Eu quero morrer com Vick ao meu lado, por favor, Lord.

Lord não se mostra envolvido pelo desespero e pela frustração de Andy. Ajeita-se no trono e, com autoridade, diz:

— Por favor, sente-se onde você estava, Andy, pois a sessão terminará neste exato momento. Você e seu amigo podem dormir aqui mesmo na tenda, se quiserem. Podem deitar naqueles colchões confortáveis ali. Eu deixo esses colchões, pois muitas pessoas que vêm de longe para o ritual acabam dormindo aqui para partirem no dia seguinte. Eu costumo acordar bem cedo, antes de o Sol nascer. Então, amanhã pela manhã, conversaremos mais um pouco. Agora é momento de descansar. Se quiserem comer, sintam-se à vontade, nós temos frutas, doces e bolos. Fiquem à vontade.

Lord levanta os braços e os tambores ressoam três vezes, sinalizando o final da sessão.

Lord se levanta e fecha os trabalhos com uma única frase:

— Senhoras e senhores que estão presentes nesta noite tão especial. Tudo o que foi dito aqui foi dito pela força da verdade e ficará registrado nos anais do tempo. Assim é e assim será. Que Deus abençoe a todos e fiquem na presença de Deus.

Andy aceita as condições, mas fica desolado com o que Lord havia acabado de revelar.

Não é possível que tudo acabará tão friamente. Não é possível que uma vida inteira de busca acabará assim. Ao mesmo tempo em que Andy acredita em tudo que aconteceu quando El Matador se apresentou para lhe pedir perdão de forma mediúnica, ele também não acredita na previsão que Lord fez sobre o falecimento de Vick, há mais de quarenta anos, na cidade de São Francisco, no estado da Califórnia.

Infelizmente, não tem muito a fazer. Lord se retira da tenda e Andy e Budd se ajeitam nos grandes colchões para descansarem até o dia seguinte.

Capítulo 29
O píer

Cinco horas da manhã do dia seguinte...

Manhã encoberta de domingo. Budd acorda e percebe que Andy não está na tenda.

Levanta-se preocupado que Andy tenha partido sem avisar. Mas, assim que se levanta e puxa a cortina da tenda, o vê sentado no píer com o olhar perdido e com os pés na água, sem camisa.

Budd decide ir ao seu encontro. Tira a camiseta como ele e caminha devagar até o píer, para não assustá-lo. Descalço, ele senta ao seu lado e diz:

— Por que você está triste, Andy?

Andy responde, olhando para o horizonte:

— Estou muito triste, mas, ao mesmo, estou sentindo uma leveza em meu coração que há muito tempo não sentia. Acho que a última vez que senti essa sensação de liberdade foi quando fugi de casa com meu irmão e chegamos aqui, neste mesmo lugar, com o velho barco do Wayne, o barqueiro.

— Foram muitas emoções, na noite passada, não é? Você deve ter ficado muito perturbado ao saber o que aconteceu com a Vick.

— Sim. Eu fiquei muito perturbado, tão perturbado que não consegui dormir a noite inteira, pensando no que aconteceu. Nunca imaginei encontrar o Lord aqui, neste lugar. É incrível imaginar que ele comprou esta propriedade e ficou milionário. Estou me sentindo muito estranho. Eu não sei explicar o que está acontecendo comigo.

— O que você está sentindo?

— Estou sentindo como se algo dentro de mim estivesse indo embora. Estou me esvaziando, me sentindo mais leve e em paz.

— Isso é um bom sinal.

— Sabe, Budd, sentado aqui neste píer e me lembrando do passado, consigo ver quantos momentos maravilhosos de alegria eu perdi ao lado das pessoas que eu amava, enquanto ficava preocupado em alcançar a grande vitória, a grande conquista, a felicidade máxima. Eu estou me perguntando neste momento: "Mas que droga de felicidade é essa que as pessoas tanto procuram e perseguem?". Parece que eu vivi a vida inteira para chegar aqui, neste lugar, hoje, à beira desse rio e descobrir que a vida é muito mais simples do que parece. Budd, se eu fosse uma criança como você, eu faria tudo diferente.

— O que você faria, Andy?

— Acho que não levaria a vida tão a sério como levei. Acho que abraçaria mais as pessoas, beijaria mais a minha esposa, dançaria mais com ela, me divertiria como nunca, cantaria enlouquecidamente como Eddie & Mary, e viveria plenamente a vida ao lado das pessoas que eu amo. Mas infelizmente agora já é tarde demais, estou velho e não posso fazer mais nada para mudar a minha vida, mais nada. É uma pena.

O forte nevoeiro que costuma encobrir o rio nas primeiras horas da manhã impede a visão da outra margem do rio. É uma vista enigmática e bucólica.

De repente, o pequeno Budd percebe a presença de alguém se aproximando atrás do píer, a menos de cinco metros de distância, olha para trás e vê Lord Cochrane parado no gramado, segurando sua bengala de madeira e vestindo um terno cinza e seu típico chapéu listrado, estilo Al Capone.

Lord acena discretamente com a cabeça, afirmando algo para Budd.

Budd parece compreender o que Lord está querendo dizer com aquele gesto, mas tenta disfarçar, para Andy não perceber.

Andy não percebe a presença dele e continua conversando com Budd:

— Olha aquele maluco no meio do nevoeiro, com aquele barquinho de madeira a remo. Está vendo lá na frente, Budd? A mais de quinhentos metros?

Budd vê o barco, mas não responde. Disfarça e olha novamente para trás. Lord balança a cabeça outra vez, demonstrando que já é hora de dizer a verdade.

Andy olha intrigado para o barco que segue lentamente na direção do píer, no meio do espesso nevoeiro da manhã.

Budd coloca sua mão sobre a mão enrugada e envelhecida do velho amigo e diz:

— Andy, quando tudo parece estar perdido, é momento de erguer a cabeça e olhar para frente, pois sempre existe uma saída. Sempre.

Andy olha assustado para o menino:

— O que você disse?

— Exatamente o que você ouviu, Andy?

— Espera aí, você disse a mesma frase que meu irmão Allie costumava dizer!

Budd olha rapidamente para trás e recebe a autorização de Lord. Em seguida, fita o velho Andy e diz:

— Acho que está na hora de você saber a verdade, Andy. O momento chegou.

— Que momento? Que verdade? O que você está falando?

O garoto olha para trás outra vez e Andy percebe que Lord está em pé na grama, apoiando-se com dificuldade em sua bengala de madeira.

— O que está acontecendo aqui, Lord? O que você está fazendo aí parado?

O pequeno Budd intervém:

— Lembra-se do que mãe Azizah lhe disse quando partimos da fazenda? Ela disse para você não desistir e procurar até encontrar; no entanto, quando você encontrasse, ficaria perturbado, mas, em seguida, ficaria maravilhado.

— Sobre o que está falando, Budd? Diga logo, o que é? Por que Lord está parado aí atrás, olhando com essa cara para nós dois?

— Andy. Eu não sei como dizer o que precisa ser dito.

— Diga logo, garoto. Estou ficando nervoso.

— Andy, você está...

— Você está o quê?

— Você está... morto.

— O quê? Como assim, morto? Por acaso isso é algum tipo de brincadeira?

— Não é brincadeira, é a pura verdade, você está morto há algum tempo. E tem mais...

— Isso só pode ser uma brincadeira. O que mais?

— O meu nome não é Budd.

Perturbado, Andy olha para o horizonte e vê o barco de madeira se aproximando. Em seguida, ele coloca as mãos na cabeça e entra em desespero.

— O que é isso? O que é isso? O que está acontecendo comigo?

Lord Cochrane se aproxima a menos de um metro de distância e Andy fica confuso, sem entender o que está acontecendo:

— O que você está dizendo, Budd? Isso é uma completa loucura! Eu estou sonhando ou o quê? O que é isso, afinal?

— Você não está sonhando, Andy. O que está acontecendo aqui é a mais pura realidade. Você morreu há quase um mês, dentro do celeiro dos Kleins. Exatamente naquele dia em que o doutor Willian foi até o celeiro para ver como você estava. Você acabou passando mal durante a noite e adormeceu profundamente. Mas, enquanto dormia, teve uma parada respiratória e faleceu antes de o Sol nascer.

— Mas como isso é possível? Então, quem é você, afinal?

— Se tiver coragem, me olhe no fundo dos olhos e eles lhe responderão.

Andy olha para o pequeno Budd e começa a chorar descontroladamente.

Maravilhado, ele diz:

— Allie? É você?

— Sim, sou eu irmão.

— É você mesmo, Allie? O meu querido irmão que eu tanto amava? Meu melhor amigo e companheiro de tantas aventuras?

— Sim, sou eu, eu prometi que sempre estaria ao seu lado e estou cumprindo minha promessa até hoje, desde quando nós fugimos da casa de nosso pai, eu prometi a mim mesmo que nunca o deixaria sozinho.

— Oh! Meu Deus! Eu não acredito nisso — Andy abraça Budd com amor e ambos choram em profunda emoção.

Enquanto isso, Lord olha tudo sorrindo em gratidão. Mas qual o motivo de ele estar ali? Talvez ele tivesse algo a revelar também.

— Eu senti que era você, mas como isso pode ser possível? Desculpe, mas estou muito confuso, Budd. Você morreu, mesmo, enquanto eu estava internado em coma no hospital de Las Vegas, em 1964?

— Sim. Eu morri num acidente de carro, voltando de Nova Iorque para o Tennessee.

— Mas por que você é uma criança e eu sou um velho? Por quê? Isso é muito estranho para mim.

— Eu sei como deve estar se sentindo confuso neste momento. Eu também me senti muito confuso quando aconteceu comigo. São muitas coisas para serem explicadas e esclarecidas. Lord Cochrane está aí para lhe explicar algumas coisas antes de partirmos.

— Espera aí. Partirmos para onde?

— Para uma nova vida, Andy.

— Quer dizer que eu estou morto e você também?

— Sim, exatamente, Andy.

— Quer dizer que tudo isso que aconteceu: a fazenda da mãe Azizah, a jornada para Memphis, a vinda até aqui, tudo isso você já sabia que aconteceria, estava tudo programado para ser assim?

Lord se aproxima um pouco mais e interrompe a conversa:

— Sim, Andy, foi tudo programado para ser assim. São as providências divinas, amigo. A partir do momento em que você se rendeu e pediu do fundo do coração "que o melhor se manifestasse", o Universo inteiro começou a agir e trabalhar ao seu favor.

— Espera aí. Você também está morto, Lord?

— Não, eu estou mais vivo do que nunca. Mas já estou bem velhinho e logo estarei aí, desse lado, com vocês, em outra dimensão.

— Mas como você pode nos ver?

— Desde criança eu vejo e falo com os espíritos desencarnados. É por isso que eu sempre fiz sessões espirituais, desde a época da academia. A minha missão é ajudar os espíritos que chegam ao mundo *post-mortem* e não conseguem se desligar da antiga vida. A maioria dos espíritos fica presa no mundo físico por causa do apego às coisas, apego às pessoas e apego a si mesmo. É muito difícil desligar as pessoas de si mesmas, dos seus corpos e das suas vidas. Principalmente do orgulho. Isso é mais comum do que você possa imaginar, Andy.

— Quer dizer que era esse tipo de ritual que você fazia todos os sábados à noite, no fundo da academia, em Memphis?

— Sim, era exatamente isso que eu fazia naquela época. Exatamente como fizemos ontem à noite, na tenda. Muitas pessoas que compareciam na academia naquela época ainda frequentam as reuniões. Somos amigos até hoje.

— É tudo muito estranho para mim — Andy diz, olhando para o horizonte.

— Eu estou aqui à disposição para esclarecer suas dúvidas. Não todas as dúvidas, pois não sou o dono da verdade. Mas posso ajudá-lo um pouco, se quiser.

Capítulo 30
O destino

— Tudo isso é tão oculto e velado. Estou muito confuso, Lord. É por isso que estou me sentindo mais leve hoje?

— Sim. Você está se desligando das culpas do passado e do orgulho.

— Oh, meu Deus! Então, está bem. A primeira pergunta é a seguinte, Lord.

— Diga.

— Eu tenho como voltar atrás?

— Infelizmente não, por isso Budd foi ajudá-lo, logo que você desencarnou.

— Por que ele insistiu que eu contasse a história da minha vida para ele?

— Para fazê-lo relembrar dos pontos mais difíceis que marcaram a sua vida e se libertar das culpas.

— Mas e se ele não aparecesse para me ajudar? O que aconteceria comigo?

— Você ficaria preso naquele celeiro durante meses, anos ou até mesmo décadas, até compreender que não estava mais vivo e uma boa alma como Budd surgisse para resgatá-lo.

— Que terrível! Isso acontece, mesmo?

— Mais do que você imagina.

— Oh! Meu Deus!

— Seu irmão serviu como um anjo da guarda para você. Ele já morreu há muito tempo, mas decidiu não reencarnar e esperar por você. Já era para ele ter reencarnado, mas preferiu esperá-lo para renascerem juntos.

— Renascermos juntos? Como assim? Isso não tem fim? A vida não acaba quando morremos?

— Não, Andy. A morte chega, mas a vida nunca acaba.

— Meu Deus! Agora estou mais confuso ainda.

— Calma, Andy! Com o passar do tempo, você compreenderá muitas coisas.

— Quanto tempo para compreender?

— O suficiente.

— Isso demora?

— O tempo no mundo espiritual não é igual ao tempo do plano terrestre. Pode ser tudo bem rápido, como pode ser muito demorado. Vai depender muito do seu estado de consciência e da sua lucidez.

— Lucidez?

— Sim, lucidez significa luz dentro da sua consciência. Quanto mais luz, mais lúcido você será.

— Está dizendo sobre sabedoria?

— Sabedoria sobre si mesmo. Quanto mais você se conhecer, mais consciente você será. E quanto mais consciente for, mas lúcido estará. Compreende?

— Acho que sim.

— Não se preocupe. Você terá ajuda de muitas pessoas em breve, do outro lado do rio.

Andy continua conversando com Lord, mas não tira o olho do nevoeiro que continua dificultando a visão do rio.

— Quer dizer que existe mesmo vida após a morte?

— Sim. Existe vida após a morte, mas também existe vida antes do nascimento. Na verdade, existe vida o tempo todo, Andy.

— Eu sempre ouvi as pessoas falarem sobre isso, mas sinceramente nunca acreditei. Eu sempre achei que a pessoa morria e pronto, estava tudo acabado.

— Seria muito simples se fosse apenas isso. Deus não construiria tudo o que construiu simplesmente para acabar em nada. A vida é eterna, meu amigo.

— Estou me lembrando de algumas coisas agora.

— O quê?

— Foi por isso que o doutor William e a senhora Suzanne estavam me rejeitando e me ignorando? Na verdade, eles não estavam me vendo?

— Exatamente. Eles não o viam, mas você conseguia enxergá-los.

— Quer dizer que a ambulância que estava estacionada atrás da casa dos Kleins, quando eu estava limpando o jardim, era para...

— Sim, era para buscar o seu corpo, pois já estava morto naquela manhã. Mas a arrumadeira da casa gostava tanto de você que acabou passando mal e desmaiou ao saber que foi encontrado morto dentro do celeiro.

— Madeleine?

— Sim, ela era apaixonada por você, mas sempre foi muito tímida e nunca revelaria isso.

Andy sorri:

— Eu sempre soube que Madeleine tinha uma quedinha por mim.

Lord também sorri:

— O que mais você gostaria de saber, Andy? Diga logo, pois não temos muito tempo e ainda preciso ler uma breve mensagem que recebi ontem à noite, antes de o espírito do Carlos Sanchez se manifestar.

— Por que nós temos pouco tempo? O que vai acontecer?

— Calma. Você vai compreender daqui a pouco. Vamos, pergunte.

— Bom. Quem é Mãe Azizah e que fazenda é aquela cheia de crianças onde fui parar, quando saí em busca do Budd?

— Ah, sim! A senhora Azizah é uma mulher muito boa. Ela foi enfermeira na Primeira Guerra Mundial no Oriente Médio e ajudou muitos soldados feridos e refugiados. Depois que ela morreu, em meados de 1916, recebeu uma função digna no plano espiritual. Uma função para poucos.

— Que função?

— Ela é uma mentora de orientação e salvaguarda de espíritos perdidos. Ela trabalha como servidora de Deus. Como ela, existem vários espíritos elevados ao redor do mundo que trabalham em prol do próximo. Ela é uma servidora e vive para ajudar as pessoas que precisam. Ela exercerá essa função por um longo tempo.

— Quanto tempo?

— Mil anos terrenos.

— Quanto?

— Exatamente o que você acabou de ouvir. Mil anos terrenos.

— Mas isso é muito tempo!

— Para ela, nem tanto.

— Que loucura! Eu sabia que tinha algo de estranho com ela, pois, quando estava ao seu lado, eu sentia que ela emanava um amor puro e contagiante, mas não sabia explicar o que era.

— Esse amor se chama amor incondicional. É muito comum sentir isso no plano espiritual. Você verá com seus próprios olhos em breve.

— E aquelas crianças todas? Por que elas estavam lá na fazenda?

— Aquelas crianças são pessoas que já estão em processo de renascimento, mas preferiram ajudar no resgate de seus entes queridos. Como aconteceu com Budd, ou melhor, com Allie. Seu irmão, que o ama tanto, decidiu voltar para resgatá-lo, e os dois renascerem juntos outra vez.

— Mas por que são crianças e não adultos?

— Porque, no mundo espiritual, o processo da vida se inverte. As pessoas chegam velhas ao plano espiritual e, com o passar do tempo, vão rejuvenescendo até ficarem jovens, adolescentes, depois crianças, bebês e, então, ficarem prontas para escolherem uma nova família e renascerem no mundo físico outra vez.

— Budd. E o que você me diz do ônibus em que entramos para ir até Memphis? Você disse que tinha pagado ao motorista. Como foi isso?

— É claro que eu não paguei. Eu não podia mostrar a realidade a você naquele momento, pois você não compreenderia. Só utilizamos o ônibus como desculpa, não seria necessário utilizar o ônibus para chegar até aqui.

— Por que tudo isso, afinal? Qual o sentido da vida?

— Aprendizado, meu amigo. A vida é um grande aprendizado.

— Que loucura! Para mim parece um grande sonho surreal!

— Tem razão, Andy, a vida é um grande sonho, o sonho que, um dia, Deus sonhou. Somos parte Dele e estamos aqui para manter esse sonho vivo. A vida é o sonho de Deus em ação, compreende?

— Mais ou menos. É tudo muito complicado para mim, ainda.

— Tem razão, não é tão fácil quanto parece. Mas, no fundo, é tudo muito simples. O que eu tenho para lhe dizer é que nada realmente acaba, apenas se transforma. Como as sementes de uma laranja que caem sobre o chão e se transformam em árvores, depois essas mesmas árvores crescem e dão novos frutos, que crescem, amadurecem, caem novamente sobre o chão, apodrecem, surgem novas sementes que se esparramam pelo chão e dão vida a uma nova e exuberante árvore, que novamente cresce e dá outros frutos, mantendo assim a eternidade das laranjas para todo o sempre. A vida é assim: cíclica e contínua, ela nunca para.

— Entendi. Mas e aquele viciado maluco que se aproximou pedindo cigarros e me deixou completamente tonto?

— Ele não era exatamente uma pessoa. Era um espírito sofredor que vagueia pelas ruas à procura de energia de outros espíritos como você. Eles se aproveitam dos que estão vulneráveis e perdidos, pois sabem que são presas fáceis. Eles se alimentam da energia dos inconscientes e perturbados. Por isso você sentiu tanta tontura e quase desmaiou. Porque ele sugou o pouco de energia que você tinha.

— Meu Deus! Isso é assustador!

— Tem razão. Mas mãe Azizah nos ensinou como nos livrar deles e enviá-los para longe. Foi isso que eu fiz com aquele sofredor, como você mesmo pôde presenciar.

— E aquela sensação horrível que eu senti no celeiro quando sonhei com uma espécie de cachorro pisando sobre meu peito?

— É a mesma coisa. São espíritos sofredores, mas tomam forma de animais no mundo dos sonhos. Você sofreu um ataque demoníaco naquela noite.

— Você e Lord são muito corajosos. Por que você faz isso, Lord?

— Isso o quê?

— Por que você ajuda as pessoas? Os espíritos?

— Porque o plano espiritual precisa da ajuda das pessoas que estão no plano físico, como eu. É uma troca que fazemos. Na verdade, eu sou um cooperador e tenho muitas dívidas para com meus irmãos espirituais.

— O que você deve a eles, Lord?

— É algo que só diz respeito a mim. Desculpe, mas não posso dizer. São coisas muito antigas e pessoais.

Lord abaixa a cabeça.

— Budd, o que você disse no ouvido daquele motorista de ônibus?

Budd sorri:

— Eu não disse nada. Ele sequer estava vendo a gente. Mas eu ainda não podia dizer a verdade a você. Eu só fiz aquilo para o enganar. É claro que eu não tinha dinheiro algum. Na verdade, o tempo todo, estávamos invisíveis para as pessoas.

Andy não espera e faz outra pergunta:

— E o que vai acontecer comigo daqui em diante? Vou ficar aqui sentado esperando o tempo passar?

— Bom, já que você tocou no assunto, vou ler a mensagem que chegou ontem à noite para você — Lord se aproxima e Andy pergunta:

— Mensagem de quem?

— De um velho amigo seu.

— Um velho amigo meu? Quem?

— Escute, por favor.

Andy olha para seu irmão Allie, segura sua mão e ambos ficam em silêncio, escutando as palavras que Lord Cochrane profere em seguida...

— "Queridos Andy e Allie, desde a primeira vez que nos vimos, gostei muito de vocês. Vocês são irmãos de verdade e nunca se separarão. Vocês se tornam mais fortes quando estão juntos. É o amor que os deixa fortes. Compreendem? Eu sabia que, um dia, nós nos reencontraríamos novamente. Digo isso, pois amanhã será um dia muito especial para todos nós, o dia do nosso reencontro. Andy: agora que o perdão já está se manifestando em seu coração, você já está pronto para atravessar o rio e chegar ao mundo de Amém. Amanhã bem cedo, enviarei um mensageiro para buscá-los aí onde vocês estão e os trarei para viver uma nova vida, uma vida de amor e compreensão. Andy, quando os primeiros raios de sol atingirem a superfície do rio Tennessee, você terá uma linda visão através do espesso nevoeiro da manhã. Quando isso acontecer, você ficará maravilhado com a beleza da criação. Quero deixar aqui meu agradecimento especial para esse senhor que transcreve esta mensagem e dizer que o lugar dele já está reservado aqui neste plano de luz. Queridos irmãos Andy e Allie, antes de atravessarem o rio, o mensageiro lhes dirá qual será a próxima missão, pois Deus já reservou uma linda missão para vocês dois. Fiquem na paz e na presença de Deus. Em luz eu me despeço neste momento, com alegria e satisfação. Eu os verei em breve.

Pastor David".

Andy e Allie ficam boquiabertos e extasiados com a carta que Lord acabara de ler.

Allie pergunta:

— O senhor disse que esta mensagem é do pastor David? É isso mesmo?

— Sim, o pastor David é um mentor de ajuda e cooperação. Ele trabalha na recepção e na preparação daqueles que precisam renascer. Ele cuida de milhares de pessoas ao mesmo tempo. David é uma alma muito elevada e sempre envia mensagens para aqueles que precisam. Nós dois somos muito próximos. Eu psicografo muitas mensagens dele.

— Ele afirma que eu estou para chegar ao mundo de Amém. O que ele quis dizer com isso?

— É como os antigos egípcios chamavam o além, a outra dimensão.

— Interessante. E sobre atravessar o rio e viver uma nova vida?

— Ele disse que, assim que os primeiros raios de sol atingissem a superfície do rio, alguém viria buscá-los.

— Olhem agora mesmo, os primeiros raios estão começando a refletir na superfície do rio.

— Tem razão, Lord, mas o nevoeiro ainda está muito forte — Andy exclama.

— Continuem olhando. Continuem olhando.

De repente, Andy vê o pequeno barco de madeira surgindo no meio do nevoeiro e um homem remando lentamente na direção do píer. Andy não consegue enxergar direito, pois o barco está distante, a, pelo menos, duzentos metros, dentro do espesso nevoeiro.

Ele não tira os olhos enquanto o barco se aproxima lentamente.

Allie diz:

— Estou vendo. O homem está vestindo uma capa branca e um capuz na cabeça. Não dá para ver quem é. Estou vendo também outra pessoa no barco e essa pessoa também está vestindo uma capa branca e capuz. Acho que estão se protegendo do frio e do nevoeiro. Deve estar muito frio do outro lado do rio.

Lord se aproxima, coloca a mão sobre o ombro de Andy e Allie e diz:

— Amigos, está chegando a hora de partir, vou deixá-los a sós agora. Eu preciso entrar e descansar um pouco.

Andy e Allie, sentados no píer na mesma posição, olham para Lord e, ao mesmo tempo, agradecem por tudo o que ele fez apenas com seus olhares, sem palavras.

Lord diz:

— Nos vemos do outro lado do rio um dia. Desejo a vocês uma boa viagem — ele caminha de volta para sua casa, mancando e se apoiando na sua velha bengala.

Não demora e se assustam ao serem surpreendidos como um barulho de ferro.

Ambos olham para o rio e veem que o pequeno barco de madeira está próximo ao píer, a menos de dez metros de distância.

O barulho de ferro rangendo é o remo raspando no suporte do barco.

Andy fixa o olhar no remador e na pessoa que está sentada na frente do barco, mas não consegue distinguir quem são por causa dos capuzes brancos que cobrem a cabeça.

O barco se aproxima lentamente e encosta no píer.

Andy segura a ponta do barco e o remador joga uma corda no seu colo. Andy segura a corda, puxa o barco, olha diretamente em seu rosto e não acredita no que vê.

O remador retira o capuz.

É um moço de aproximadamente vinte anos de idade, barba rala e semblante sério.

Ele diz:

— Bom dia. Foi o pastor David que me mandou até aqui. Ele disse para levá-los ao outro lado do rio.

Aquele é Wayne, o barqueiro, porém bem mais jovem do que antes.

Allie sobe no barco, abre um sorriso de satisfação ao reconhecer Wayne e senta atrás da outra pessoa.

O velho Andy continua segurando o barco e, de repente, seus olhos começam a lacrimejar ao ver a outra pessoa retirando o capuz e esticando a mão para ajudá-lo a subir no barco.

É Vick, sua amada Eleonora Victorine, bem ali na sua frente; mais viva do que nunca e aparentando ter apenas dezoito anos de idade.

Ela diz com a voz singela e serena de sempre:

— Andy, meu querido. Há muito tempo estou esperando por você. Eu estou lhe esperando para dizer que o perdoo.

Andy fica completamente sem reação. Ela diz:

— Entre, querido, não tenha medo. O pastor David está nos esperando do outro lado do rio.

Andy sobe no barco, senta ao seu lado, sem dizer nada, e Vick encosta a cabeça em seu ombro, demonstrando amor e compaixão por ele.

Wayne, o barqueiro, cobre a cabeça com o capuz e, sem pressa, começa a remar em direção ao nevoeiro.

Enquanto ele rema, um silêncio contagiante envolve a pequena embarcação. Wayne entrega dois roupões brancos com capuz, um para Andy e outro para Allie, para se protegerem do frio.

Os dois vestem os roupões, todos cobrem as cabeças com o capuz, para adentrar no nevoeiro, e Wayne diz, com sua voz rouca de sempre:

— Agora que estão todos protegidos, vou transmitir a mensagem que o pastor David pediu que eu dissesse a vocês. Ele disse...

E em silêncio, Andy, Allie e Vick escutam com atenção...

— "Está determinado nos anais do tempo que, dentro de pouco tempo, Allie e Andy renascerão juntos em uma família que há muito tempo vem desejando ter filhos e não consegue. Quando estiver tudo pronto e preparado para a partida, vocês seguirão juntos nessa jornada e nascerão nessa família como irmãos gêmeos. Allie aguardará o tempo suficiente para isso. A casa onde renascerão é grande e bonita, mas, no futuro, essa casa se transformará num grande hospital que atenderá milhares de pessoas vítimas de câncer. E, um dia, vocês serão os herdeiros desse grande hospital. Já, essa linda moça que está ao lado de vocês, Eleonora, nascerá bem longe, em outro país. No entanto, quando ela chegar à idade adulta, se transformará numa extraordinária cirurgiã e será contratada para trabalhar nesse hospital. Ela se apaixonará por um dos dois irmãos gêmeos e, juntos, construirão uma grande e próspera família. Assim foi decretado por Deus. Aquele que nos guia pelas rotas da eternidade... Eu amo todos vocês!".

Fim

Não tenha medo da morte, pois a morte não é um lugar, é apenas uma frequência, um estado de consciência. A morte não é o fim, mas o início de uma nova vida.
Os fins e os começos são sempre iguais.
Eternos recomeços.

Mensagens finais

- *Faça o que você ama. E faça muitas vezes.*
- *Se não está gostando da sua vida, mude-a.*
- *Se está com problemas, esqueça-os. Foque toda a energia nas soluções.*
- *Se não gosta do trabalho que exerce, saia.*
- *Se não está encontrando tempo para fazer o que gosta, pare de perder tempo reclamando do que não gosta.*
- *Se está procurando o amor da sua vida, pare, pois ele também está à sua procura. O Universo é providente e se encarregará de trazer esse amor. Apenas deixe o sincero desejo brotar do fundo do seu coração.*
- *Se está procurando a felicidade, pare agora mesmo, pois quem está em busca da felicidade, no fundo, está decretando a si mesmo que é uma pessoa infeliz.*
- *Se está com raiva, pare de ser ingrato com a vida. Agradeça pelos amigos que possui e pelos*

inimigos também, pois ambos cruzam seu caminho para lhe trazerem algum aprendizado.

- *Pare de analisar a vida alheia e tente compreender sua própria existência.*
- *Se estiver perdido. Viaje para um lugar onde nunca esteve antes. Talvez lá encontre a si mesmo.*
- *Existe um mundo acontecendo lá fora. Pare de se esconder atrás de máscaras. Viva intensamente e tenha coragem de compartilhar seus sonhos com as pessoas que lhe querem bem. Você só tem a ganhar fazendo isso.*
- *Aproveite as oportunidades, pois algumas só aparecem uma vez na vida.*
- *Não tenha medo do sofrimento, pois todo sofrimento, no fundo, é um processo de cura para sua alma.*
- *Cuide da saúde. As pessoas costumam dar valor à saúde quando não a têm mais.*
- *Não fique parado e inerte perante a vida. Crie atividades. Seu espírito pede mais criatividade em seu dia a dia.*
- *Utilize o poder maior que lhe foi dado de presente. A imaginação, o poder da imagem entrando em ação.*
- *Você não precisa ser uma pessoa normal. Pessoas normais são aquelas que seguem as normas que lhe foram impostas. Em vez de ser igual aos outros e lutar para se sentir uma pessoa normal, opte por ser uma pessoa natural e siga sua própria natureza.*

- *Pare de procurar saídas para seus problemas. Abra as portas da sua consciência e encontre novas entradas. Saia da letargia que domina as massas.*
- *A vida é curta demais para ser desperdiçada. Viva seus sonhos e apaixone-se. É melhor viver a vida intensamente, sabendo que um dia vai morrer, do que morrer achando que ainda está vivo.*
- *Sempre que perder algo ou alguém de muito valor em sua vida, logo o Universo providencia e preenche o vazio que se formou. Mas, às vezes, esse vazio não é preenchido com coisas ou pessoas. Às vezes, é preenchido com aprendizado. Algo imperceptível, porém de grande valia.*
- *Se está pensando em desistir, lembre-se de que logo depois terá de começar tudo outra vez. Nunca desista de você.*

Editora Vida & Consciência

Zibia Gasparetto

pelo espírito Lucius

A verdade de cada um *(nova edição)*
A vida sabe o que faz
Ela confiou na vida
Entre o amor e a guerra
Esmeralda *(nova edição)*
Espinhos do tempo
Laços eternos
Nada é por acaso
Ninguém é de ninguém
O advogado de Deus
O amanhã a Deus pertence
O amor venceu
O encontro inesperado
O fio do destino *(nova edição)*
O matuto
O morro das ilusões
O poder da escolha
Onde está Teresa?
Pelas portas do coração *(nova edição)*
Quando a vida escolhe *(nova edição)*
Quando chega a hora
Quando é preciso voltar *(nova edição)*
Se abrindo pra vida
Sem medo de viver
Só o amor consegue
Somos todos inocentes
Tudo tem seu preço
Tudo valeu a pena
Um amor de verdade
Vencendo o passado

Marcelo Cezar

pelo espírito Marco Aurélio

Acorde pra vida! *(crônicas)*
A última chance
A vida sempre vence *(nova edição)*
Coragem pra viver
Ela só queria casar...
Medo de amar *(nova edição)*
Nada é como parece
Nunca estamos sós
O amor é para os fortes
O preço da paz
O próximo passo
O que importa é o amor
Para sempre comigo
Só Deus sabe
Treze almas
Um sopro de ternura
Você faz o amanhã *(nova edição)*

Mônica de Castro

pelo espírito Leonel

A atriz
Apesar de tudo...
Até que a vida os separe
Com o amor não se brinca
De frente com a verdade
Desejo – Até onde ele pode te levar? *(pelos espíritos Daniela e Leonel)*
De todo o meu ser
Gêmeas
Giselle – A amante do inquisidor *(nova edição)*
Greta *(nova edição)*
Impulsos do coração
Jurema das matas
Lembranças que o vento traz
O preço de ser diferente
Segredos da alma
Sentindo na própria pele
Só por amor
Uma história de ontem
Virando o jogo

Ana Cristina Vargas

pelos espíritos Layla e José Antônio

Além das palavras *(crônicas)*
A morte é uma farsa
Em busca de uma nova vida
Em tempos de liberdade
Encontrando a paz
Intensa como o mar
O bispo *(nova edição)*
O quarto crescente *(nova edição)*
Sinfonia da alma

Amadeu Ribeiro

A visita da verdade
Juntos na eternidade
Reencontros
O amor não tem limites
O amor nunca diz adeus
Segredos que a vida oculta vol. 1

Eduardo França

A escolha
A força do perdão
Enfim, a felicidade
Vestindo a verdade

Conheça mais sobre espiritualidade e emocione-se com outros sucessos da editora Vida & Consciência

vidaeconsciencia.com.br /vidaeconsciencia 

Rua Agostinho Gomes, 2.312 – SP
55 11 3577-3200

contato@vidaeconsciencia.com.br
www.vidaeconsciencia.com.br